북에서 온 **이웃**

북에서 온 이웃

주성하 글

발행일 | 2022. 6. 7

발행처 | Human & Books
발행인 | 하응백
출판등록 | 2002년 6월 5일 제2002-113호
서울특별시 종로구 삼일대로 457 1409호(경운동, 수운회관)
기획 홍보부 | 02-6327-3535, 편집부 | 02-6327-3537, 팩시밀리 | 02-6327-5353
이메일 | hbooks@empas.com

ISBN 978-89-6078-040-8 03340

북에서 온 이웃

주성하 글

Human & Books

탈북 20년, 탈북 기자의 사명

2004년 7월 탈북민 486명이 정부가 보낸 전세기를 타고 이틀에 거쳐 한국에 입국했다. 당시 수습기자 과정을 마치고 국제부에 발령 난 지 두 달 밖에 안 된 나는 책상에 앉아 비행기에서 내린 탈북민들이 버스 안에서 손을 흔드는 모습을 지켜보고 있었다. 데스크 차장인 김창혁 선배가 불쑥 나를 부르더니 "저걸 보고 느끼는 것이 없냐"고 물었다. "왜 없겠습니까"고 대답하자 "그럼 네가 지금 드는 생각을 '기자의 눈'으로 써봐"라고 했다. 기자의 눈은 동아일보 기자 칼럼의 제호이다.

마감시간이 얼마 남지 않아 약 한 시간 정도 생각나는 대로 썼다. 그 글을 곰곰이 읽어보던 김 차장은 "나는 이 글을 단 한 자도 고치지 않겠다"며 부장인 김상영 선배에게 보냈다. 김 부장도 글을 읽더니 "나도 고치지 않겠다"고 출고했다.

나의 동아일보 첫 칼럼은 그렇게 신문에 실렸다. 지금까지 20년 기자 생활을 해오지만, 데스크의 수정 없이 내가 쓴 글이 그대로 나간 것은 그때가 처음이자 마지막이었다.

아래는 그때 쓴 칼럼이다.

누구는 차창 밖으로 흘러가는 낯선 풍경에 시선을 빼앗겼을 것이고, 누구는 무더운 동남아의 안가에서 수백 번은 그려 보았을 남한 생활을 되새기며 각오를 다졌으리라.

27, 28일 이틀에 걸쳐 입국한 468명의 탈북자들이 버스에 올라 임시 수용시설로 이동하는 모습을 지켜보면서 기자의 마음은 누구보다 착잡했다.

버스를 타고 가며 저들은 어떤 생각을 하고 있을까. 지금 머릿속에 그리고 있는 앞날에 대한 희망이 차례차례 무너져 곧 아픔으로 다가올 수 있다는 것, 그런 아픔을 수없이 넘어야 한다는 사실을 저들은 아는지…. 가방 2개를 달랑 들고 먼지가 뽀얀 11평 임대주택에 첫 짐을 푼 그 밤, 고향이 그리워 눈물로 베개를 적시지 않은 사람이 없다는 사실을 저들은 아는지….

2년 전 인천공항에 첫발을 내디뎠던 기자 역시 그랬다. 홍수로 범람한 두만강을 헤엄쳐 건너던 결행의 순간도 있었고, 공안에 체포돼 중국과 북한의 감옥을 6곳이나 옮겨 다니기도 했지만 한국에서의 첫날 밤만큼은 정말 잊혀지지 않는다. 화려한 불빛이 명멸하는 밤거리를 바라보며

북에서 온 이웃

새 삶에 대한 기대와 두려움이 교차했던 그날 밤을.

그러나 두 달 뒤 8월의 땡볕으로 달아오른 컨테이너 속을 들락거리며 포도주 박스를 나르는 삯일꾼으로 정착의 첫발을 떼야 했다. 이어진 물품 배달, 카드 홍보, 옷 선별 작업…. '면접시 대학졸업증을 가져와야 한다'는 직원모집 광고를 보고 김일성대학 졸업증을 갖고 갔더니 "북한 실력이 통하겠어요"라며 쳐다보던 인사담당자의 눈빛도 잊을 수 없다.

아프리카의 미개인을 바라보는 듯한 '동포'들의 눈길 앞에서 스스로를 태연히 가다듬어야 했고, 밤이면 그리움 속에 뒹굴다가 아침이면 또 출근해 웃으며 지내야 했다. 가슴속에 어떤 아픔을 품었든, 어떤 청운의 꿈을 가지고 왔든 간에 '정착'이라는 듣기 좋은 말로 표현되는 생존의 문제가 무엇보다 절박했다. 탈북 인생의 출발점은 너나없이 꼭 같다고 생각한다.

한 달 동안 밤새껏 이야기해도 끝없이 새로운 얘기가 쏟아져 나올 것이다. 그러나 그런 과거는 소용없다. 그동안 기자는 탈북자 수용시설인 하나원을 나온 지 3일 만에 일을 시작하는 30대 탈북 여성도, 1년 반이 지나도록 직업 한 번 가져보지 않고 미국 이민을 꿈꾸는 탈북 남성도 보았다. 힘들게 번 돈으로 독거노인들을 찾아가 봉사하는 즐거움으로 하루하루를 감사해 하는 탈북자도, 승용차를 훔쳐 팔다 감옥에 간 탈북자도 보았다. 한국에 정착한 탈북자들의 삶은 천차만별이다.

북한에서 온 많은 이들은 북한 영화 '열네번째 겨울'에 나오는 대사를 기억할 것이다.

"나와 그는 인생의 첫 시작은 같았건만 어찌하여 지금은 이리도 멀리 있는 것인가."

꿈 없이 온 사람은 없다. 이제 시작은 같다. 쓰라린 아픔을 안고 사선(死線)을 넘어온 탈북 형제들이 이 땅에서 성실한 노력의 땀방울로 무사히 정착하기를 간절히 기원한다.

이 칼럼을 쓸 당시 한국에 입국한 탈북민은 3,000여 명이었다. 18년이 지난 지금은 10배가 넘는 약 3만 5,000명의 탈북민이 한국에 입국했다. 이들은 어떻게 살고 있을까.

북에서 온 이웃

나의 첫 칼럼은 늘 마음의 짐이었다. 그들의 정착을 기원만 했지, 도움이 된 적이 크게 없었다. 탈북민도 한국 사회에서 당당한 사회의 일원으로 살 수 있다는 점을 보여주고 싶었다. 새로 입국한 탈북민에게도 희망을 보여주고 싶었다. 그러나 바쁜 기자 생활 속에 심층 인터뷰를 주기적으로 할 수가 없었다.

그러다가 기자 생활 20년을 맞이해 어느 정도 여유가 생기자 내 마음 속의 짐을 덜기로 했다. 그래서 열심히 살아가는 탈북민 인터뷰 시리즈를 동아닷컴에 연재했고, 그 시리즈를 묶어 이번에 책으로 낸다. '북에서 온 이웃' 시리즈는 여기서 끝나는 것이 아니다. 기회가 될 때마다 계속 감동적인 삶을 살고 있는 탈북민을 소개하려 한다. 이런 역사의 기록을 남기는 것도 역사 앞에 짊어진 탈북 기자의 사명이라고 생각한다.

2022년 5월
주성하

차
례

김지은

한방병원 부원장

"

돈을 버는 것보다 통일될 한반도를 위해 뭔가 기
여하는 게 남북에서 의사로 살아본 제 역할이 아
닐까 싶어요. 이제 와서 부자가 될 것도 아니고,
될 수도 없는데, 돈은 살만큼 벌면 되잖아요. 언
젠가 통일이 되면 남북한의 의료통합도 중요한
문제가 될 거예요. 미리 한국과 북한의 의료법과
규제를 공부해 어떻게 합리적인 통합 체계를 만
들지를 고민해야죠. 한국에 먼저 온 사람으로 다
음 세대를 위해 지렛대가 되고 싶어요.

"

남북에서 의사로 살아봤다
"이젠 법학박사가 목표"

김지은 씨가 2017년 봄 서울에 한의병원을 개업한 뒤 자신의 명패 앞에서 활짝 웃고 있다. 김지은 씨 제공.

1990년대 중반 북한에는 '고난의 행군'이라고 불리는 대기근이 휩쓸었다. 거리에 바싹 마른 시체들이 방치됐다. 병원 침대에선 영양실조로 실려 온 아이들의 눈빛이 꺼져가고 있었다. 의사들이 할 일은 없었다.

함경북도 청진 시 중심부 포항구역의 한 병원 소아과 의사였던 김지은 씨도 할 수 있는 게 없다는 괴로움에 하루하루를 보내야 했다. 병원에는 포도당, 링거가 한 방울도 없었다.

"퇴근하면서 병상을 돌아봤어요. 내일 여기 누워있는 아이들 중 누가 남아있을까. 퇴근할 때마다 뒤통수에 희망과 기대의 눈빛이 꽂혀요. 의사가 할 수 있는 유일한 일은 죽어가는 아이를 보며 우는 부모 곁에서 같이 울어주는 것뿐이었죠. 더는 병원에 의사란 이름으로 있을 수가 없었어요."

1999년 3월 아직도 꽁꽁 얼어붙은 두만강을 넘어 그는 중국으로 넘었다. 품에는 아버지가 유언처럼 써준 편지가 있었다.

아버지의 유언

김 씨는 1966년 청진에서 태어났다. 부모는 1960년대 초반 중국에서 문화대혁명을 피해 자녀들을 데리고 북한으로 들어갔다. 형제들 중 그만 유일하게 북에서 태어났다.

학교 때 전교 1등을 놓치지 않았다. 그의 꿈은 법조인이 되는 것. 그러나 출신성분 제도가 엄격한 북한에서 중국 출신 부모를 둔 그가 유일한 법학부가 있는 김일성대에 입학할 수 없었다. 그래서 언니처럼 사범대학에서 교사가 되려 했다. 그러나 어머니가 기어코 반대했다.

그의 아버지는 북한에 와 건설현장에서 일하던 중 다리를 다쳐 장애인 판

북에서 온 이웃

정을 받았다. 이후 병원에서 보일러공 겸 세탁 일을 했다. 어머니는 그것이 못내 마음에 걸렸던 듯 했다. 딸은 꼭 병원 의사를 시키고 싶어 머리를 싸매고 누웠다.

끝내 어머니의 뜻을 꺾지 못하고 청진의학대학 동의학부에 입학한 김 씨는 만 7년 과정을 마치고 1988년 졸업한 뒤 포항구역병원 내과의사로 배치됐다. 북에서 10년 동안 의사를 하면서 내과와 소아과에서 근무했다.

1994년 7월 8일 김일성 사망했을 때 그의 아버지는 중병으로 집에 누워 있었다. 김일성 사망 소식을 듣자 오랫동안 뭔가를 깊이 곰곰이 생각하던 아버지는 편지를 한 장 쓰더니 딸에게 주었다.

"지은아, 이 편지를 병원 초급당비서에게 갖다 주어라."

병원 초급당비서와 함께 읽은 편지에는 이렇게 적혀 있었다.

"내 딸을 당에 바칩니다. 딸을 바치는 것으로 오랫동안 노동당원 생활을 해왔던 저의 마지막 당비를 대신합니다."

집에 돌아온 딸에게 아버지가 물었다.

"당비서가 편지를 받고 어떤 반응이더냐."

"아주 좋아하던데요."

며칠 뒤 아버지는 다시 딸을 조용히 불러 편지 한 통을 건넸다.

"이 편지는 네가 잘 간직해라. 언젠가 길이 생기면 꼭 가거라."

김 씨가 편지를 열어보니 그 안에는 중국에 있는 아버지의 누이동생 등 친척들의 주소가 빼곡히 적혀 있었다.

편지를 건넨 아버지는 그날부터 단 한 끼도 먹지 않고 단식을 시작했다. 온 가족이 매달려 애원하고 사정해도 끝내 아무 것도 먹지 않더니 9일 만에 숨을 거두었다.

탈북

아버지가 스스로 삶을 마감한 이후 김 씨의 머리 속에는 오랫동안 의문이 맴돌았다.

'왜 아버지는 이렇게 상반된 두 가지의 편지를 내게 준 걸까?'

당시까지만 해도 김 씨는 병원에서 열심히 일해 초급당비서가 되는 게 목표였다. 그러나 김일성 사망 이후 닥쳐온 고난의 행군을 거치며 의사의 삶에 회의를 느꼈다.

초급당비서 방을 청소하다 우연히 본 서류 한 장도 그의 꿈에 절망을 심어주었다. 병원 초급당비서는 병원 종사자 중 일본, 중국, 미국 등 해외에 친척이 있는 사람들의 명단을 따로 관리하고 있었다. 김 씨는 북에서 당 비서는커녕 요시찰 대상에서 벗어날 수 없다는 사실을 깨달았다.

고난의 행군이 시작되자 수많은 사람들이 중국으로 탈북했다. 다시 북송됐다가도 몇 달이면 또 사라졌다. '중국이 어떤 곳이기에 저 사람들은 저렇게 고문을 받고도 다시 나가는 걸까' 의아했다.

김 씨는 아버지의 편지를 꺼냈다. 아버지의 형제들, 어머니의 형제들 모두 살고 있는 중국에 가고 싶은 충동을 느꼈다. 그는 병원에 사표를 내고 나왔다.

고난의 행군 시절 무너져가는 나라를 보며 김 씨는 비로소 아버지가 남긴 편지의 의미를 깨달았다. 첫 편지는 딸이 이 땅에 살게 될 경우를 대비해 노동당에 보험용으로 보낸 것이고, 두 번째 편지는 이 땅을 떠날 상황이 되면 중국에 사는 친척의 도움을 받으라는 의미였다. 몇 년 뒤 대량탈북이 시작돼 사람들이 중국으로 줄지어 넘어가던 시절, 김 씨는 '이것이 아버지가 말한 길이었구나'라고 생각했다.

1999년 3월 아직 얼음이 가득한 두만강을 넘었다. 그때만 해도 그는 여전히 중국의 친척들을 만나 경제적 도움을 받고 다시 북으로 돌아갈 생각이었다.

개 먹이에 받은 충격

두만강을 넘은 그가 어디로 갈지 몰라 한 중국 마을을 서성일 때 60대로 보이는 여인이 다가오더니 "조선에서 왔느냐"고 물었다. 그러더니 자기 집으로 데리고 가 밥상도 차려주고 젖은 옷도 갈아입혔다. 대량 탈북 초기 연변에는 북에서 굶주려 넘어온 탈북민들을 호의적으로 대해준 조선족들이 많았다.

친척을 찾기까지 거의 보름 동안 그 집에 머물렀다. 한번은 밖에 나갔더니 그릇 안에 이밥과 고기가 얼어 있었다. 김 씨가 말했다.

"아무 것도 안 하고 있는 저에게 매일 따뜻한 밥을 해줘서 고맙습니다. 새로 밥을 짓지 마시고 여기 있는 밥과 고기를 데워 먹으면 좋겠어요."

그러자 여인이 말했다.

"그건 사람 먹는 게 아니야. 개를 먹으라고 준 건데, 느끼해서 잘 안 먹어."

김 씨는 충격을 받았다. 그는 그때를 이렇게 회상했다.

"그 순간 엄청난 배신감을 느꼈어요. 머리 속에 깊이 박혀 있던 영양실조로 죽어간 아이들의 얼굴들이 떠올랐어요. 중국은 농촌 개조차 이밥에 고기국을 배불러 먹지 않는데, 내가 지금까지 어떤 교육을 받고 세뇌돼 살아왔는지 돌아봤죠. 충격으로 그때 친척집에 가기 전까지 한 9일 동안 말을 안 했던 것 같아요. 도움을 받고 다시 북에 가려 했는데 그때 그 생각이 무너져 내렸어요. 저 땅에 다시 가고 싶지 않았죠."

1960년대부터 김일성은 "이밥에 고깃국을 먹고 기와집에 비단옷을 입는 세상이 공산주의다"고 규정하고, 공산주의 건설을 위해 열심히 일해야 한다고 인민을 추동했다. 그러나 인민이 받은 대가는 굶주림이었다. 반면 수정주의로 나간다며 그렇게 비판한 중국에선 개들도 이밥에 고깃국을 먹고 있었다.

처음 만난 한국 오빠

1999년 옌볜(延邊) 조선족자치주 룽징(龍井)에 있는 고모 집에 머물 때였다. 발이 넓기로 유명한 이웃집 여인이 "내가 한국 사업가들을 여럿 아는데, 그중 한 명이 북에서 여의사가 넘어왔다는 말을 듣고 꼭 한 번 만나게 해달라고 조르더라"고 했다.

그때까지 한국에 대한 두려움이 컸던 김 씨는 거절했다. 그러나 여인이 하도 졸라대자 "북한 얘기를 하기는 자존심이 상하니, 그걸 묻지 않는 조건으로 만나보겠다"고 답했다.

약속한 시간이 되자 고슴도치처럼 가시를 세우고 앉아있는 김 씨의 귀에 쿵쿵 큰 발걸음 소리가 들려왔다. 50대로 보이는 남자가 문을 벌컥 열더니 싱글싱글 웃으며 이렇게 말했다.

"진짜 덥다. 그죠?"

그 한마디가 김 씨의 긴장된 마음을 녹였다.

'뭐야. 무시무시한 남조선 괴뢰도당이 아니라 흔한 동네 오빠잖아.'

남자는 갈 때까지 약속한 대로 김 씨의 자존심이 상할 말은 전혀 꺼내지 않았다.

며칠 지났을 때 이웃 여인이 시장에 가자고 하더니 비싼 옷을 사주었다.

북에서 온 이웃

속으로 '옷이 날개라고, 북에서 온 내가 이렇게 입으니 때벗이 했네'라고 은근히 좋아할 때 그 여인이 말했다.

"저번에 왔던 남자 말이야. 가면서 '자존심 강한 여자 같은데, 나중에 옷 한 벌 사주라'고 돈을 주고 갔어."

김 씨는 지금도 그때 딱 한 번 봤던, 처음 만났던 한국 '오빠'를 잊지 못한다.

"어디 사는지, 누구인지 지금도 모르지만, 1999년 룽징에서 북한 여의사 구경 왔던 남자를 한번 만나봤으면 좋겠어요. 이젠 70대 노인이 됐겠네요."

베이징으로 가다

언제까지 고모와 친척들에게 의탁해 살 순 없었다. 친척 소개로 헤이룽장 (黑龍江) 성 무단장(牧丹江)의 어느 마을로 옮겨갔다. 그곳에서 9개월 머물 며 열심히 중국어를 공부했다. 하지만 워낙 조용한 동네라 수상한 여자가 있 다는 신고가 들어갔고 어느 새벽 공안에 체포됐다. 공안들은 그의 중국어를 듣고 북에서 넘어온 지 1년 됐다는 말을 믿지 않았다.

북송될 운명을 걱정할 때 마을에서 알고 지내던 치보(治保) 주임이 파출 소에 찾아와 안면이 있는 공안들을 만나 석방해달라고 사정했다. 치보는 중 국 마을마다 있는 민경이라 할 수 있다. 공안은 '이곳에 있지 말라'는 석방 조 건을 걸었다.

치보가 물었다.

"여기 더 있을 수 없으니 이젠 딴 곳에 가시오. 어디로 가고 싶어요?"

김 씨는 조용한 곳에 오래 숨어있긴 어려우니 도시로 가야겠다고 생각해 "베이징으로 가겠다"고 했다. 그랬더니 치보가 베이징행 열차표와 중국돈

20원을 주었다.

"제가 중국에서 만난 사람들은 참 좋은 사람들이었어요. 정말 열심히 도와줬거든요."

베이징 기차역을 나설 때 막막했던 기억을 잊을 수 없다. 베이징 역 앞을 배회하다 치마저고리 여인이 그려진 간판을 보았다. 다짜고짜 들어가 일자리를 구하고 싶다고 말했다. 그렇게 베이징 생활이 시작됐다.

식당 일을 배워 한국인 유학생들이 많이 다니는 대학에 '코리안푸드'라는 이름으로 도시락까지 팔게 됐다. 그러나 위생증이 없는 것이 드러나 이것도 오래 하지 못했다. 민박 청소와 빨래 등을 하다 베이징의 한 대학에 교수로 온 한국인 가정에 가정부로 들어갔다.

은인이 된 한국 여교수

한국 여교수는 김 씨보다 3살 어렸고, 5살 된 아이를 키우고 있었다. 남편은 한국에서 교수를 하고 있어 베이징에 없었다.

김 씨는 여교수에게 탈북했다는 말을 하지 않았다. 한국에 국제결혼을 하려다 돈을 사기당해 연변으로 돌아갈 수 없는 조선족 여인이라고 소개했다.

김 씨는 그를 떠올리며 "여교수는 굉장히 높은 인격을 보여주었다"고 회상했다.

침대를 붙여 같이 자자고 청했고, 자기가 있을 때는 절대 청소를 못하게 했다. 쇼핑을 하게 되면 꼭 김 씨의 옷 등을 사와 선물했다.

여교수는 늘 "아주머니는 조금만 가르치면 공부를 참 잘할 것 같다"며 컴퓨터와 인터넷도 가르쳤다. 그렇게 안착한 듯했던 생활은 길지 않았다.

북에서 온 이웃

김지은 씨가 지난해 한국 의료봉사단의 일원으로 인도를 찾아가 현지 주민들을 상담해주고 있다. 김지은 씨 제공.

어느 날 여교수가 말했다.

"이젠 계약 기간이 끝나 한국에 돌아가야 해요. 한국에서 남편이 데리러 오는데, 아주머니는 여전히 한국에 갈 생각이 있으세요? 제가 초청장을 보내드릴 테니 우리 집에 와주세요. 한국에 가서 애 하나 더 낳으려는데 아주머니가 키워주세요."

그때 김 씨는 자신이 사실은 탈북한 북한 여의사라는 것, 중국인 신분이 아니라 한국에 갈 수 없다는 사실을 털어놓았다.

"미리 말해주셨어야죠. 제가 정말 잘해드렸을 텐데…."

"이미 저에게 충분히, 너무 잘해 주셨어요."

둘은 부둥켜안고 한참 울었다.

서울에 돌아온 여교수는 몇 달 뒤 자기 대학에서 탈북한 학생을 찾아냈다. 그를 통해 어떻게 하면 한국에 올 수 있는지, 어느 탈북 브로커와 만나야 하는지 등을 알아냈다.

몇 달 뒤 김 씨는 여교수가 걸어온 전화를 받았다.

"돈은 제가 댈 테니, 제가 알려준 브로커를 만나 한국에 오세요."

그 덕분에 김 씨는 라오스, 미얀마, 태국 등을 거쳐 2002년 3월 14일 한국 땅을 밟았다. 그때 만난 여교수는 지금도 서울의 모 대학에서 교수로 있다.

"베이징에서 키웠던 5살 아이가 이젠 20살이 훌쩍 넘었죠. 지금도 우리 둘은 가깝게 지내고 있어요."

유서

2003년 어느 날, 김 씨는 혼자 눈물을 흘리며 유언장을 써내려갔다. 한국 사회에 첫 발을 내 디딘지 1년 정도 지났을 때였다.

"정말 목숨을 끊으려 했어요. 도무지 앞길이 보이지 않았기 때문이죠."

한국에 오자마자 사기를 당해 정착금을 모두 잃었다. 많은 탈북민이 그랬듯 그도 정착하자마자 교회에 다니게 됐다. 한 여인이 언니라고 부르라며 친근하게 다가왔다.

"아직 직업이 없지. 집에 앉아 놀면 뭐해. 네트워크 사업을 하는 곳이 있으니 거기 다니면 한국 사람도 많이 만나 정착도 빨리 하고 돈을 많이 벌 수 있어."

김 씨는 네트워크 사업이 최신 기술을 다루는 회사인 줄 알았다. 자기 시간을 활용하며 공부도 할 수 있겠다고 좋아했다. 그러나 전 재산을 잃는 데는 반년도 걸리지 않았다.

그가 자살까지 결심한 데는 더 큰 이유가 있었다.

탈북민이 한국에 오면 한국 정부는 북한 학력 인정 서류를 발급해 준다. 김 씨도 의대 졸업과 의사 경력을 인정받아 교육부에서 발급한 "한국에서 6년제 의대를 나온 자와 동등한 자로 인정한다"는 경력서류를 받았다. 이 서류로 의사 국가고시를 보려 했다. 그러나 보건복지부는 "북한 경력으로 고시를 볼 수 없으니 의대를 다시 다녀야 한다"고 했다. 의대에 입학하려 서류를 냈더니 이번엔 교육부에서 "한 사람이 같은 전공을 두 번 공부할 수는 없다"며 거절했다. 당시 법으론 의사 고시를 볼 수도, 의대를 다닐 수도 없는 처지가 돼 한국에서 의사를 하겠다는 김 씨의 꿈은 허물어졌다.

"북에 가서 의대 졸업증과 의사 증명서를 갖고 오라더군요. 한국에 와서 거짓말탐지기까지 통과하며 인정받았는데 북한 서류를 갖고 오라니 황당했죠. '그럼 북에 가서 증명서 갖고 올 테니, 국가보안법으로 처벌하지 않겠다고 장담할 수 있느냐'고 따졌더니 그건 또 못한다고 하더군요."

살아갈 의욕을 잃었다. 그냥 죽고 싶다는 생각밖에 안 들던 시기였다.

살아야 할 이유

유서를 쓰면서 지나온 삶이 주마등처럼 흘러갔다. 살면서 지금보다 더 힘든 때가 있었던가를 돌아봤다. 중국에서 두 번씩 체포돼 북송 위기에 처했을 때도 죽지 않는데, 지금은 따듯한 집도 있고 밥도 마음대로 먹을 수 있는데 왜 죽을 생각이 드는지 반성했다. 그리고 그는 살아야 할 이유 네 가지를 찾아냈다.

첫째는 죽을 생각이 드는 것은 자존심과 욕심 때문이라고 결론냈다. 한국에 와 "나는 의사가 안 되면 안 돼"라는 생각이 좌절을 부른 이유라고 생각했다. '내가 꼭 의사가 돼야 한다는 법이 어디 있나. 일반 회사라도 다니면 되지'라고 생각하니 마음이 편해졌다.

두 번째는 "중국에서 한국에 오지 못하고 생사의 고비를 넘고 있는 탈북민이 얼마나 많은데, 정말 행운으로 한국에 일찍 와놓고, 죽을 생각을 하는 모습을 본다면 다른 탈북민들 눈에는 '놀고 있네'라고 비춰질 것"이란 생각이 들었다.

세 번째는 자존감이었다. 북한에선 탈북민을 배신자라고 하는데, 꼭 여기서 성공해서 고향에 돌아가 "나는 누구나 능력을 발휘할 수 있는 사회를 보고 왔으니 우리도 그렇게 돼야 한다"고 말하고 싶었다.

앞선 세 가지보다 더 큰 이유가 네 번째였다. 김 씨는 북에서 남들처럼 20대 중반에 결혼했다. 1년 만에 이혼으로 끝났지만, 아들이 태어났다. 이혼할 때 시댁은 마음을 바꿔 돌아오라며 아들을 내놓지 않았다. 아들을 보고 싶었고, 그 아들이 "엄마는 날 버리고 혼자 한국에 가서 무책임하게 죽었다"고 평생 원망할 거라 생각하면 견딜 수 없었다.

그는 결국 죽음의 유혹을 이겨냈다. 의사 대신 한국의 일반 회사에 취직했다. 살아야 할 이유를 찾고 나니 딱딱하게 굳어있던 얼굴이 풀리고 미소가 돌아왔다.

회사를 다니며 사람들과 친해지자 사장과 이사들이 오히려 더 격려했다.

"당신이 한국에 와서 의사가 될 수 없는 이유를 들으니 너무도 불합리해 우리가 납득할 수 없다. 싸워야 한다."

그들의 주선으로 그는 2004년 10월 국회 국무조정실 국정감사에 증인으로 나가 진술했다. 그랬더니 의대 입학 허가가 났다. 의사 경력이 있으니 예

북에서 온 이웃

2009년 2월 세명대 한의과대학 졸업식에서 꽃다발을 가득 받아안고 눈물을 흘리고 있는 김지은 씨. 김지은 씨 제공.

과 2년을 건너뛰고 본과 4년만 다니면 된다고 했다. 그가 대학에 다니던 몇 년 뒤엔 북한 의사 출신이 한국 의사 국가고시에 응시할 수 있도록 법도 바뀌었다. 그러나 그때는 이미 대학에 몇 년 다니던 때라 그는 시험 대신 대학 졸업을 선택했다. 김 씨는 남북에서 의대를 나온 흔치않은 경력을 소유하게 됐다. 그의 노력으로 이후에 온 다른 탈북 의사들은 의사 고시에 응시할 수 있는 자격을 얻게 됐다.

상봉

시간은 빠르게 흘렀다. 2009년 대학을 졸업했고, 그해 부천에 한의원을 열었다. 북한에서 의대 동의학과를, 한국에서 한의대를 나온 그에게 언론은 '남북한 통합 한의사 1호'라는 타이틀을 붙여 주었다. 2017년 한의원을 서울로 옮겼다. 받은 사랑에 보답하겠다는 마음으로 2014년부터 요양원 봉사도 매주 나갔다. 인도네시아, 인도, 태국 등 해외 치료봉사도 여러 차례 다녀왔다. 많은 사람들에게 알려진 '성공한 탈북민'이 됐고, 인터넷엔 그를 다룬 기사들이 쌓여갔다.

개인적으로 가장 행복한 일은 아들과의 상봉이었다.

아들이 13살 때 사람을 시켜 두만강까지 데려온 뒤 엄마에게 오라고 설득했다. 한국에 있다는 소리는 할 수 없어 "엄마가 너무 멀리 있어 갈 수 없으니, 엄마를 볼 수 있는 방법은 네가 오는 길밖에 없다"고 설득했다. 아들은 할아버지와 살겠다며 단호하게 거절했다.

그랬던 아들이 19살 때 갑자기 전화를 걸어왔다.

"엄마, 나 지금 가도 돼?"

"그럼, 그럼. 그런데 왜 마음이 바뀌었니?"

"공식적인 이유를 말할까, 비공식적인 이유를 말할까? ("둘 다 말해줘.") 음. 공식적으론 살아보니 여기선 미래가 없더라고. 열심히 공부 잘하면 될 줄 알았는데, 한계가 있더라고. 비공식적인 이유는 한국 가면 승용차를 가질 수 있고 송혜교, 이지아도 볼 수 있을 것 같아."

두 연예인은 그때 북한에서 가장 인기 있던 한국 드라마 주인공들이었다.

그렇게 몇 달 뒤 아들이 왔다. 조사기관에 들어가 만남은 허용되지 않았지만 전화 통화는 가능했다. 김 씨는 자신이 그토록 하고 싶었던 '사랑한다'는 말을 해야겠다고 마음먹었다. 늘 꿈 꿔오던 스스로의 미션이기도 했다.

전화 말미에 "아들, 사랑해"라고 말했다. 전화기 너머에선 아무 대답이 없었다. 북에선 사랑한다는 말을 연인 사이에서도 잘 쓰지 않는다.

북에서 온 이웃

며칠 뒤 다시 통화가 되자 그는 또 "아들, 사랑해"라고 말했다. 이번엔 전화기 너머 자기도 뭔가 말하고 싶은 듯 "어, 어, 어" 하는 짧은 소리가 들려왔다. 세 번째 통화에서 또 사랑한다고 말했다. 이번엔 "예, 나도요"라는 대답이 날아왔다. 그는 인생 최대의 기쁨을 느꼈다.

하나원을 졸업하고 아들이 집에 온 날 그는 6살 때 헤어진 아들을 품에 안고 온 밤을 지새웠다. 14년 만의 재회였다. 그 아들이 지금은 한국에서 대학원까지 졸업하고 법조인이 될 준비를 하고 있다. 무엇보다 김 씨를 기쁘게 한 건 엄마를 너무나 아끼는 아들, 목표와 실천이 확실한 성실한 청년의 모습으로 자라줬기 때문이다.

인생은 마라톤

김 씨는 지난해 말 운영하던 한의원을 접고 경기도의 한 한방병원 부원장으로 자리를 옮겼다. 시간적 여유를 갖고 공부를 하고 싶어서였다. 병원 원장으로 진료를 하고, 단골 고객을 관리하다 보니 공부할 여유가 생기지 않았다. 그는 올해 서울 소재 한 법학대학 법학과에 입학해 박사과정을 밟고 있다.

중학생 시절의 꿈이 이끈 것일까. 의사가 법학박사를 꿈꾸는 이유가 궁금했다.

"돈을 버는 것보다 통일될 한반도를 위해 뭔가 기여하는 게 남북에서 의사로 살아본 제 역할이 아닐까 싶어요. 이제 와서 부자가 될 것도 아니고, 될 수도 없는데, 돈은 살 만큼 벌면 되잖아요. 언젠가 통일이 되면 남북한의 의료통합도 중요한 문제가 될 거예요. 미리 한국과 북한의 의료법과 규제를 공부해 어떻게 합리적인 통합 체계를 만들지를 고민해야죠. 한국에 먼저 온 사람으로 다음 세대를 위해 지렛대가 되고 싶어요."

그는 삶을 마라톤에 비유했다.

"마라톤은 꼴찌를 해도 박수를 받는 종목이잖아요. 시작하자마자 앞서 간다고 1등이 아니고, 마지막을 빨리 간다고 해도 1등이 안돼요. 누가 나를 앞질러 가도 조급해 하지 않고 인내와 끈기를 갖고 자신만의 페이스를 지키며 완주하는 게 중요하죠. 주저앉지만 않고 계속 가면 경기장에 들어갈 것이고, 등수와 상관없이 누군가는 나를 기다렸다 박수를 쳐주지 않겠어요. 그건 포기하지 않고 와준 과정에 대한 찬사라고 생각해요."

김 씨의 마라톤 예찬을 들으며 과연 그는 지금 마라톤 코스의 어디쯤에서 뛰고 있을까 상상했다. 반환점은 돌았을까. 그가 생각하는 결승점은 어디일까. 남북한 통합 한의사 1호에 법학박사까지 받으면 경기장이 보이는 것일까.

고백한다면 기자는 그와 하나원 동기이다. 18년 전 우리는 똑같은 날, 똑같은 시간에 하나원을 나와 한국 사회에 첫발을 내디뎠다. 취재수첩을 닫으며 그를 똑바로 바라보며 이 말을 건넸다.

"우리 그동안 참 열심히 살았죠?"

"그러게. 정말 열심히 달려왔지."

우는지 웃는지 알 수 없는, 온갖 사연을 머금은 눈빛이 수천 마디 말을 대신해 허공에서 만났다.

북에서 온 이웃

김권능

인천한나라은혜교회 목사

"

체포돼 1년이 지난 어느 겨울에 재판 받으러 호
송버스를 타고 연길 거리에 나섰어요. 처음 감옥
밖으로 나온 거죠. 문득 어느 정류장에서 사람들
이 발을 동동 구르고 손을 불며 버스를 기다리는
모습이 눈에 들어오더군요. 그 장면이 왜 그렇
게 평안하고 행복해 보이던지…. 감옥에서 10년
내내 계속 그 장면을 떠올렸어요. 밖에 살 땐 추
위가 싫었어요. 하지만 그때 평범한 순간이 누구
에겐 얼마나 소중할 수 있는지를 깨달았어요. 행
복은 찾는 것이 아닙니다. 내 주위에서 발견하는
겁니다.

"

김정일 사망이 살려낸
'탈북영웅'

2018년 10월의 김권능 씨. 길고 어두운 미로를 벗어나 행복한 듯한 표정이다. 김권능 씨 제공.

그날따라 추위는 매서웠다. 새벽 4시 중국 지린(吉林)성 장춘(長春)을 떠난 호송차는 도로가 얼어 속도를 내지 못했다. 오전 11시 반이 넘어서야 목적지인 투먼(圖們)의 북중 국경다리에 도착했다. 오전 9시~10시경 북한 세관에 나가 보위부에 죄수를 넘겨주려던 당초 계획이 틀어졌다.

다리를 지키는 변방대 장교가 말했다.

"지금 조선쪽 세관에 사람이 보이지도 않고 전화를 해도 받는 사람도 없으니 점심 먹고 다시 오시오."

손발에 족쇄를 찬 죄수 한 명과 다섯 명의 호송원을 태운 차량은 식당을 찾아 투먼 시내로 움직였다. 식당을 찾아 헤매는데 갑자기 변방대에서 전화가 왔다.

"당장 차를 돌려 오시오."

"아, 조선쪽에 사람이 나왔나 보군. 죄수를 넘겨주고 우리끼리 편하게 점심 먹으면 되겠다."

호송원들은 이런 대화를 나누며 북중 국경 다리 옆으로 다시 왔다.

변방대 막사에 도착하니 비상이 걸려 있었다. 군인들이 총과 쌍안경을 들고 정신없이 뛰어다니고 있었다.

"뭔 일이래?"

호송원 한 명이 휴대전화로 검색하더니 깜짝 놀랐다. 그리곤 죄수에게 이를 보여줬다.

"김정일이 죽었다는데…."

2011년 12월 19일 12시. 북한에서 김정일 사망을 공식발표한 순간이었다.

중국 감옥에서 10년을 복역하고, 이날 형기가 만료돼 고문과 처형이 기다리는 북송길에 올랐던 김권능(본명 김경일) 씨의 운명이 바뀐 순간이었다.

김 씨는 오후 내내 변방대 사무실에 앉아 있었다. 김정일 사망이라는 변고를 맞은 북한 쪽에선 전화를 받지 않았다.

김 씨는 삭막한 풍경이 펼쳐진 두만강 건너편 북한을 건너다보며 생각했다.

'내가 당신(김정일)이 죽는 것을 보고 가는구나. 나보다 앞세웠으니 이제 북한에 끌려가 죽더라도 원이 없다.'

저녁까지 북에서 전화를 받지 않자 호송원들은 옌지(延吉)로 돌아와 하루 밤을 보냈다. 그러나 다음날도 북한과 연락이 되지 않았다. 20일 저녁이 다가오자 호송원들은 다급해지기 시작했다. 김 씨가 10년 전 중국 재판소에서 받은 형기는 이날 저녁 9시면 만료된다. 그 이후엔 더이상 김 씨를 잡아둘 명분이 없다. 호송원들은 그를 옌벤(延邊) 출입국관리소로 데려가 넘겼다.

"탈북자인데, 이제부터 여기서 알아서 하시오."

호송원들은 이 말을 남긴 채 장춘으로 돌아갔다. 김 씨는 8년 전까지 이곳 감옥에서 2년 동안 수감 생활을 했다. 8년 만에 다시 돌아온 것이다. 3개월의 수감 생활이 다시 시작됐다.

영화 '크로싱'이 나오기까지

김 씨는 1976년 황해남도 신원군에서 태어났다. 10살 때 광물 탐사대원인 아버지를 따라 함경남도 검덕으로 이주했다. 검덕은 연, 아연, 마그네사이트 등이 풍부한 북한의 대표적인 광업도시다. 여기서 중학교와 3년제 검덕광업전문학교를 졸업했다. 그가 검덕에 처음 갔던 1980년대 중반만 해도 검덕의 산은 푸르렀다. 그러나 1990년대 중반 '고난의 행군' 시기를 거치며 광산 마을인 검덕은 사람이 가장 살기 어려운 지역으로 바뀌었다. 산도 검은색으로 변해갔다.

2020년 9월 7일 검덕을 통과한 태풍 '마이삭'은 수천 세대의 집을 파괴했다. 검덕에서 살던 김 씨는 "어떻게 재난이 발생했을지 눈에 훤히 보이는 것 같다"고 회상했다. 검덕은 골짜기가 깊지 않고 강 옆에 마을들이 자리 잡고 있는데, 나무 없는 산에서 산사태가 나면 강이 막히고 순식간에 마을이 잠기게 된다는 것이다. 그리고 산사태로 막혔던 곳이 압력을 견디지 못해 다시 터지면 아래 마을까지 순식간에 물바다가 된다. 검덕은 강 옆에 분광 시설들이 있다. 사품 치는 강물은 분광된 돌가루를 잔뜩 머금은 '묵직한' 물이라 아무리 든든한 제방도, 건물도 견디기 어렵다.

김 씨는 사람들이 굶주려 쓰러지는 고난의 행군 시기인 1997년, 살기 위해 중국으로 떠났다. 21세 때였다. 1년 동안 중국의 농촌에 숨어살며 농사를 짓고, 벌목도 했다.

그러다 1998년 한국에서 온 최광 선교사를 만났다. 최 선교사는 "먹고 사는 것은 걱정하지 않고 성경 공부만 열심히 하면 된다"고 했다. 그는 선교사를 따라나섰다. 최 선교사의 목표는 탈북 청년들을 모집해 기독교를 공부시킨 뒤 북한으로 파송해 선교한다는 것이었다. 이곳에서 2년을 여기 저기 옮겨 다녔다. 안전한 곳을 찾아 산시성(陝西省) 시안(西安)까지 옮겨갔다. 2000년 11월 새로운 탈북 청년들을 모집해 팀을 만들라는 지시를 받고 옌지로 나왔다. 이때 천기원 선교사를 만났다.

천 선교사는 탈북자들을 한국으로 보내는 루트를 만들자고 제안했다. 당시엔 탈북민들이 한국으로 오는 마땅한 길이 없었다. 그는 천 선교사와 함께 2000년 12월부터 중국과 몽골 국경을 다니며 여러 개의 탈북 루트를 만들었다. 중국 남부로 내려가 베트남과 캄보디아를 거쳐 태국으로 가는 루트도 찾아냈다. 오늘날 한국에 온 3만 명 넘는 탈북민 대다수가 거쳐 온 그 루트를 초기에 개척한 이 중 한 명이 김 씨였다.

1999년 3월 허난성 정저우에서 다른 탈북 청년들과 함께 성경공부를 하던 시절의 김권능 씨(앞줄 가운데 흰바지). 이들 청년 중 4명이 북한에 나가 사역하다 순교했다. 김권능 씨 제공

그는 자신이 개척한 통로로 탈북민들을 탈출시켰다. 그러다 2001년 7월 몽골 국경에서 체포됐다. 탈북민 5명으로 구성된 다섯 번째 팀을 이끌고 가던 길이었다. 국경에 하루 먼저 나가 정찰하려 했는데 그만 공안에 혼자 잡힌 것이다.

인도자가 체포되자 함께 오던 탈북민들은 당황했다. 경험이 없는 탈북민이 새 리더가 돼 중국과 몽골 국경을 넘었다. 이 과정에 일행에 포함됐던 9세 소년 철민이가 사막에서 탈진해 쓰러져 숨졌다. 영화 '크로싱'의 모티브가 된 바로 그 사건이었다.

김 씨는 당시를 이렇게 설명했다.

"경험이 없어 사막으로 너무 깊이 들어갔어요. 제가 잡히지 않았다면 철민이가 살았을 텐데 너무 안타깝죠. 한편으로 그 일행이 사막에 깊이 들어가는 바람에 체포되지 않았을지도 모르겠네요."

철민이를 제외한 일행이 한국으로 오는 동안 김 씨는 북송돼 신의주로 끌려갔다.

누구도 고발하지 않았다

신의주 보위부 감옥에 들어가니 단둥(丹東)에서 배로 한국행을 시도하다 체포된 탈북민 25명이 먼저 끌려와 있었다. 그들 대다수가 김 씨를 알고 있었다.

25명조의 리더는 그와 함께 성경공부를 한 함북 무산 출신의 주복이라는 탈북민이었다. 그 외에도 김 씨와 함께 성경공부를 한 사람, 그가 탈북민을 구출하는 일을 했다는 것을 아는 사람들이 많았다. 그들 중 누가 김 씨의 중국 행적을 고발했다면 그도 살아날 수 없었다. 그러나 모두가 그를 모르는 척 외면했고, 그 덕분에 김 씨는 목숨을 구할 수 있었다.

25명 중 혹독한 취조를 견디지 못해 1명이 감옥에서 죽었고, 리더는 사형 판결을 받았다. 한국으로 도망치려 했다는 죄로 19명이 정치범수용소로 끌려갔다. 영문도 모르고 따라갔다고 끝까지 버틴 여성 4명만 가벼운 처벌을 받았다.

김 씨는 열악한 신의주 감옥에서 기도했다.

'하나님, 저를 살려주시면 평생을 저를 위해 살지 않고 탈북민을 위해 바치겠습니다.'

그때 김정일의 지시가 내려왔다. 단순 도강을 한 사람은 관대하게 용서하라는 내용이었다. 김 씨는 3개월 뒤 석방돼 중국으로 다시 탈북할 수 있었다.

북에서 온 이웃

그는 중국에서 천 선교사를 만났다. 그러나 2개월 뒤인 2001년 12월부터 시련이 시작됐다. 천 선교사가 중국 공안에 체포된 것이다. 김 씨와 함께 천 선교사를 보조해 탈북민을 구출하던 탈북민 출신인 '이 선생'도 체포됐다.

이들이 한국으로 보내려던 탈북민들은 졸지에 길을 잃었다. 감옥 생활로 몸도 성치 않았던 김 씨는 이들을 보며 생각했다.

'양심에 부끄럽지 말자. 내가 죽더라도 이들부터 구하자.'

김 씨는 한국으로 오는 길을 누구보다 잘 알고 있었다. 자신이 만든 루트들이었기 때문이다. 다시 한번 체포돼 북송되면 살아남기 어렵다는 사실도 알고 있었다. 자신부터 먼저 한국에 가서 살고 싶었다. 그러나 그는 남았다. 다른 탈북민 먼저 구출한 뒤 자신은 맨 나중에 오겠다고 마음먹었다.

천 선교사와 이 선생을 대신해 그는 탈북민들을 데리고 몽골과 베트남으로 향했다. 다섯 팀을 성공시켰다.

그러나 불운이 닥쳤다. 2002년은 중국 주재 외국공관에 탈북민 집단 진입 바람이 불던 때였다. 그해 3월 베이징(北京) 주재 스페인대사관에 탈북민 25명이 집단 진입하는데 성공한 뒤 여러 외국 공관들로 탈북민들이 진입하기 시작했다.

중국 당국은 대대적인 검거 작전에 돌입했다. 중국에 숨어있던 수만 명의 탈북민이 이때 체포돼 북송됐다.

2002년 7월 탈북민 5명을 데리고 베트남으로 가기 위해 떠난 그는 허난성(河南省) 정저우(鄭州)에서 체포됐다. 북중 국경 변방대가 이곳까지 그들을 미행해 왔다.

김 씨는 탈북민들이 북한으로 끌려가기 전에 마지막으로 구금되는 투먼(圖們)변방수용소로 끌려갔다. 그런데 그때 이곳 수용소의 한 방에 수감됐던 탈북민들이 모두 탈출하는 사건이 발생했다. 급히 수용소 재공사가 진행

12月4日，"3·16"特大跨国偷渡案犯罪嫌疑人在法庭上。新华
社记者　徐家军　摄

2003년 12월 김권능 씨(맨 왼쪽에 선 남성)가 옌벤조선족자치주 법원에서 12년형을 선고받고 있다. 당시 중국 신화
통신이 "'3.16' 특대불법월경범죄혐의자들이 법정에 있다"라는 설명과 함께 보도한 사진이다. 김권능 씨 제공

되면서 김 씨는 옌지의 구치소로 이송됐다.

"너는 영웅이다"

구치소에서 한 검사가 이렇게 말했다.

"네 서류를 보니 조선에 끌려가면 무조건 죽는다. 그런데 너는 자기 동포
들을 구하기 위해 네가 먼저 한국에 갈 수 있었음에도 끝까지 남았다. 너는
민족의 영웅이고 나는 너를 존경한다."

변호사들도 그를 도왔다. 그를 중국 감옥에 보내 북송되지 않도록 노력했다.

북에서 온 이웃

2003년 사스 광풍이 불며 재판이 지연됐다. 그해 12월 마침내 판결이 내려졌다.

중국 법에는 '타인을 조직하여 비법월경한 죄' 항목에는 '조직한 자는 7년 이상을 선고한다'고 규정돼 있다. 그는 12년형을 선고받았다. 예상보다 많았지만, 반대로 생각하면 12년은 생명을 연장할 수 있다는 의미였다. 2004년 4월 그는 장춘 테베이(鐵北)감옥으로 이송됐다.

옌지 감옥에선 좁은 감방에 22명이 머물렀다. 밤에 일어나 화장실을 가려면 사람을 밟고 가야 할 정도로 빽빽하게 수감돼 있었다. 대부분 사형수 등 중범죄자들이었다. 명절 직전이면 5~6명이 불려 나가 돌아오지 않았다. 조용히 처형된 것이다.

그런 옌지를 벗어나 장춘으로 갔지만 사정은 나아진 게 없었다.

테베이 감옥은 무기수나 10년 이상 장기수들이 수감되는 곳. 한 방에 40명 이상 수감돼 있었다. 선풍기도 없어 여름엔 숨이 막혔고, 겨울엔 작은 창문마저 닫아 더 숨이 막혔다.

김 씨는 "그래도 중국 감옥은 신의주 감옥보다 훨씬 나았다"고 말했다.

이 감옥에서 그는 2011년 12월 19일까지 수감생활을 했다. 2004년 9월 이 선생이 북송된 것은 충격이었다. 그는 김 씨보다 8개월 먼저 잡혀와 옌지 감옥과 테베이감옥에서 함께 생활했다. 한족들에게 둘러싸인 감옥생활에서 둘은 서로에게 의지했다. 그런 이 선생이 2005년 7월까지인 형기도 채우지 못하고 북송된 것이다. 이 선생의 본명은 이수길. 1960년생으로 추정된다. 그는 북송된 뒤 기독교 조직의 리더를 지냈고 탈북민의 한국행을 주도했다는 죄로 2005년 처형된 것이 확인됐다.

그가 형기도 채우지 못하고 북송된 것은 체포된 뒤 중국에 있는 유엔난민고등판무관 사무소에 난민 신청을 했기 때문이다. 2008년 올림픽을 앞둔 중국은 인권 문제가 불거질 우려를 차단하기 위해 난민 신청을 한 이선생을 황급히 북으로 송환했다.

감옥의 북한 마약 전사들

김 씨가 이송됐던 2004년 테베이감옥에는 탈북민을 포함해 북한 국적자만 200여 명이 있었다. 중국에서 범죄를 저지른 탈북민도 포함돼 있지만, 북한산 마약을 해외에 팔다가 체포돼 10년 이상 형기를 받고 끌려온 북한 간부들도 여럿 있었다.

중앙당 소속 간부 1명과 북한군 소좌 2명, 보위부 상좌 1명이 대표적이다. 북한 영사관이 정기적으로 이들을 찾아와 3개월에 한 번씩 1,000위안씩 영치금을 넣어주었다.

김 씨는 보위부 상좌와 한 방에 있었다. 상좌는 자주 화려했던 과거를 이렇게 회상했다고 한다.

"나는 차를 끌고 중국을 합법적으로 왔다 갔다 했어. 마약 팔아 당 자금을 마련했지. 2월 16일 김정일 생일 같은 날엔 달러를 가방에 가득 채워 평양에 올라가 '충성자금'으로 넘겼어. 그때는 돈을 흥청망청 쓰며 잘 살았는데, 운나쁘게 작전 중에 잡혀 이 꼴이 된 거야."

상좌는 북한에서 '숨은 영웅'으로 인정받았다. 중앙당 간부와 북한군 소좌들도 마찬가지였다. 마약을 팔아 충성자금을 마련하는 임무 수행 중에 잡힌 사람들이다. 체포된 뒤에도 이들은 절대 북한 당국에서 시킨 일이 아니며 자신들은 노동자라고 신분을 숨긴다. 그러나 중국이 이를 모르진 않는다. 원래 이들처럼 큰 마약 거래를 하다 잡히면 중국에선 사형이지만, 중국 당국은

북에서 온 이웃

북한과의 관계를 의식해 사형은 시키지 않고 종신형을 선고해 감옥에 수감시켰다. 북한도 이들을 보내라고 요구하지 않았다. 북에 남은 가족은 배급도 꼬박꼬박 받고 당국에서 자녀들도 잘 돌봐준다.

상좌는 김 씨에게 이렇게 말했다.

"우리도 나라가 잘못하고 있다는 걸 알아. 그런데 보위부 사람일수록 정부를 훨씬 더 무서워해. 너희 같은 탈북민도 죽이고 싶어 죽이는 게 아니야. 지시가 떨어지니 어쩔 수 없고, 또 나라가 망하면 우리가 너희 같은 사람들에게 제일 먼저 죽으니 어쩔 수 없지."

김 씨가 형기를 마치기 2년 전 상좌는 폐암으로 쓸쓸히 숨을 거두었다. 북한군 소좌 한 명도 병으로 감옥에서 죽었다.

운명의 날

김 씨는 감옥생활을 이렇게 털어놓았다.

"감옥에 들어온 사람들은 언제 형기가 끝날지 손꼽아 셉니다. 그런데 저는 그 반대였죠. 형기가 줄어드는 게 두려웠습니다. 북송돼 죽을 날이 다가온다는 의미였으니까요. 북한 인민을 위해 죽겠다고 맹세했지만, 형기가 끝날 때가 다가오니 삶에 대한 애착이 점점 커지더군요."

가끔 만나는 공안 간부들은 이런 말도 했다.

"조선 보위부에서 네가 넘어오길 간절히 기다린다. 보위부에서 빨리 보내달라고 요청서류가 왔는데, 우린 형기를 채워 보낼 거야."

그는 사형 날짜를 기다리는 사형수의 심정으로 감옥 생활을 했다. 그의 심정을 아는지 모르는지 감옥에선 모범수라며 여러 번 감형 처분을 내렸다.

12년이 10년으로 줄어 형기는 2011년 12월 20일에 끝나게 됐다.

마침내 그날이 왔다. 2011년 12월 19일 오전 4시 감옥 문이 열렸다. 손과 발에 족쇄를 차고 호송차에 타는 순간 그는 죽음을 맞이하러 간다는 걸 알았다. 10년 동안 감옥에서 상상해오던 순간이 막상 닥쳐오니 마음은 평온했다.

장춘 감옥에 수감된 탈북민이 형기가 끝나면 중국 당국은 저녁에 기차를 태워 투먼으로 보낸다. 그러면 아침에 도착해 북한 세관이 문을 열자마자 바로 인계한다. 그런데 그에겐 호송차와 호송원 다섯 명이 동원됐다. 사고 없이 북송시켜야 할 특별한 죄수라는 의미다.

그런데 김정일 사망이 발표됐던 12월 19일은 유난히 추웠다. 그 추위가 그의 목숨을 살렸다. 도로가 얼지 않아 오전 10시 이전에 투먼에 도착했다면 그는 북송을 피하지 못했을 것이다. 김정일이 그의 생명을 건진 셈이다.

김권능 씨가 드디어 중국 땅을 벗어나던 2012년 4월 17일 연길공항의 풍경. 김권능 씨 제공.

석방

2011년 12월 20일 그는 8년 만에 옌지 구치소에 다시 들어갔다. 감옥 간수들은 "북조선 새끼가 잡혀왔네"라며 비아냥거렸다.

그런데 며칠 뒤에 들어온 관리는 태도가 달랐다.

"너의 기록을 쭉 봤다. 너는 조선에 나가면 안 된다고 생각한다. 가족도 모두 한국에 있다니 한국 정부에 가족관계증명서를 만들어 보내달라고 요구해 봐. 그럼 우리가 도와줄 여지가 있다."

김 씨가 수감 생활할 때 아버지와 남동생은 탈북해 한국으로 먼저 왔다. 동생이 통일부에 찾아가 서류를 만들어달라고 요청했지만 거절당했다.

공신력 있는 서류를 만들어오지 못하자 중국 관료가 다시 제안했다.

"그럼 가족의 머리카락을 보내. 우리가 유전자 검사를 해서 가족관계를 증명해줄게."

결국 통일부가 해주지 않은 서류를 중국 간부가 탈북민에게 유전자 검사까지 받아 만들어주었다.

2012년 3월 16일, 간수가 김 씨를 불렀다.

"어디로 가냐"고 묻자 "조선에 가지 어딜 가겠나"는 답이 돌아왔다.

그는 모든 노력이 무위에 돌아간 거라 생각해 아찔했다.

그러나 김 씨가 끌려간 곳은 법정이었다. 법관이 그에게 "어딜 움직이는 경우 꼭 공안에 보고한다"는 조건을 달아 석방 판결을 내렸다. 그의 신분은 무국적자였다.

믿어지지 않았다. 상상하지 못했던 순간이 찾아온 것이다. 10년 만에 거리에 나왔다. 숨을 쉬며 걷는다는 게 꿈만 같았다. 한 달 뒤인 4월 17일 아시아나항공편으로 옌지공항에서 인천으로 날아왔다.

옌지공항 보안책임자는 10년 전 정저우까지 쫓아왔던 변방대 체포조 책임자였다. 김 씨가 드디어 풀려나 한국으로 간다는 소식을 듣고 공항에서 김 씨를 배웅하겠다고 전화를 걸어왔다. 막상 당일엔 급한 일이 생겨 나오지 못했지만 대신 부하들을 보냈다.

부하들이 김 씨를 보고 "그동안 고생 많았어. 이제부터 잘 살기를 바란다"며 격려했다.

김 씨는 당시 상황을 이렇게 회상했다.

"공항에서 엄청 긴장했죠. 비행기가 떠서도 중국 상공에 있을 때는 불안했어요. 언제든 회항해 중국 땅에 내릴 수 있으니 말입니다. 창밖으로 서해 바다가 보일 때 비로소 저는 '이젠 살았다'는 생각이 들어 눈물이 났습니다. 그때의 감격을 잊을 수 없었어요."

한국의 조사기관에서 그는 "어떻게 살아왔느냐, 보위부에 체포됐을 때 매수된 거 아니냐"는 질문을 집요하게 받으며 남들보다 훨씬 오래 조사를 받았다.

2012년 9월 6일 그는 드디어 하나원 문을 나섰다. 진정한 자유를 찾은 것이다.

삶의 의미

김 씨는 지금 인천의 한 탈북민 집단 거주지역에 '인천한나라은혜교회'라는 개척교회를 만들고 목사로 재직 중이다. 40여 명의 교민들도 대다수 탈북민이다.

김 씨는 총신대학교와 같은 대학 대학원을 졸업했고, 현재 모 대학 신학

북에서 온 이웃

지난해 10월 17일 목사 안수를 받은 김권능 씨(왼쪽)가 남동생과 조카와 함께 환하게 웃고 있다. 김권능 씨 제공.

박사 과정을 다니고 있다. 같은 탈북민을 만나 결혼했고 아들 셋을 두었다. 막내는 지금 8개월이다. 26세에 체포돼 36세까지 중국의 혹독한 감옥 생활을 이겨내고 찾은 행복이다.

"체포돼 1년이 지난 어느 겨울에 재판받으려 호송버스를 타고 연길 거리에 나섰어요. 처음 감옥 밖으로 나온 거죠. 문득 어느 정류장에서 사람들이 발을 동동 구르고 손을 불며 버스를 기다리는 모습이 눈에 들어오더군요. 그 장면이 왜 그렇게 평안하고 행복해 보이던지…. 감옥에서 10년 내내 계속 그 장면을 떠올렸어요. 밖에 살 때 추위가 싫었어요. 하지만 그때 평범한 순간이 누구에겐 얼마나 소중할 수 있는지를 깨달았어요. 행복은 찾는 것이 아닙니다. 내 주위에서 발견하는 겁니다."

전철우

(주)에쎈 대표

> 남쪽에서 30년을 살아보니 말이지. 탈북해 여기에 정착을 잘 하려면 머리 좋은 것도 물론 중요하지만 성격이 제일 중요한 것 같아. 괴로운 일이 있어도 웃고 잊고 그렇게 넘어가야 자리를 잡을 수 있는 거야. 내성적이거나 성격이 섬세한 사람은 견디기 어려워하더라고. 그런 사람은 한국에 와서 처음엔 막 신나서 좋아하다가 또 엄청 환멸을 느끼고 그러는데 감정 기복이 산과 계곡처럼 오르락내리락 하면 살기 힘들지.

막걸리 집에서 만난 탈북 1세대
전철우 대표

성동구의 한 카페에서 만난 탈북 1세대 사업가인 전철우 (주)에쎈 대표. 사진=주성하 기자.

"남쪽에서 30년을 살아보니 말이지. 탈북해 여기에 정착을 잘 하려면 머리 좋은 것도 물론 중요하지만 성격이 제일 중요한 것 같아. 괴로운 일이 있어도 웃고 잊고 그렇게 넘어가야 자리를 잡을 수 있는 거야. 내성적이거나 성격이 섬세한 사람은 견디기 어려워하더라고. 그런 사람은 한국에 와서 처음엔 막 신나서 좋아하다가 또 엄청 환멸을 느끼고 그러는데 감정 기복이 산과 계곡처럼 오르락내리락 하면 살기 힘들지."

1989년 북한 국비 유학생으로 동독에 유학 갔다가 한국으로 탈북한 사업가 전철우 대표(53)를 24일 서울 성동구의 한 식당에서 만났다. 전철우는 그 이름 자체가 하나의 브랜드로 한국에 많이 알려졌다. 그를 다룬 기사는 대개 '돈을 많이 벌었다더라' '사업을 새로 시작했다더라'는 것에 포커스를 맞추고 있다.

그는 탈북 1세대의 원조 격이라 할 수 있다. 한국에 오랫동안 살면서 그가 겪은 삶을 어찌 돈이나 사업 성패로만 판단할 수 있을까. 그가 이방인으로 이 땅에 정착하기까지의 과정, 그의 눈으로 지켜보는 탈북민들의 정착 등을 들어봤다.

"지금도 사기는 당하고 살지"

"인생이 뭔지 아직도 잘 모르겠어. 그냥 살아가는 것 같아. 어디 마음대로 흘러가는 것이 없잖아. 순간순간 후회 없이 살자고 열심히 노력하지만 아직 잘 모르겠어. 남에게 피해주지 않고 편안하게 살도록 노력하는 게 내 인생인 것 같아. 편안하게 산다는 게 말은 쉬워도 막상 그렇지 않더라고. 재벌도 편안하지 못하지. 그렇게 돈 많은 사람도 감옥가고 하는 걸 보면서 나는 잘 사

북에서 온 이웃

는구나 하고 위안을 얻지."

전 대표는 식탁이 4개밖에 없는 작은 시장 골목 식당으로 필자를 잡아끌었다. 오랜 단골이라고 했다. 모듬전에 막걸리를 시켜놓고 동네 형이 옆집 동생에게 이야기하듯 편안하게 이야기를 풀어놓기 시작했다.

사실 그의 드라마틱한 인생사는 이미 한국에 다 알려졌다.

귀순, 연예인, 사업, 실패, 이혼, 사기, 성공…. 그의 이름과 함께 항상 따라 다니는 단어들이다.

사기도 수없이 당했고, 당할 때마다 언론을 통해 간간히 전해졌다. 그래서 물었다.

"이제 한 30년 사기 당했으면 사기꾼을 가려보는 데는 완전 도사가 됐을 거 같은데요."

전 대표가 손사래를 친다.

"아니야. 지금도 당해. 베트남에서 사업을 한다고 나갔는데 또 사기 당했어. 한국에선 이젠 나름 사람 보는 눈도 있고, 모르는 것은 잘 하지 않으니 이제는 사기 당하지 않는다고 생각했지만 외국에 나가선 또 누군가와 손을 잡고 사업을 해야 하니 또 당하지. 하도 당하니까 이젠 '이번은 조금만 당해서 다행이다. 손해를 최소화하고, 빨리 피하고, 빨리 잊자'가 좌우명처럼 됐어."

그는 2017년 '전철우의 맛있는 주방'이라는 브랜드를 내걸고 베트남에 진출했다. 하노이에 즉석식품 가공공장을 세웠고 지난해 11월에는 200평이 넘는 큰 식당도 열었다. 그런데 사업을 확대하려는 순간 코로나바이러스감염증(COVID-19)이 퍼졌다. 요식업계 전반이 피해를 봤고 그 역시 예외는 아니었다. 베트남 정부가 한국인 입국을 금지하면서 올 3월 한국에 들어왔다가 하노이에 다시 나가지 못하고 있다.

"지금은 한국 사업에 다시 집중하는 중이야. 신속하게 중요한 결정을 해야 할 사장이 베트남에 나가 있으면 또 국내 사업이 생각처럼 잘 돌아가지 않더라고. 둘 다 같이 하긴 어려워. 베트남은 지금 딴 사람에게 맡겨 놨지."

"자꾸 사기 당하면 사람 쓰기 무섭지 않나요?"

"사람을 쓰지 않고선 사업을 못하기 때문에 어쩔 수 없어. 그러니까 사람에게 간혹 배신당해도 있을 수 있는 일이라고 생각하고 넘어가지. 사람을 멀리 하고 어떻게 사업할 수 있나. 독만 되는 게 아니라 약이 될 때가 더 많아. 정작 내가 제일 어려운 건 시장을 개척하는 거야. 될 것 같았는데 안 되고, 안 될 것 같았는데도 되고. 아직도 쉽지 않아. 한국은 과거엔 6개월마다, 지금은 3개월마다 새로운 것을 만들어야 해. 뭘 하나 시장에 내놓으면 경쟁자들이 가격을 낮추고 따라와. 멈추는 순간 죽는 거지."

탈북민 중에서 가장 성공한 사업가라는 말을 듣는 그 역시도 지금까지 멈추면 죽는다는 마음가짐으로 열심히 쉬지 않고 달리고 있는 중이다.

"아직도 계속 새로운 걸 만들고 확장하고 하다 보면 지치지 않나요?"

"나이가 들면 보수적이 돼가는 것은 어쩔 수 없어. 과거엔 사이즈(규모)에 집착했는데 이젠 버는 것보다 지키는 것에 더 신경을

베트남에 진출한 전철우 대표가 하노이에서 박준뷰티랩 대표(가운데)와 박항서 감독과 만나 찍은 사진. 전철우 대표 제공.

북에서 온 이웃

쓰게 돼. 예전처럼 투자금액, 직원 숫자 이런 것에 집착하기보다는 적어도 확실한 내 것이 더 소중해지는 것 같아. 그래서 지금은 완벽하다 판단되지 않으면 일을 벌이지 않아."

전라도 담당 안보강사

막걸리 두 병과 고기전과 홍어전을 함께 담은 접시가 금세 바닥이 났다. 그가 주방을 향해 소리쳤다.

"사장님, 이거 똑같은 걸로 한 접시 더 줘요."

그리곤 일어나 냉장고를 열고 막걸리를 직접 꺼내왔다.

"요식업체 대표를 수십 년 하다보면 맛에 민감할 텐데, 이렇게 골목에 숨은 작은 식당을 단골로 삼은 이유가 있나요?"

"맛있잖아. 내 입에는 이 전들이 참 맛있어."

아무리 돈을 많이 벌어도 입은 과거를 잊지 못하는 듯했다.

"그런데 김책공대 다니다가 독일 드레즈덴 공대에 유학을 갔고, 한국에서도 한양대 전자공학과를 다닌 것으로 아는데, 한국에 와서 왜 개그맨하고, 음식 장사 시작한 건가요. 그거 하고 싶어서 부모형제 두고 탈북한 건 아닐 거 아니에요?"

"그땐 어렸지. 동독이 무너지니 북한도 5년 내로 무너질 것 같았어. 빨리 한국에 가서 자본주의를 배워 돈을 벌면 5년 뒤 고향에 갈 수 있다고 생각했지."

그는 과거 얘기가 시작되자 쉼없이 이야기를 이어갔다. 그는 한국에 처음 와 정보 요원들에게 "광주에선 왜 그렇게 사람 많이 죽었어요"와 같은 엉뚱한 질문을 자주 던졌다고 했다. 당시 화제가 됐던 임수경 방북 사건과 관련

1989년 12월 9일 서울 프레스센터에서 탈북 후 첫 기자회견을 하는 전철우 씨(오른쪽), 그 옆이 함께 동독에서 탈북한 장영철 씨이다. 동아일보 DB

해서도 "임수경 때문에 북한 사람들이 한국을 다시 보게 됐다"고도 했다.

결국 정보당국은 '전철우의 입은 위험하다'고 판단했다. 귀순 기자회견 때 독일에서 그와 함께 탈북한 친구였던 장영철에게만 기자들의 질문에 대답하도록 했다. 전철우는 옆에서 입을 닫고 있었다. 이후에도 기자들이 찾을 때마다 장 씨만 나갔다. 그랬더니 기자들이 왜 둘이 왔는데 하나만 말하느냐고 난리를 쳤다.

"어느 날 정보기관 담당자가 부르더니 KBS '남북의 창'이란 방송에 나가야 하는데 입을 조심하라고 몇 번이고 강조했어. 방송 같은 건 그때 관심도 없었는데, 막상 나가니 예쁜 여기자들이 옆에 앉아 질문을 던지니 들뜨는 거야. 그래서 신이 나서 말했지. 그때는 북한 사람의 이미지가 경직되고 증오만 가득 찬, 나라에 충성을 바치는 사람들처럼 여겨졌어. 그런데 내가 겨울에 평양 거리에 나가 눈을 치기 싫어 숨었던 이야기 같은 것을 웃으며 얘기하니 저기(북한)도 저렇게 날라리들이 있구나 싶어 이미지가 확 바뀐 거지. 방송 끝나고 정보기관 담당자가 막 뛰어오더니 '대박이다. 대박' 이러는데 대박이 뭔지도 몰랐어. 그 다음부터 방송에서 계속 단골로 출연하다 보니 방송인, 개그맨도 됐지. 허허."

당시는 탈북자가 귀순자로 불리던 시절이었다. 한국에 오는 숫자도 적었다. 한국에 온 귀순자는 전국을 돌며 몇 년씩 귀순강의를 하던 시절이었다.

"난 전라도 고정 담당이었어."

북에서 온 이웃

"아니, 왜요. 탈북자들이 강연 가기 꺼리는 곳 아닌가요."

"처음엔 멋모르고 갔지. 광주 조선대, 전남대 이런 데를 보내는 거야. 갔더니 청중으로 온 내 나이 또래의 대학생들이 팔장을 끼고 삐딱하게 앉아 쏘아보는 거야. '왜 조국을 배반하고 왔느냐'고 욕을 하더군. 거기에 기가 죽진 않았어. '여긴 여기 앉은 사람이 대통령도 되고 그러는 사회 아니냐. 나도 대통령 하고 싶은데, 거긴 아버지, 아들이 다 해먹고, 그 연줄로 다 하니 올라갈 틈도 없다. 나도 정말 돌아가서 올라가고 싶다' 이렇게 막 떠들어댔지. 그게 먹혔나 봐. 강의가 끝나니 그 학생이 날 부르더니 옥상에 데려가더군. 같이 간 요원도 못 오게 하고 말이지. 얻어맞는 건가 싶었는데 막걸리 한잔 부어주더니 하루 더 있다 가라더군."

"저도요, 2002년에 한국 와서 몇 달 뒤 조선대에 갔는데 그때도 저를 보고 배신자라고 했어요. 형님 때는 더 했겠죠. 그런데 나보고는 막걸리 주면서 자고 가란 말 안 하던데. 난 진짜 배신자처럼 보였나 봐. 하하."

"그렇게 강의를 마치고 나니 그 다음부턴 계속 안보강의 할 때마다 나를 전라도에만 보내는 거야. 지내고 보니 전라도 사람들이 의리는 있더라고. 아무튼 그렇게 인연을 맺었고, 광주에 전철우사거리도 있는 거 알지?"

"몰라요."

"그런 게 있었어. 인터넷에 찾아봐."

우주가 내 마음을 끌어

과거 이야기하며 막걸리 잔이 몇 번을 더 오갔을까. 취기가 느껴질 무렵 몇 마디 더 질문을 던졌다.

바리스타 자격증을 따기 위해 커피 만드는 법을 배우는 전철우 대표. 전철우 대표 제공.

북에서 온 이웃

"여기 와서 계속 오뚜기처럼 일어선 비결 같은 뭘까요."

"내 장점은, 우선 부모님이 참 낙관적인 성격을 물려주신 것 같아. 낙천성을 타고 났으니 아픈 일이 있어도 빨리 털고 일어나. 배신당했다 생각하면 일이 잡히지 않는데, 나는 그건 참 빨리 극복해. 둘째는 아무리 최악의 순간이라도 어떤 상황인가를 객관화하는 능력이 타고난 것 같아. 아무리 나락에 빠져도 '여기서 더 무너지지 말자' '절대 지저분해지지 말자'고 자기 최면을 걸어. 거기서 지저분해지면 다시 일어나지 못하거든. 아무리 어려운 상황이라도 내가 지금 갖고 있는 것이 뭔가, 제일 잘 할 수 있는 일이 뭔가를 냉정하게 가려봐야 하거든. 요즘은 한 가지만 잘 해도 돼. 옛날에는 돼지 잡으면 백정이라고 놀렸는데, 이젠 돼지고기만 잘 손질해도 셰프라고 대접받거든."

"그건 원론적인 말이고, 한 가지 잘해서 일어선 건 아니잖아요."

"나는 사람을 제일 중요하게 여겨. 사업은 망해도 사람을 잃으면 안돼. 신뢰, 평판, 존중 이런 게 있어야 재기가 가능하거든."

"그건 전철우란 브랜드를 가졌으니 하는 말이고, 일반적인 탈북자들은 중요하게 여길 사람도 없이 시작해야 해요. 그런 말 탈북자들에게 하면 욕먹어요."

"그래, 그건 그렇겠네."

그는 순순히 수긍했다.

"요새 취미가 뭐예요?"

"넷플렉스에서 드라마 보는 걸 좋아하는데, 우주 이런 것에 끌려. 우주와 인생을 비교하면 '뭘 하려고 찰나의 인생을 이렇게 고생하며 사나' 하는 생각이 들어. 그러다보니 결국 오늘 행복한 것이 제일 중요하다는 생각이 들지. 매일 행복하자, 행복하자 이러며 살지."

그러고 보니, 처음 만났을 때부터 막걸리에 취해 헤어질 때까지 그의 눈은 내내 웃고 있었다.

신경순

신영무역 대표

"

북에 앉아 굶어죽을 대신 탈북을 선택했고, 중국
에서 피타게 중국어 공부를 해 한국 회사에 취직
했다. 금융위기 때 파산한 회사를 접수했고, 거
래처 회사들이 다 떠나자 온라인을 개척했다. 요
즘도 그는 코로나바이러스가 퍼진 뒤로 더 과감
하게 투자하고 있다.

"

쓰러지지 않는
탈북 여사장

신경순 신영무역 대표가 중국 거래업체를 방문해 밤알을 살피고 있다. 신영무역을 만든 초기인 9년 전 사진이다. 신경순 대표 제공.

서울을 떠나 부산으로 내려가는 KTX 안에서 한 여인이 수심이 가득한 얼굴로 창밖을 내다보고 있었다. 부푼 기대를 안고 입사한 회사는 6개월 만에 부도가 났다. 사장은 사채업자를 피해 어디론가 사라졌다. 당장 먹고 살기 어려운 상황이라 닥치는 대로 일자리를 찾아 헤맸다. 서울에 오면 200~300만 원은 거뜬히 벌 수 있다는 말을 듣고 올라왔지만, 알고 보니 마사지업소였다.

이제 더 헤맬 기력도 없었다. 돌아가는 기차에서 여인은 결심을 굳혔다.

"부도난 저 회사를 내가 인수하자."

부산역에 내리자마자 그는 회사를 찾아갔다. 그리고 선언했다.

"이 회사 제가 맡아 살리면 어떨까요?"

남자 상무(고작 직원이 3명인 회사였지만)가 박수를 보냈다.

"그래, 잘 할 수 있을 거 같아요."

듣기 좋게 말한 것일 수도 있지만, 이 말에 힘이 솟았다.

'그것 봐. 이들도 내가 할 수 있다고 하는데, 왜 나는 나 스스로를 믿지 못하지. 어차피 가진 것 없는 몸인데, 한번 힘껏 부딪쳐 보기라도 하자.'

2009년 3월 한국 입국 7개월 차 탈북여성 신경순 씨에게 일어난 일이다. 망했던 회사는 신 씨가 인수한 2년 뒤 연간 매출 20억 원을 넘겼다.

탈북

신 씨는 1969년 함경북도 청진에서 영예군인(전상자) 가정에서 태어났다. 남들처럼 학교를 다녔고, 1986년 중학교를 졸업한 뒤에는 남들이 선망하는 39호실 산하 외화벌이 회사에 취직했다. 대우도 좋았고, 가끔 양복지와

북에서 온 이웃

같은 선물도 받는 회사였다.

그러나 그는 노동당원이 되겠다고 그 회사를 2년 만에 때려치우고, 제일 힘든 곳인 무산광산 채굴 현장에 자원했다. 모두가 뜯어말렸지만 그의 결심은 단호했다. 하지만 결국 얻은 것은 병이었다. 2년 만에 집에 돌아와 병 치료를 하는 도중 '고난의 행군'을 맞았다.

남들처럼 장사도 했고, 황해도를 오가며 쌀 배낭을 나르기도 했다. 그러나 도무지 견딜 수 없어 결국 1999년 탈북을 선택했다. 탈북한 뒤엔 중국 허베이(河北) 성의 깊은 산골 한족 남성에게 의탁해 살았다.

한국에 입국한 탈북민 3만 3718명(2020년 9월 기준) 중 여성은 72%이며, 탈북민 전체의 70%는 함경도 지역 출신이다. 신 씨의 성장과 탈북 스토리, 중국 생활은 많은 탈북 여성들과 별반 다르지 않다.

말 한마디 통하지 않고, 음식도 안 맞는 곳에서 겪어야 했던 그 많은 아픔을 여기에 다 설명할 순 없다. 너무나 견디기 힘들어 2년 뒤 파출소를 찾아가 북에 보내달라고 해도 무시하는 동네였다. 그가 살았던 농촌은 밤농사를 전문으로 하는 곳이었다. 밤을 줍고, 팔고 하는 생활이 1년 내내 쳇바퀴처럼 돌아갔다. 그래도 가난에서 벗어나지 못하는 곳이었다.

"이곳을 벗어나려면 중국어부터 배워야 한다."

그 마을 여인들은 모두 문맹자였다. 남자들도 신문을 잘 읽을 줄 몰랐다.

신 씨는 한 학년 올라가며 아이들이 버린 흙 묻은 교과서를 주어다 공부하기 시작했다. 그렇게 몇 년을 독학했더니 이제는 중국인도 가려보지 못할 정도로 말과 글이 능숙해졌다. 이젠 어딜 가든 취직이 가능할 것 같았다.

2005년 그는 집을 나와 현에 있는 옷 공장에 취직했다. 한국어는 어디서 들을 곳도 없는 곳에서 그는 한족 여인들과 함께 공장에 다녔다.

"북송하세요"

삶을 바꾼 기회는 우연히 찾아왔다. 어느 날 옷 공장 옆에 있는 농산물수출회사에서 사람이 찾아왔다. 한국 거래처에서 전화가 왔는데 일을 처리해주던 조선족 통역이 그날 없었던 것이다. 그곳 사장은 옆 옷 공장에 조선에서 온 여인이 있다는 것을 기억해냈다.

신 씨는 처음 한국 사람과 통화하던 순간을 잊지 못했다.

"분명 우리말인데, 제가 이해하지 못했어요. 그 순간 내가 중국인이 된 것 같은 느낌이 들었죠."

그렇게 급할 때마다 통역 몇 번씩 해준 것이 인연이 돼 한국 거래처 사장이 왔을 때도 통역을 해주게 됐다. 마침 한국 사장은 중간에서 낀 조선족 통역이 사기를 치는 것 아닌지 의심하던 차였다. 그는 신 씨를 무역 거래 회의에 참가시켰다. 처음엔 가만히 앉아 들으라고 했다. 이 회의에 참가하면서 신 씨는 농산물 거래가 어떻게 이뤄지는지 이해하게 됐다.

한국에 돌아간 사장은 곧 그에게 연락을 해왔다. 자기가 월급을 줄 테니 허베이 성의 2~3개 현을 담당해 밤 시장 현황과 가격 등을 조사해 보내라는 것이다.

그가 그 일을 시작하자 주변에서 "가격 좀 뻥튀기해도 한국에선 모른다. 이럴 때 돈 좀 벌어놓아야 한다." "중국 사장들에게서 선물을 적당히 받아도 된다"는 말을 해주었다. 그러나 신 씨는 자신을 믿어준 한국 사장이 고마워 온갖 유혹에도 불구하고 단 1전도 붙이지 않고 정직하게 보고했고, 몇 개 현을 돌아다니며 자기 일처럼 가장 싸고 질 좋은 밤을 찾기 위해 애썼다. 그렇게 2년을 일했다. 이제는 허베이 성의 중국 밤 수출 회사 사장들과도 안면이 트여 확실하게 자리 잡았다고 생각했을 때 시련이 찾아왔다.

2007년 한 중국 사장이 보낸 밤이 계약서와 달리 질이 좋지 않아 클레임(손해배상)에 걸렸다. 중국 사장은 사과 대신에 발뺌하기에 급급했다. 화가 난 한국 사장은 "저 회사의 밤은 절대 받지 말라"고 지시를 내렸다.

그해 가을 햇밤철이 다가오자 중국인 사장이 "왜 우리에겐 오더를 주지 않냐"며 찾아왔다. 신 씨가 상황을 설명하며 물량을 줄 수가 없다고 하자 그가 협박했다.

"우릴 포함시켜주지 않으면 내가 당신을 신고해 북송시킬거야."

신 씨는 두려움에 휩싸였다. 그러나 한국 사장의 지시를 어길 수는 없다고 생각해 태연하게 대답했다.

"맘대로 하세요."

그러고도 2년을 알고 지낸 사이인데 신고까지 할까 속으론 기대도 품었다. 그러나 기대는 어긋났다. 공안이 그가 묵던 숙소에 들이닥쳐 그의 손에 수갑을 채웠다.

보위부 감옥에서

2007년 9월 6일 그는 단둥을 거쳐 평북 신의주 보위부로 끌려나갔다. 북한에 도착한 그날부터 신 씨는 폭행과 수치심 등을 겪으며 후회했다.

"그래도 중국에 있으면 언젠가 고향 갈 기회가 있을 줄 알고 한국으로 가지 않았던 내가 정말 바보였구나."

신 씨가 일할 당시 중국에선 드라마 '대장금'이 엄청난 인기를 누리고 있었다. 드라마가 상영되는 시간엔 공장과 거리가 텅텅 비었다. 신 씨를 보고 동료들이 "한국이 그렇게 잘 사냐. 너는 왜 거길 가지 않냐"고 물었다. 그를 고용한 한국 사장이 한국에 올 생각이 없냐고 물었을 때 그는 단호하게 싫다고 대답했다.

북한에 끌려가 인간 이하의 취급을 받고 나서야 신 씨는 정신이 들었다. 고향에 대한 미련이 날아가는 데는 단 몇 시간도 채 걸리지 않았다.

"어떻게 하나 여길 나가 이번엔 한국에 가야겠다. 호랑이굴에 잡혀가도 정신만 바싹 차리면 살 길이 있다고 했으니 어떻게 하나 기회를 잡아야겠다."

며칠 뒤 보위부 감옥 소장이 신 씨를 불렀다.

"이봐, 신경순. 너는 경력이 좀 특이하더라. 중국에서 무역업에 종사했다며?"

"예, 허베이 몇 개 현 농산물을 동남아와 유럽에 수출하는 일을 담당했습니다."

"거긴 무역을 어떻게 해?"

신 씨가 한국과 거래했다는 것만 쏙 빼고, 중국에서 이뤄지는 농산물 수출 절차 등을 설명하니 소장의 눈이 커졌다. 북한에선 달러나 위안화를 만질 수 있는 무역업자는 아무나 할 수 없는 선망의 직업이다. 그런데 그런 무역업을 중국 본토에 앉아 세계와 했다고 하니 소장이 놀라는 것은 어쩌면 당연했다.

"돈 많이 벌었지? 얼마나 벌어놨어?"

"예, 몇 십만 달러는 벌었는데, 갑자기 잡혀왔습니다."

"억울하겠다. 중국 남자 좋은 일만 했네."

"소장님. 돈 버는 재간이 있으면 그 돈 내오는 재간도 있지 않겠습니까."

신 씨의 말에 이번엔 소장의 입 꼬리가 올라갔다.

다음날 소장은 북송돼 감옥에 수감된 전체 탈북민이 모인 자리에서 소리쳤다.

북에서 온 이웃

신경순 대표가 한국에 입국했던 2008년 여름 하나원에서 남긴 사진. 신경순 대표 제공.

"너네 신경순이 절반만큼만 살고 오면 내 욕도 안 한다. 바보처럼 돈도 못 벌고 그리고 잡혀오나."

소장이 그렇게 소리치자 다른 간수들이 신 씨를 보는 눈도 달라졌다. 보위부 감옥은 북송된 탈북민을 심문해 처형할 사람, 정치범 수용소나 일반 감옥에 보낼 사람, 보안서(경찰) 집결소(강제노동수용소)에 보낼 사람 등으로 분류하는 곳이다. 집결소에 가면 가장 처벌이 경미하다. 그러나 그곳에도 빨리 보내진 않는다. 보통 감옥에서 이관되기까지 몇 달씩 걸리는데 경순은 한 달 만에 집결소로 넘겨졌다.

그가 나가는 날 소장의 측근이 그를 따로 불렀다.

"이봐, 경순이. 이제 네가 살아가려면 돈이 매우 필요할 거야. 우린 전혀 소문내지 않고 중국에서 돈 받아오는 선이 있어. 집결소에서 나오면 찾아와."

측근이 몰래 건네준 작은 쪽지엔 전화번호가 적혀 있었다.

중국에서 무역을 했다는 신 씨의 서류가 넘어왔는지 집결소 간수(경찰) 들도 그에게 호의적으로 대했다. 힘든 야외 일을 시키지 않고 주로 집결소 마당에서 일하게 했다. 간수 한 명은 그의 옆에 붙어 중국어를 가르쳐달라 성가시게 했고, 한 명은 중국 생활을 들려달라고 요청했다. 한국 사장의 심부름을 했을 뿐인데 신 씨는 북한에서 글로벌 인재라도 북송된 듯이 인정된 것이다. 집결소에서도 한 달 정도 있은 뒤 그는 고향인 청진으로 송환됐다.

한국 입국

고향에 갔더니 거주지 분주소는 전기도 없고 난방도 없었다. 밤에 얼어 죽을 지경이었다.

그가 왔다는 소식에 부모들이 찾아와 안면이 있는 보안원에게 사정했다.

보안원이 며칠 뒤 말했다.

"너는 노병의 딸이니 특별히 봐줘서 집에서 다니게 해줄게. 매일 아침 일찍 여기에 왔다가 조사를 받고 밤에 집에 가."

엄청난 특혜였다. 신 씨는 일주일 뒤 도망쳤다. 추적을 피해 이리저리 숨어 다니다가 2008년 1월 두만강을 넘었다. 중국에 가니 그를 알던 사장들이 동정해주며 빨리 한국으로 가라고 등을 떠밀었다. 심지어 해외에 나간 여인의 호구까지 구해 진짜 중국인 여권까지 만들어주었다. 그해 5월 그는 중국 무역업자 일행에 포함돼 김해공항에 내렸다.

한국에 왔지만 어떻게 해야 할지 몰라 일주일 동안 부산 시내 등을 구경 다니다 경찰서에 가서 자수를 했더니 난리가 났다. 탈북민이 김해공항을 통해 들어온 첫 사례라고 들었다. 이후 그는 김해공항에서 다시 비행기를 타고 서울로 날아와 정보기관 조사와 하나원 생활을 마치고 8월 사회에 첫 발을 내디뎠다.

그때까지만 해도 꿈은 하늘에 닿아있었다. 앞으로 나가 어떻게 살지 걱정하는 남들과는 달리 그는 사회에 나가 입사할 직장이 이미 정해져 있는 상태였다.

그가 중국에 있을 때 소속됐던 부산 거래처 사장이 자기에게 와서 함께 일을 해보자고 제안을 했기 때문이다. 하나원을 나와 그는 망설임 없이 부산

신경순 대표가 2016년 9월 러시아 블라디보스토크에서 열린 제2회 동방경제포럼에 박근혜 대통령을 동행한 경제사절단에 뽑혀 갔을 때 찍은 사진. 신경순 대표 제공.

으로 갔다. 대한민국 국민이 된 보람은 컸다. 월급은 100만 원에 불과했지만 이제 중국에 가서 계약을 체결할 때 누구보다 당당하게 살 수 있었다. 그러나 기쁨은 오래가지 못했다. 입사하자마자 국제 금융위기가 닥친 것이다. 그가 입사했을 때만 해도 1달러에 1,000원대였던 환율은 그해 12월 1,500원을 넘어섰다. 수입업체들에게 직격탄이었다. 곳곳에서 기업들이 도산하기 시작했다. 사채를 쓰며 버티던 사장은 결국 이듬해 3월에 사라졌다.

회사가 사라진 뒤 신 씨는 직업을 찾았지만 40살이 된 여성을 찾는 기업은 없었다. 결국 그는 자신이 회사를 인수하기로 결심했다. 신 씨는 "선택의 여지가 없는 상황에서 결정한 것"이라고 말했다.

위기에서 찾은 기회

신 씨가 회사를 인수하기로 결심했을 때 수중에는 반년 동안 100만 원의 월급을 받아 모은 400만 원이 있었다. 그 돈으로 그는 공과금부터 갚았다. 소상공인 대출 1,000만 원을 받고 5개월 뒤 탈북민에게 주는 취업 장려금 500만을 더해 직원들의 밀린 월급을 주었다.

그리고 8월 24일 처음으로 '신영무역'이라는 회사 간판을 걸었다. 새롭게 뿌리부터 시작한다는 의미였다.

중국에서부터 알고 지내던 사장들이 그가 밤 수입회사를 만들었다는 소식을 접하고 "돈은 나중에 갚으라"며 두 컨테이너를 외상으로 보내주겠다고 했다. 눈물나게 고마웠지만, 외상으로 받으면 품질이 떨어질 것 같아 거절했다.

간난신고 끝에 들여온 첫 컨테이너는 3일 만에 다 팔았다. 두 번째 컨테이

너도 3일 만에 팔았다. 신이 났다.

그러나 생소한 땅에서 그에게 닥치는 고난과 견제는 상상 이상이었다.

사채업자들이 매일같이 찾아와 도망친 사장의 밀린 사채를 갚으라며 집기를 부수며 행패를 부렸다.

"북한에서 별게 다 기어 들어왔다. 당장 북으로 꺼져라"는 욕을 매일 먹었다. 그때마다 그는 "내게 빌려준 것이 아닌데, 왜 내게 갚으라고 하냐"며 당차게 맞섰다.

경쟁업체들의 견제도 만만치 않았다. 업계에 발을 디디는 순간부터 신 씨가 알던 착한 한국인은 없었다.

입사해 몇 달 지났을 때 신 씨는 한국의 경쟁업체 사장이 중국의 거래업체에 "저 여자 중국에 밤 사려 가면 신고해 북송시키라"고 전화했다는 사실을 전해 들었다. 북송이란 단어만 들어도 끔찍한 기억이 되살아나는 그에게는 온 몸이 부들부들 떨리는 말이었다.

신 씨는 "그 사장은 이미 세상을 떠났기 때문에 말할 수 있지 다른 경쟁회사들의 견제도 만만치 않았다"고 회상했다.

밤 수출 및 판매 시장에는 여러 개의 회사가 있다. 신 씨는 이중 유일한 여사장이었고, 나이도 제일 어렸다.

밤마다 한국 오프라인 거래처 사장들이 찾아와 밤을 받아주는 대신 접대를 요구했고 3차까지는 기본 코스가 됐다. 물어보니 한국에선 이런 게 당연하다고 했다. 처음 몇 달은 관행인가 싶어 따라했지만 아무리 생각해도 불합리하다고 생각했고 용납할 수 없었다.

"내가 좋은 밤을 좋은 가격에 가져다주면 내게 고마워해야지 내가 왜 이 사람들에게 접대를 해야 하지? 이런 식의 사업은 할 수 없다."

그는 한국 거래처 사장들에게 더는 접대하지 않겠다고 선언했다. 그러자 그들은 온갖 욕을 다 퍼부으며 떠나가 경쟁업체 고객이 됐다. 몇 달이 지나자 거래처들이 거짓말처럼 다 사라졌다. 밤을 수입해도 팔 곳이 없는 것이다.

신 씨는 홀로 앉아 눈물을 흘렸다.

"내가 억울한 대로 접대 요구를 다 받아줘야 하나"고 생각도 했다. 그러나 그럴 바엔 사업을 그만두는 것이 낫다고 판단했다.

그러나 그는 그런 위기에서 다시 새로운 곳으로 도전했다.

"대한민국은 IT 강국인데, 이 조건을 활용해야 하지 않을까. 왜 밤은 오프라인에서만 팔아야 하나. 홈페이지를 만들어 온라인으로 판매해보자. 밤은 계절상품이라 가을에만 팔린다는데 왜 여름에 팔면 안 되나."

그때는 밤이 거리에서 구워 파는 정도로만 인식돼 있었지 온라인에서 밤을 산다는 개념이 없었다. 브랜드라는 개념도 없었다. 신 씨는 인터넷을 배웠고, 홈페이지를 만들었다.

중국어에 능숙하고, 중국에서 밤 수출업체에서 일해 봤던 경험이 있고, 현지 업체 사장들과 가족 같은 사이로 오랫동안 인연을 맺었기 때문에 다른 경쟁사들이 가격 조건을 가장 중요하게 따질 때 그는 중국 현지를 돌면서 하나하나 좋은 밤을 골랐다. 그래서 어떤 업체보다 품질과 가격에는 자신이 있었다.

그래서 차별화를 하기 위해 '키즈약밤' '신영약단밤' 등의 브랜드를 만들었다. 키즈는 국산에 비해 알이 작은 약단밤이란 의미였다.

대박이었다. 2011년 3월 홈페이지를 만들었을 때 마침 한국에는 티몬, 그루폰 등 미국의 소셜커머스 업체들이 막 진출했다. 그곳에 입점해 아이스박스를 처음 쓰기 시작했더니 여름에도 불이 나게 판매가 됐다. 어떤 날은 너무 물량이 많아 거래하는 우체국 전 직원들이 우수고객을 도와준다며 달라붙어 택배를 포장해 줄 정도였다.

올해 10월 고성 통일전망대에 선 신경순 대표. 그는 "이 해변을 따라 쭉 올라가면 내 고향 청진이 있다"며 "1년에 몇 차례 북한과 가장 가까운 고성을 찾아 고향에 대한 그리움을 달랜다"고 말했다. 신경순 대표 제공.

그해 티몬 한 곳에서만 11억 원의 매출이 났다. 회사 전체 매출은 20억 원이 넘었다. 지금은 밤 시장이 온라인 판매가 위주다. 2차, 3차를 요구하며 갑질하던 오프라인 중간 거래업체 사장들도 사업을 접고 사라졌다.

공짜는 없다

신영무역 매출액이 늘어나자 2012년부터 관세청, 국세청 등에서 세 번 연속 세무조사가 들어왔다. 신 씨는 "이때가 가장 힘들었다"고 말했다.

거래처 사장들에게서 세금계산서를 받지 않았던 것이 화근이었다. 그들은 세금에 무지했던 신 씨에게 "계산서를 발행하지 않는 것이 관행이다"고 주장했고, 신 씨는 나중에 그것이 어떤 결과를 낳을지 몰라 그들이 하자는 대로 했다.

세무조사가 들어오자 모든 거래금액의 추징금과 가산세는 그의 몫이었다. 3억 넘게 세금을 내고 나자 사업할 의욕이 생기지 않았다. 그럼에도 계속 사업을 했던 이유는 추징금은 갚아야 한다는 생각 때문이었다. 추징금을 다 갚고 나니 2016년부터 귀신같이 매출이 크게 오르기 시작했다. 그래서 또 사업을 접을 수가 없었다.

그는 이 일을 통해 세무의 중요성을 깨달았고 머리를 싸매고 세무공부를 하기 시작했다. 신영무역은 이제 매년 수십 억 원의 매출을 올리는 모범적인 납세자가 됐다.

물론 순탄한 사업은 없다. 잘 나가면 업계에서 집중 견제를 받을 수밖에 없고, 매일 자고 일어나면 새로운 일이 터진다.

신 씨는 "어제가 모여 오늘이 되고, 오늘이 모여 내일이 되기 때문에 결국은 오늘 하루하루 최선을 다해 사는 수밖에 없다"고 말했다.

그의 좌우명은 "위기는 기회다. 세상에는 공짜가 없다"이다. 북한에서 갖고 있던 신조라고 했다.

신 씨의 인생사를 듣고 보니 짓밟히고 쓰러져도 다시 일어나는 들판의 잡초가 떠올랐다.

북에 앉아 굶어죽을 대신 탈북을 선택했고, 중국에서 피타게 중국어 공부를 해 한국 회사에 취직했다. 금융위기 때 파산한 회사를 접수했고, 거래처 회사들이 다 떠나자 온라인을 개척했다. 요즘도 그는 코로나바이러스가 퍼진 뒤로 더 과감하게 투자하고 있다.

궁금했다. 가냘프고 연약한 체구 어디에서 굴하지 않는 용기, 위기에 맞서는 용기가 뿜어져 나오는 것일까. 부드러운 목소리 어디에서 단호하게 'NO'라고 말할 수 있는 배짱이 나오는 것일까.

그는 오늘도 최선을 다해 하루를 살고 있다. 잠재력과 능력이 닿는 한까지 걷겠다는 것이 그의 다짐이다. 그가 앞으로 걸어갈 길이 얼마나 멀고 험난한지는 알 수 없다. 다만 인터뷰를 마치며 한 가지는 확실히 깨달았다.

잡초는 바람에 쓰러지지 않는다.

허영철

미디컴 대표

> 66
>
> 탈북민들은 한국에 오면 빨리 적성을 찾아야 해
> 요. 북에선 당에서 하라는 대로 하면 됐지만 여
> 긴 직업이 너무 많아요. 어떤 직업이 내게 맞는
> 지 탈북민들은 모른다는 게 문제죠. 한국에 오면
> 공부를 하던지, 아니면 한 분야를 깊게 파고들어
> 달인이 되던지, 두 가지 중 한 길을 선택해야 해
> 요. 짧게 보지 말고 길게 보고, 화려함을 버리면
> 한국엔 돈을 벌 수 있는 길이 참 많아요.
>
> 99

꿈을 향해 달렸다
길이 나타났다

2019년 허영철 원코리아 미디컴 대표가 전쟁기념관에서 국군 포로 관련 다큐를 촬영하고 있다. 허영철 대표 제공.

한국에서 처음 본 소형 캠코더가 마흔 살 늦은 나이의 한 탈북민의 인생을 바꿔놓았다.

꿈을 향해 17년 동안 잠시도 한 눈을 팔지 않고 걸어왔다. 이제 그는 세계 최초를 꿈꾼다. 허영철 원코리아 미디컴 프로덕션 대표(57)의 이야기다. 대표, 감독, PD 등 다양한 직함으로 알려진 그의 삶은 한국에 온 탈북민들에게 훌륭한 본보기가 된다.

"사람이 하는 거라면...."

2004년 3월 서울 강남구 대치동의 한 영상교육센터 원장은 난감한 학생을 만났다. 6개월 과정의 유료 영상미디어교육 공고를 신문에 냈는데 41세 탈북민 남성이 부산에서 찾아와 배우겠다고 자청한 것이다. 그런데 영상 편집에 필수적인 컴퓨터의 '컴'자도 몰랐다. 원장이 말했다.

"제가 지금까지 숱한 학생을 교육시켰지만, 3가지가 처음입니다. 탈북민 교육생도, 마흔이 넘어 영상 배우겠다고 찾아온 사람도, 제일 중요하게는 컴퓨터를 전혀 모르는 사람도 처음입니다. 웬만하면 다른 일 찾는 게 어떨까요."

남성은 한참 머리 숙이고 있더니 말문을 열었다.

"원장님. 신이 아니라 사람이 하는 거면 배우겠습니다."

허 씨는 이렇게 영상교육의 세계를 만나게 됐다. 태어나 그렇게 절박하게 공부한 적은 처음이었다. 부산에 젊은 아내와 세 살 어린 딸을 남겨두고 떠나온 길이었다.

"3개월을 죽도록 공부하니 컴퓨터가 너무 쉬워졌어요. 그리고 영상 촬영과 제작이 제 적성에 너무 잘 맞는다는 것도 알게 됐습니다."

2019년 영화 촬영을 하고 있는 허영철 대표. 허영철 대표 제공.

6개월 과정을 졸업할 땐 원장도 한 사람의 변화에 놀라움을 금치 못했다.

허 씨가 영상을 배우겠다고 결심한 건 2003년 1월 탈북민 정착 지원 기관인 하나원에서 캠코더를 처음 본 게 계기였다.

"하나원에서 지방 도시에 견학을 갔는데 자원봉사자들이 손에 작은 캠코더를 들고 와 찍어줬어요. 그리고 영상을 편집해 동영상을 주는데, 그때 '어떻게 요런 작은 걸로 영화를 만드는가' 하고 놀랐죠."

강렬한 인상을 받은 그는 하나원에서 나오자마자 캠코더부터 구입했다. 무턱대고 찍고 영화를 만들어 보려 했지만 아는 게 너무 없었다. 배울 곳을 찾기도 쉽지 않았다. 신문에 실린 영상교육 광고를 봤을 때 사막에서 오아시스를 발견한 듯한 심정이었다. 집을 나서던 그는 아내에게 이렇게 말했다.

"5년만 날 믿고 기다려줘. 꼭 성공해서 돈 많이 벌어 편안하게 살게 해줄게."

부산영화제 입상

영상 촬영과 편집에 자신감이 붙은 허 씨는 머릿속에 떠오른 아이디어를 단편 다큐멘터리로 만들었다. '뿌리'라는 제목의 첫 작품은 단번에 2005년 3월 부산시네마영화제에서 창작상을 받았다. 자신감이 샘솟았다.

거제도 포로수용소를 배경으로 한 뿌리는 그의 집안의 역사를 담은 작품이었다.

허 씨의 부친은 6·25전쟁에 북한군 장교로 참전했다. 부친은 러시아어, 일본어, 중국어에 정통해 1948년 소련의 주도로 북한군이 창설될 때 통역장교로 큰 활약을 했다고 한다. 전쟁이 발발하자 남진하는 부대에서 진격하던 부친은 마산에서 벌어진 전투에서 다리에 총상을 입고 의식을 잃은 채 포로가 됐다.

포로수용소에 가서도 그는 친공 포로들만 격리 수용된 76포로수용소의 선전 책임자를 지냈고, 전쟁 직후 북한으로 돌아갔다. 부친에게 6·25전쟁 3년의 기억은 거제도 포로수용소 시절의 추억뿐이었다.

거제도에서 미군 포로수용소장을 납치하고, 동요하는 동료들을 죽이며 북한에 대한 충성을 굽히지 않았지만, 북에 돌아간 포로들의 운명은 가혹했다.

북한은 그들을 믿지 않았다. 귀환 포로들은 오지의 탄광과 광산 등 가장 힘든 일자리에 배치됐다. 허 씨의 부친도 양강도로 파견됐다. 다행히 수용소에서 격렬한 투쟁을 주도한 장교 출신임을 인정받아 나중에 혜산 문화회관 관장을 지냈고, 결혼도 해 아들만 여섯을 낳았다. 허 씨는 셋째 아들로 1963년 태어났다.

2003년 1월 한국 사회에 정착한 허 씨는 어렸을 때 늘 듣던 아버지의 무용담이 사실인지 궁금해 부산에서 배를 타고 거제도로 갔다. 거기서 "포로로 살면서도 막사에 공화국기를 내걸고 깡통으로 오각별 모표를 만들어 모자에 붙이며 북한군처럼 규율 생활을 했다"던 아버지의 말이 사실임을 알았다.

거제도 위령탑 앞에서 그는 발걸음을 멈췄다.

"아니, 한국을 삼키려 남침했다 포로가 돼 죽은 자들을 위해 왜 위령탑까지 세워준 거지. 여긴 어떤 사회인가."

그는 영상을 배운 뒤 다시 거제도를 찾았다.

"아버지는 포로로 거제도에 왔지만, 아들은 거제도에 자유로운 관광객으로 찾아왔다. 두 번 다시 이 땅에 이런 기념관과 위령탑이 있어선 안 된다. 우리는 함께 뿌리내리고 살아야 할 한 민족이다."

아버지와 아들의 기구한 운명을 교차시켜 편집한 다큐는 심사위원들의 관심을 끌었고, 결국 입상의 영예를 누렸다.

쉬지 않고 달리다

부산 영화제에서 입상하자 부산KBS '아침마당' 프로그램에서 PD 겸 리포터로 일할 생각이 없냐는 제안이 왔다. 리포터 겸 편집, 촬영까지 모두 허 씨가 진행했다. 1년 뒤 울산KBS '생생투데이' PD로 옮겨 2년 더 일했다.

방송 일을 하고 보니 리포터는 적성이 맞지 않았다. 결국 리포터를 그만두고 촬영과 편집에만 몰두했다. 무보수로 몇 년을 감독들과 PD들을 따라다니며 배웠다.

그러나 그는 가장이기도 했다. 영상 제작만으로 가족을 먹여 살릴 수 없었다.

허 씨는 새벽 3시 반에 일어나 아침 7시까지 세탁물 배달을 했다. 낮에는 학원이나 촬영장을 다니며 영상을 배웠다. 저녁 6시부터 9시까지 다시 한약 배달을 했다. 주말엔 건설장에 나가 일했다. 매달 세탁물 배달로 100만, 한약 배달로 80만, 건설일로 80만, 도합 260만 원을 벌었다. 아내는 마트에서 일했다.

몇 년을 이렇게 살면서 드디어 부산 신라대 앞에 마트를 인수했다. 허 씨는 마트 계산대 옆에 작업실을 만들었다. 밤을 새며 작업실에서 편집하다 손님이 오면 뛰쳐나가 팔았다.

행운도 따랐다. 신라대에는 중국 유학생들이 많았다. 허 씨 부부가 중국어를 하는 데다, 덤으로 몇 개씩 주는 등 인심 좋다는 소문에 유학생들이 허씨 가게에 몰려왔다.

몇 년 동안 도장 깨기를 하듯 그는 촬영과 편집, 컴퓨터그래픽(CG), 색보정(DI) 등 기술을 하나하나 익혔다. 영상 촬영과 편집에 있어 모든 것이 자신 있다고 생각된 순간, 그는 자기가 만든 영상에 영혼이 없다고 느껴졌다.

시나리오도 쓸 줄 알아야 한다는 생각에 부산작가교육원에 입학해 3년 동안 시나리오 공부를 했다. 그렇게 한국 생활 내내 그는 배움을 멈추지 않았다. 지금도 그는 영상 편집 프로그램인 '다빈치 리졸브'를 공부하고, 유튜브와 홀로그램 제작을 배우고 있다.

사무실이 습격당하다

허 씨는 가족과 함께 2008년 부산에서 서울로 이사했다. 이유가 있었다.

열심히 일해 번 돈으로 부산에 150평 스튜디오를 임대했다. 허 씨는 지금도 2005년 5월 첫 방송 카메라를 손에 넣었던 순간을 잊지 못한다.

"그 전까지는 작은 캠코더로 찍었습니다. 그러다 돈을 모아 드디어 방송용 촬영 카메라인 소니PD 150을 구입했습니다. 눈물을 흘리며 아침까지 카메라를 끌어안고 잠을 이루지 못했죠."

그렇게 어렵게 영상 제작을 시작했다. 첫 작품으로 탈북민의 정체성을 살려 탈북 과정을 그린 '자유'라는 다큐를 제작하려 했다. 그런데 이런 작품을 만든다는 소식이 언론에 소개되자마자 주변에서 이상한 일들이 벌어졌다.

북한에서 협박이 날아왔고, 수시로 전기선이 끊기는 등 알게 모르게 방해 움직임이 나타났다. 급기야 2007년 6월 어느 아침, 스튜디오가 완전히 박살이 나있었다. 어렵게 구한 촬영 장비들이 부서졌고, 컴퓨터에 저장됐던 촬영 및 편집본도 모두 사라졌다. 경찰에 신고했지만 범인을 잡을 수 없었다. 그에겐 지금까지도 가장 아픈 기억이다.

이 일을 계기로 그는 부산을 떠나 서울로 옮기기로 결심했다. 서울은 부산에 비해 인구가 훨씬 많아 일거리도 많을 거란 생각이 들었다. 부산 생활

2017년 스포츠카 경주 촬영을 위해 현장에 간 허 대표. 허영철 대표 제공.

을 접고 서울로 올라온 2008년 8월 문화체육관광부 PD직에 합격했다. 800명이 면접을 보고 40명을 뽑아 교육을 시킨 뒤 10명만 선발하는 과정인데, 허 씨는 당당히 합격했다. 이곳에서 3년을 일했고, 스포츠TV 촬영 업체로 옮겨 또 10년 가까이 일했다.

스튜디오와 장비를 완벽히 갖추고, 촬영에서 편집까지 혼자서 다 해내는 감독이 있다는 소문에 이제는 한국의 영화, 드라마 감독들에게서 오더(주문)가 계속 들어온다. 경력이 쌓이면서 주문은 점점 늘어나는 추세다.

가족의 힘

한국에서 영상 제작의 한 길로 매진하는 동안 가족은 큰 힘이 됐다.

허 씨는 북에서 남들과 마찬가지로 학교를 졸업하고 1980년 군에 나갔다. 전방 2군단 3사단 소속 공병부대에 입대해 개성시 장풍군 귀존리에서 1년 동안 비무장지대(DMZ)에 지뢰를 매설하는 임무를 수행했다. 그때 경험으로 올해 화제가 된 드라마 '사랑의 불시착' 자문을 해주기도 했다. 이후 자동차 운전병 양성 교육을 받고 포차를 끌었다.

만 10년 복무를 마치고 고향인 혜산에 돌아가 결혼을 했고, 백두산청년들쭉사업소 사로청위원장을 2년간 지냈다. 이후 혜산식품연합회사 자재지도원으로 옮겨갔다. 물자를 다루는 식품회사 자재지도원은 남부럽지 않은 직업이었다.

그러다 고난의 행군 때 삶이 꼬이기 시작했다. 나라꼴이 말이 아니라고 불평한 것이 보위부에 걸려 1996년 새해를 하루 앞두고 체포됐다. 다행히 주변의 도움으로 4개월 만에 석방됐지만 주변 사람들이 줄줄이 체포되는 것을 보고 6월 중국에 넘어가 몇 달 숨어 지내다가 다시 집에 왔다. 하지만 그를 아껴주었던 양강도 인민위원회 상업부위원장이 1997년 2월 처형되는 것을 보고 무사하지 못할 것이란 예감이 들어 아내와 함께 탈북했다.

첫 탈북은 실패했다. 중국으로 넘어가자마자 체포돼 양강도 대홍단군을 통해 북송됐다. 대홍단군 보위부 반탐과장이 직접 그와 아내를 호송해 혜산으로 떠났다. 이대로 가면 죽는다는 생각이 든 허 씨는 압록강 옆 도로를 따라 이동하던 도중 어둠이 내리자 반탐과장과 다른 보위원 1명을 때려눕히고 중국으로 뛰었다.

보위원을 때려눕히며 아내에게 "뛰어"라고 소리치는 순간 아내는 남편을 믿고 차에서 뛰어내려 정신없이 압록강을 건너 중국 쪽으로 향했다. 허 씨도 뒤따라 강을 넘었지만 아내를 잃어버렸다. 압록강 건너편 중국 쪽에서 둘은 산에서 각자 온밤을 헤맨 끝에 다음날 아침 눈물의 상봉을 했다.

부부는 연길에 들어가 숨었다. 과수원 일도 해주고 별장 관리도 하면서 2년 넘게 살았지만 1999년 5월 또 체포돼 북송됐다.

허 씨는 7개월을 함경남북도의 보위부 감방과 강제노동수용소에서 보냈다. 아내는 몸이 허약해져 다 죽게 되자 북한은 그를 먼저 집에 보냈다.

2000년 2월 허 씨는 고향으로 이송됐다. 혜산에 가면 과거 보위부 간부를 때려눕히고 뛴 전력이 들키게 될 판이었다. 혜산을 두 역전 앞두고 그는 다시 기차에서 뛰어내렸다. 도보로 집에 숨어들어 다시 아내를 데리고 그날 다시 중국으로 넘어왔다. 이번엔 청도로 옮겨갔다. 청도에 처음 갔을 때는 폐지와 빈병을 주워 팔며 먹고 살았지만, 나중에 한국 사장을 알게 돼 한국 식품회사 경영을 봐주며 편안하게 살았다.

삶이 안정되자 2001년 딸이 태어났다. 딸이 태어나는 날 그는 답답한 마음에 은하수가 흘러가는 하늘을 쳐다보았다.

"북한에도, 중국에도 국적을 둘 수 없으니 너는 하늘을 국적으로 걸어둬라."

그래서 딸 이름을 은하로 지었다.

중국에서 언제까지 마음을 졸이며 살 수는 없었다. 2002년 5월 부인과 딸을 데리고 청도 한국영사관에 들어갔다. 그러나 영사관에선 "받아줄 수 없다"며 돌아가라고 했다.

그해 8월 그는 몽골로 향했다. 1살 어린 딸을 업고 부부는 이글이글 타는 몽골의 사막을 걸어 넘어 드디어 자유를 찾았다. 10월 부부는 한국에 들어왔다.

그랬던 딸이 이제는 어엿하게 컸다.

"딸이 학교 다닐 때 한 번도 못 갔어요. 학교에선 은하가 탈북민 자녀인 걸 모르거든요. 말투가 이상한 우리가 갔다간 아이가 곤란한 상황을 겪을까봐 못 갔죠. 그러다 작년에 고등학교 졸업식 날에야 처음으로 우리 부부가

북에서 온 이웃

학교에 갔어요."

허 씨는 군말 없이 남편을 따라 탈북했고, 지금까지도 묵묵히 옆을 지켜준 아내가 고맙기만 하다.

"보위부원을 때려눕히고 뛸 때도, 중국에서 폐지를 팔 때도, 몽골 사막을 넘을 때도 아내는 제 옆에 있었죠. 여기 와 남편이 영상에 미쳐 가정을 미처 돌보지 못해도 자기가 돈을 벌며 뒷바라지 해줬어요. 이제 우리는 혁명전우와 마찬가지예요."

"하면 된다"

허 씨는 늘 낙천적인 성격이다. 그의 좌우명은 "하면 된다"이다.

"지금은 그렇지만 항상 낙천적이진 않았어요. 한국에 처음 왔을 때 뭘 먹고 살지 고민하다 군에서 운전병 했던 경력을 살려 정비사가 되려 했어요. 6개월 정비학원을 다녀 정비사와 기술검사 자격증 2개를 따고 10군데 넘는 카센터에 찾아갔는데 어디서도 취직이 안 됐죠. 나는 여기서는 쓰레기인가 싶더라고요. 그때는 자살을 여러 번 생각하기도 했죠."

다행히 영상을 배우면서 인생을 새로 설계하게 됐다. 17년 동안 한국에서 살았던 경험으로 그는 다른 탈북민에게 해주고 싶은 말이 있다.

"탈북민들은 한국에 오면 빨리 적성을 찾아야 해요. 북에선 당에서 하라는 대로 하면 됐지만 여긴 직업이 너무 많아요. 어떤 직업이 내게 맞는지 탈북민들은 모른다는 게 문제죠. 한국에 오면 공부를 하던지, 아니면 한 분야를 깊게 파고들어 달인이 되던지, 두 가지 중 한 길을 선택해야 해요. 짧게 보지 말고 길게 보고, 화려함을 버리면 한국엔 돈을 벌 수 있는 길이 참 많아

2020년 10월 석 달째 계속 작업 중인 장편영화를 촬영하고 있는 허 대표(오른쪽 두 번째). 허영철 대표 제공.

요. 한국에 온 탈북민들은 10년만 지나면 성공한 자, 실패한 자, 그 자리에 머문 자로 3부류로 갈려요. 그 이유를 저는 이렇게 생각합니다. '한국에 와서 3년만 죽기 살기로 매달리면 30년이 행복하고, 3년만 허송세월 낭비하면 30년을 실패한다'고 말입니다. 한국은 정신이 올바르게 박히고 몸만 건강하면 얼마든지 행복하게 살 수 있는 나라입니다."

정부 지원이 충분하지 않다고, 탈북민들은 차별을 받는다고 생각하는 사람들도 생각을 긍정적으로 전환하는 훈련을 할 필요가 있다는 게 허 씨의 조언이다.

"저는 탈북민이라서 좋은 점이 많아요. 북한 관련 영상을 제작할 일이 있으면 제가 경쟁력이 있거든요. 가령 북한 다큐 찍을 때 누가 북중 국경에 가서 실감 나게 찍을 수 있을까요. 북에서 온 우리의 경쟁력을 살릴 필요가 있

북에서 온 이웃

습니다. 저도 마흔 넘어 정착해 벌써 이만큼 왔잖아요."

허 씨는 지난해 김포에 50평 규모의 자신만의 스튜디오를 차렸다. 영화 촬영에 필요한 고가의 장비들도 모두 갖췄다. 지금까지 돈을 벌어 끊임없이 재투자를 한 결과다.

가을부터는 스튜디오 옆에 100평 규모의 미디어박스를 새로 건설할 계획도 갖고 있다. 이곳에 영화 촬영 세트장과 홀로그램관을 만들 생각이다. 허 씨는 6년째 매년 탈북민 10명 정도를 선발해 장학금까지 주며 미디어교육을 시킨다. 내년부터는 연기학원도 만들 계획이다. 그의 꿈이 현실화된다면 김포는 탈북민 및 북한 관련 영상제작의 '메카'가 될 것이다.

그의 꿈은 거기에서 멈추지 않는다.

"저의 꿈은 시나리오, 연출, 촬영, 편집, 그래픽, 디자인, 합성 등을 모두 혼자서 하는 영화를 만드는 것입니다. 전 세계적으로 미국에 1인 완성 영화 제작자가 1명 있다고 들었습니다. 제가 하면 세계에서 두 번째가 되죠. 여기에 제가 연기까지 하게 되면 세계 최초가 되지 않을까 싶어요."

이미 허 씨는 자기가 직접 쓴 영화 시나리오도 3개 완성시켜 다듬고 있다. 그는 "배우 3명 정도를 쓰는 인건비와 약간의 제작비만 투자를 받으면 5억으로 50억 원짜리 영화를 만들 자신이 있다"고 말했다. 감독이 시나리오에서 편집까지 다 하면 상당한 비용을 절약할 수 있다는 게 그의 설명이다. 촬영을 미리 상상하며 시나리오를 쓰고, 편집을 감독이 할 줄 알면 딱 필요한 것만 촬영하게 된다는 것이다.

자신감이 뿜어 나오는 그의 눈을 보니 그 꿈이 머잖아 이뤄질 것이란 확신이 들었다.

주승현

고신대 전임교수

“

솔직히 과거에 고생도 많이 했고 박탈감도 많이
느끼긴 했지만, 한국에 온 것 자체는 한 번도 후
회하지 않았습니다. 긴 어둠의 터널을 지나고 보
니 한국은 기회의 땅이란 말을 이제야 새삼 느
끼고 있습니다. 처음 와서 주유소에서 쫓겨났던
제가 대기업 인사팀에서 채용을 담당했고, 지금
은 교수로 학생들을 가르치고 있습니다. 출신 성
분에 묶이면 아무리 인재라 해도 위로 올라갈 수
없는 북한과 달리 여기는 출신을 따지지 않는 것
자체가 위대한 사회라는 증거입니다.

”

전임교수가 된
탈북민 최연소 박사 주승현

군사분계선을 넘어 한국으로 귀순한지 19년 만에 대학 전임교수가 된 주승현 박사. 2017년 12월 신동아 인터뷰 때 찍은 사진이다.

탈북

2002년 2월 19일 저녁 10시 반경. 서부전선을 지키는 북한군 2군단 6사 소속 민경대대 심리전 제압방송국 안에선 코고는 소리가 요란하게 울리기 시작했다.

북에서 온 이웃

이때를 기다리던 방송국 조장 주승현은 조용히 자리에서 일어나 무기고를 열었다. 탈북을 위해 소대장과 정치지도원, 보위지도원 등 장교들을 방송국으로 초대해 이른 저녁부터 술과 음식을 아낌없이 먹였다. 초소 당직자들도 함께 마셨다. 주 씨도 함께 마시는 척하며 분위기를 띄웠다. 마침내 술에 취한 모든 이들이 잠에 들었다. 기다리던 순간이 왔다.

무기고에서 자동소총과 탄약 150발이 든 탄창 5개, 수류탄 등을 꺼낸 그는 방송국 문을 열었다. 찬바람 속에서 숨을 길게 내쉰 뒤 매복호(잠복호)를 넘어 전기철조망으로 달려갔다. 북한의 전방 철조망은 50㎝ 정도 사이를 두고 4개가 설치돼 있다. 각각 1만 볼트(V), 6,000V, 3,000V, 2,000V의 전기가 흐른다.

주 씨는 미리 봐두었던, 철조망 하단 콘크리트가 깨진 곳을 찾아낸 뒤 제일 멀리 있는 전기철조망을 향해 '접지봉'을 던졌다. 접지봉은 고압 전류를 합선시켜 약 2분 정도 전기를 차단시킨다. 요란한 불꽃과 굉음과 함께 빨갛게 달았던 철조망 4개가 몇 초 뒤 꺼멓게 죽었다. 주 씨는 미리 준비했던, 철조망을 들어 올릴 때 쓰는 Y자형 '짝지발'을 이용해 전기철조망을 차례로 통과했다. 철조망 다음은 500m 정도 넓이의 지뢰구역이었다. 망설일 수가 없었다. 전기철조망 전기가 차단되면 자동으로 비상이 걸려 5분 내로 군인들이 추격해 온다는 사실을 알고 있었다.

지뢰를 밟고 말고는 하늘의 뜻에 맡기고, 앞에 보이는 국군 소초(GP)를 향해 내달렸다. 한참을 달리다 선에 걸려 넘어졌다. 발목에 감긴 선을 풀며 보니 말뚝지뢰였다. 설치한지 오래됐는지 터지지는 않았다. 천운이었다.

다시 내달렸다. 5분도 안 돼 북한군 초소 쪽에서 사이렌이 울리고 총소리가 들렸다. 북한군 적외선 탐지초소에 발각됐는지 총알이 정확히 날아오는 느낌이었다.

기를 쓰고 달렸다. 군사분계선에 도착한 그는 허공에 연발로 총을 쐈다. 귀순자가 있으니 총을 쏘지 말라는 신호였다. 냅다 달려 한국군 GP까지 도착했지만, 그곳을 지나쳐 뒤쪽 일반전초(GOP)를 향해 내달렸다. 북한군 추격조가 비무장지대 내에선 분계선을 넘어 한국군 GP까지 오는 것은 어렵지 않다는 것을 알기 때문이다. 나중에 안 일이지만 실제로 당시 북한군 추격조가 한국군 GP까지 왔다고 한다.

한참 달리니 남방한계선 철책이 나타났다. 방송국을 떠나 얼추 20분 정도 걸린 듯했다. 북한군이 총을 난사하고, 자신도 총을 쏘며 달려왔으니 국군 병사가 마중 나와 있을 줄 알았지만 누구도 없었다. 철책을 뛰어넘을까도 생각했지만, 그러다 사살될 수도 있다고 생각해 포기했다.

그는 철책을 따라 200~300m 정도 거슬러 올라갔다. 오랜 전방 경험상 매복초소가 있을 만한 곳을 발견했다. 그곳에서 그는 철조망 기둥을 군화로 찼다. 한참을 찼는데도 반응이 없었다. 화가 나 더 힘껏 한참 찼더니 그제야 국군 병사들이 모습을 드러냈다. 국군 병사는 총을 겨누고 "누구냐"고 물었다.

"저기 앞에 북조선 민경초소에서 왔습니다."

그러자 "무기를 버리고 옷을 벗어라"는 대답이 돌아왔다.

무기는 버릴 수 있지만 군복은 벗을 수 없었다. 그는 이렇게 설명했다.

"전방에서 근무하다 보면 한국에서 날아오는 삐라를 엄청 많이 봅니다. 한번은 과거 우리 부대에서 귀순한 병사의 사진이 삐라에 실려 왔는데, 내복만 입고 후줄근한 모습이더군요. 아마 귀순 즉시 찍은 사진 같았습니다. 옷을 벗으란 말을 듣자 저는 '내 모습도 내복차림으로 찍혀 북한에 삐라로 뿌려지면 어쩌지' 싶은 생각이 들더군요. 목숨 걸고 넘어왔는데 그런 모습으로 옛 전우들에게 보여지고 싶지 않았습니다. 마음은 뒤에서 추격조가 당장 달라붙을까 봐 정말 불안했지만, 끝까지 버텼죠."

북에서 온 이웃

북한군 엘리트 군인의 자존심으로 "무기는 버려도 옷은 벗지 못하겠다"며 버티자 한국군이 결국 양보했다. 절단기를 가져다 철책을 뜯고 안으로 들어오게 했다.

군 당국은 기자들에게 "비상경계 중이던 아군 초병이 총성을 듣고 열상관측장비(TOD)로 확인해 안전하게 유도했다"고 발표했다. 이에 대해 주 씨는 "마중 나온 사람도 없었고, 철책을 따라 한참 올라가 스스로 매복초소를 찾아 군화발로 자고 있던 군인들을 깨웠던 것 같다"고 설명했다. 그는 "그렇지만 분계선에서 마주보며 근무를 섰던 같은 군인의 처지에서 그들이 불이익을 받을까 봐 걱정돼 지금까지 당시 상황을 이야기하지 않았다"고 털어놨다.

그가 넘어온 지역은 도라산역에서 불과 1.2km 떨어진 곳이었다. 그곳에는 10시간 뒤 조지 W 부시 당시 미국 대통령의 방문이 예정돼 있었다. 그런 곳에서 총성이 울렸으니 군이 발칵 뒤집힐만한 사건이었다.

민경부대에 입대하다

북한의 대남 심리전의 최전방에 서 있던 주 씨가 탈북한 것은 가정에 닥친 불행, 한국에 대한 동경 등 복합적인 이유에서였다.

그는 1981년 함경남도 함흥에서 태어났다. 부친은 공군부대 군관이었고, 태어날 당시 모친도 같은 부대 군관이었다. 부모 모두 군관인 가정에서 태어나 군부대 가족 마을에서 자라다 보니, 학교를 마치고 군에 가서 군관이 되는 것이 주 씨의 자연스러운 포부가 됐다. 그래서 학교 때 공부보다는 국방체육 같은 운동에 더 열심이었다.

군에 간다고 해도 공군은 절대로 가기 싫었다.

2019년 한 방송사 프로그램에 출연해 분단과 통일에 대한 강연을 진행하고 있는 주승현 교수.

"북한군 육군의 견장은 빨간색 바탕이고, 공군은 파란색 바탕입니다. 그런데 공군 병사들이 도시에 나가면 육군에게 자꾸 얻어맞고 와요. 공군 병사들이 약하다고 인식하는 거죠. 그래서 공군 병사들은 외출 나갈 때 빨간 견장으로 바꿔달고 나갑니다."

원래 공군 군관 가족은 자식들도 공군에 보내는 것이 전통이다. 주 씨가 학교를 졸업하기 직전 몇 년 동안 북한은 '고난의 행군'을 겪었다. 시내로 나가면 굶어죽은 시신들을 어렵지 않게 볼 수 있었다. 하지만 주 씨의 공군부대 마을은 국가 공급이 그럭저럭 이뤄져 배는 곯지 않았다.

1997년 군에 갈 시기가 다가왔다. 북한은 전방 민경대대, 비행사, 잠수함 승조원, 호위국을 '특수병종'으로 구분하고, 학교를 돌며 출신성분과 체력조건 등을 심사해 일반 병종보다 먼저 모집한다. 성분도 좋고, 체격도 좋은 주 씨는 특수병종 입대 대상자가 됐다. 주 씨는 가장 혹독한 훈련을 하는 민경에 가고 싶었다. 부모들은 공군에 가야 나중에 대학 갈 때 힘을 써줄 수 있다고 주 씨를 설득했지만 '강한 사나이'가 되고 싶었던 주 씨는 단호하게 거절했다. 부친이 결국 손을 들었다. 대신 조건을 달았다. 2군단 민경에 가라는 것이었다.

나중에 가보니 부친의 뜻을 알 수 있었다. 전방에 주둔한 북한군 1, 2, 4, 5군단 민경대대 중 개성을 끼고 있는 2군단 민경만이 '도시민경'으로 불렸다. 깊은 산속에 주둔한 다른 군단 민경부대는 '산골민경'이라 했다.

민경 신병훈련소는 일반 신병훈련소보다 기간이 두 배 긴 1년 과정이었다. 철봉, 격술, 사격 등 일반 병사들보다 혹독한 훈련이 이어졌다. 그렇다고 더 잘 먹이는 것도 아니고 공급은 일반 보병훈련소와 똑같았다.

신병훈련소를 마칠 무렵 인사참모가 그를 찾더니 어느 보직으로 가고 싶으냐고 물었다. 입대할 때 주 씨는 조국통일의 성전(聖戰)에 가장 앞장서는 최전방 부대에서 강한 군인이 되고 싶었다. 하지만 훈련소 생활을 거치면서 생각이 바뀌었다.

"막상 가보니 민경부대의 전투력은 제 생각보다 훨씬 떨어졌고, 군관들은 먹고 사는데 급급한 모습이었습니다. 그래서 최전방 경비병이 되겠다는 생각을 접고 무전병으로 보내달라고 인사참모에게 말했습니다."

인사참모는 고민에 빠졌다.

"그거 부탁자들 자리인데…."

부탁자는 특별히 봐주라고 지시가 떨어진, 한마디로 '빽' 좋은 간부 자식들을 의미한다. 개성의 2군단 민경에는 고위 간부들의 자식들이 많이 입대했다. 당시 간부들이 잘못을 저질러도 자식이 최전방 민경에 있으면 한 번은 봐주라는 지시가 하달됐을 때였다. 또 민경에 있으면 노동당 입당이 빠르고 제대한 뒤 출세도 탄탄대로였다.

일반 인민들의 자녀들은 당시 13년을 군복무해야 했지만, 고위 간부들은 자녀들을 5~6년 정도 복무시켜 입당시킨 뒤 '위탁생'이란 이름으로 제대시켜 대학에 보냈다. 위탁생 제도는 군에서 사회대학에 위임해 교육을 시키는 제도인데, 사실은 고위 간부들이 자녀들을 일찍 제대시켜 간부로 키우기 위해 만든 특권 제도였다. 힘없는 집 자녀들이 13년 군복무를 마치고 제대할 때 쯤, 고위 간부 자녀들은 그 기간 군 복무 경력과 대학 졸업, 노동당 입당 등 모든 자격을 갖추고 간부가 돼 있었다.

민경에선 무전병이 '부대의 꽃'이라고 불렸다. 가장 '꽃보직'이란 의미였다. 민경소대는 일반 부대와 달리 장교가 셋이 있었다. 소대장, 정치지도원, 보위지도원이 장교였는데, 무전병은 항상 이들 장교와 함께 생활하게 된다. 그러다보니 편한 데다 간부의 신임을 받기 쉬워 입당도 빨랐고, 일반 대학과 군관학교 추천도 잘 된다. 그래서 아들을 민경에 보낸 고위 간부들은 부대에 부탁해 무전병 보직을 달라고 요구했다.

난감해하던 인사참모는 그를 잘 보았는지 결국 무전병으로 임명해주며 "내가 쓸 자리를 너에게 준다"며 엄청 생색을 냈다. 주 씨의 아버지가 공군 장교인데다 그의 친척들도 군에서 고위급이 많았던 덕을 본 듯했다. 주 씨 역시 입대할 때 아버지가 5년만 군 복무를 하면 군관학교에 보내준다고 약속했다.

"무전병이 되니 인사참모가 왜 그렇게 생색을 냈는지 알겠더군요. 우리 대대 무전병 중 제가 제일 힘이 없었어요. 저 다음에 힘이 없는 무전병이 김격식 당시 2군단장 조카일 정도였으니까요. 제 선임병이 강원도 2인자인 조직비서 아들이었는데, 저는 제대할 때까지 이 친구 얼굴을 본 적이 없어요. 몸이 아프다고 집에 가 있는데 대신 1년에 두 번 수산물을 실은 트럭을 부대에 보냈어요. 이 친구는 끝내 부대에 나타나지 않고 버티다가 몇 년 뒤 위탁

북에서 온 이웃

주승현 교수는 기회가 날 때마다 판문점을 찾아가 자신이 근무했던 북쪽땅을 바라본다. 2019년 임진각 '돌아오지 않는 다리'에서 통일을 기원하며 학생들이 써놓은 글을 읽어보는 주 교수.

생으로 김일성대에 가더군요."

그가 배속된 2군단 6사 민경대대는 판문점에서 임진강까지를 관할로 두고 있다. 그 안에 개성공단도 있다. 민경대대는 1,800명으로 사실상 연대급이었다. 그래서 민경대대장은 계급과 대우도 일반 부대 연대장급 대우를 받는다.

민경대대는 15개 초소를 지키는데, 1개 초소에 1개 소대가 들어가 두 달간 전방에서 근무한 뒤 후방의 다른 부대와 교대한다. 민경 소대는 45~50명으로 일반 부대보다 많은데 소대마다 무전병이 있다.

기정동 대남제압방송국

주 씨의 첫 근무지는 개성시 판문군 판문점리였다. 한국에는 개성시 평화리 기정동으로 알려져 있다. 높은 철탑에 커다란 인공기가 펄럭이는 마을이다. 기정동 맞은편 한국 지역이 역시 큰 태극기 철탑이 있는 대성동이다. 기정동과 대성동은 6·25전쟁이 끝날 때까지 원래 강릉 김 씨 집성촌이었다. 그러다 정전협정으로 평화로운 마을이 둘로 갈라졌고, 친척들이 영영 보지 못하는 신세가 됐다.

공산주의 선전마을이 된 기정동은 농사를 지으면 3년을 먹는다는 말이 나올 정도로 땅이 비옥한 마을이었다. 그렇지만 1년 소출을 국가에 바치고 나면 농민들이 먹고 살 정도밖에 남지 않았다.

기정동은 또 집집마다 문을 잠그지 않고 사는 북한에선 보기 힘든 동네였다. 민경군인 외의 외지 사람들이 들어오지 못하기 때문에 도둑맞을 걱정을 할 필요가 없었다. 민경군인도 이 지역에서 뭘 훔치면 바로 탄로가 나기 때문에 민가를 습격하지 않았다.

주 씨가 처음 기정동에 가니 감시망루에서 분계선 남쪽지역까지 거리가 딱 10m 정도밖에 되지 않았다. 남쪽 지역은 철조망을 따라 도로가 쭉 깔려 있었다. 이곳에서 3년 정도 병사로 근무하다 보니 무전병보다 더 좋은 '꽃보직'이 눈에 띄었다. 바로 대남 제압방송국이었다.

주 씨의 민경대대에는 3개의 대남방송국이 있었는데, 이들은 3가지 임무를 수행했다.

우선 제작된 대남방송을 남쪽에 확성기로 쏘는 역할을 했고, 두 번째는 인근 부대와 마을에 3방송이라 불리는 내부 유선방송을 전송하는 임무를 수행했다. 그런데 이런 임무보다 더 중요한 것이 한국의 대북확성기 방송을 제압하는 일이었다. 한국의 확성기는 출력이 좋아 북한 깊숙한 곳까지 소리가 도달한다. 그래서 북한은 대북확성기 방송에 대응해 대남확성기 방송의 출력을 최대로 높여 방송한다. '소리로 소리를 제압한다'는 의도였다.

대남방송국은 정원이 15명 정도였지만, 실제 소속 대원은 늘 정원의 2~3배였다. 방송국에 최고위 간부의 자녀들인 '부탁자'들이 넘쳐났기 때문이다. 이들은 이곳에서 편하게 군복무를 하고 5년 안에 대학을 추천받아 사라졌다. 최전방 민경군인은 대학 입학이나 승진 등에서 일반 제대군인보다 훨씬 높은 점수를 받는다.

무전병에서 제압방송국으로 옮기는 것은 대대 당위원회에서 결정해야 한다. 주 씨는 3년 동안 장교들과 어울리고 심부름을 다니는 무전병 생활을 십분 활용해 대대장과 대대 정치지도원에게 잘 보이려고 노력했다.

그 결과 2000년에 방송국으로 옮겨갔다. 1년 뒤에는 4명의 대원을 부하로 둔 제압방송조장이라는 보직도 맡게 됐다. 이제 2년만 편하게 지내다가 아버지가 힘을 써줘 군관학교에 가면 됐다.

절망 속에 찾은 길

2001년 갑자기 아버지가 돌아가셨다는 청천벽력 같은 전보가 날아왔다. 공군 부대에 상급 기관의 집중 검열이 시작됐는데, 부친은 엄청난 강도의 조사를 받고 집에 돌아온 뒤 갑자기 숨을 거두었다.

휴가를 받고 집에 갔다 온 뒤 주 씨는 깊은 절망에 빠졌다. 북한에서 조사 중 사망했다는 것은 출신 성분에 노란딱지를 받았다는 의미다. 아버지가 없으면 군관학교의 꿈도 날아갔다는 것을 뜻했다. 북에선 더 이상 미래가 보이지 않았다.

절망에 빠지자 남쪽이 보이기 시작했다.

"저기엔 나의 새로운 미래가 기다리고 있지 않을까."

그는 최전방, 특히 한국과 가장 가까운 기정동에 있으면서 그동안 남쪽에 대해 많은 것을 보고 들었다.

처음 왔을 때 남쪽 자유로에 차가 너무 많아 놀랐다. 북한에선 부대로 오는 군용차를 어쩌다 보는 것이 고작이었다. 그런데 남쪽엔 차들이 줄지어 다녔다. 정치지도원에게 "저긴 왜 저리 차가 많은가"고 물었더니 "남조선은 서울에서 부산이나 대전 같은 남쪽으로 차를 타고 가려면 대북심리전을 위해 반드시 분계선 앞쪽으로 에돌아가게 한다"는 대답을 들었다. 하지만 계속 남쪽만 감시하는 병사가 그것이 거짓말이라는 것을 깨닫는 데는 오랜 시간이 걸리지 않았다. 맑은 날엔 멀리 북한산과 김포공항에 이착륙하는 비행기도 보였다.

벌거숭이가 된 북한의 산과는 달리 나무가 울창한 한국의 산도 인상이 깊었다. 저긴 전기도 풍부하고, 나무도 많고, 차도 많은, 잘 사는 곳이라는 것을 알게 된 뒤 남쪽에 대한 동경이 생겼다.

북에서 온 이웃

인천대 통일통합연구원 교수로 재직하던 2019년 학생들 앞에서 강의를 하고 있는 주승현 교수.

기정동엔 온갖 삐라가 수북하게 쌓였다. 삐라를 회수하는 것도 민경 대원의 일과였다. 처음엔 "남조선 괴뢰들이 삐라에 독을 발라 만지면 손이 썩는다"는 거짓말을 믿고 삐라만 봐도 손이 떨렸다. 하지만 나중엔 일부러 찾아보게 됐다. 삐라 내용과 그가 직접 눈으로 건네다 보는 한국의 실상은 일치했다.

미래가 보이지 않게 된 그는 오랜 고민 끝에 남쪽으로 가기로 결심하고 적절한 날짜를 2002년 2월 19일로 잡았다. 2월 16일은 김정일 생일로 3일 동안 비상근무 체제에 돌입하게 된다. 비상근무가 풀리는 날인 19일은 그동안의 긴장이 풀어져 초소 장교들이 술도 마시고 일찍 잠에 든다는 것을 감안

했다.

그는 이날을 위해 술과 기름진 음식을 잔뜩 준비했다. 방송조장이 한턱낸다는 말에 간부들은 별 의심 없이 기뻐하며 마음껏 술과 음식을 먹고 곧 잠에 골아 떨어졌다. 그의 계산대로 된 것이다. 그는 남쪽을 향해 자신의 운명을 내던졌다. 그리고 그날 저녁 운명의 불꽃은 꺼지지 않았다.

민경 출신의 국회 몸싸움

2002년 6월 그는 하나원을 졸업하고 사회에 나왔다. 막상 와보니 '삐라에 속았다'는 생각에 '멘붕'에 빠졌다. 삐라 속에서 봤던 엄청난 포상금과 자유로운 삶은 존재하지 않았다. 군 귀순자이니 직업은 줄 거라는 기대도 산산이 부셔졌다. 중국을 거쳐 오며 어느 정도 사회를 알고 오는 다른 탈북민과는 달리 주 씨는 16세에 입대해 군에만 있다가 전혀 문화가 다른 곳에서 사회생활이란 것을 처음 하게 돼 충격은 더욱 컸다.

먹고 살기 위해 직업도 스스로 찾아야 했다. 하나원을 나온 다음 달 집 주변 주유소에서 일자리를 구한다는 공고를 보고 일자리를 구했더니 '조선족이냐'고 물었다. 탈북자라고 하자 안 된다고 단호하게 거절했다.

"주유소 알바 자리도 얻지 못했을 때 너무나 절망했어요."

그가 벼룩시장을 보고 찾은 첫 알바는 모텔 청소부였다. 그는 모텔이 뭔지도 몰랐다. 며칠 동안 일하다 보니 너무 비참한 느낌이 들어 스스로 그만두었다.

"북한 동료들이 제가 남쪽에서 남의 잠자리 뒷정리나 하고 있다는 것을 알게 된다면 얼마나 비웃겠어요. 내가 이러려고 왔나 싶은 생각이 들어 그

북에서 온 이웃

일은 절대 못하겠더라고요."

여름이라 집 주변 수락산 정상에 물병을 메고 올라가 판매하는 일도 했다. 믿을 것이라곤 체력밖에 없으니 동네마트에서 물을 사 산에 올라 팔아서 차익을 남겼다. 일자리를 찾아 헤매다가 마침내 9월에야 서울 종로의 한 일식집에서 알바자리를 얻었다. 배달을 하고 주방과 테이블을 청소하는 이 직업은 꽤 오래 버틸만했다.

청소를 하면서 이곳에서 성공하려면 대학을 졸업해야 하겠다고 생각했다. 탈북민 특례입학제도 덕분에 그해 연세대 정치외교학과에는 입학했다. 하지만 그동안 공부와 담을 쌓고 온 그가 영어와 수학 등을 따라간다는 것은 불가능했다.

나름 열심히 공부했지만 첫 학기에 학사경고를 받았다. 탈북민의 학비는 정부에서 주지만 학사경고를 받으면 학비 지원이 끊긴다. 그는 방학에 학비를 마련하기 위해 온갖 종류의 알바를 했다. 알바 자리 하나로 돈을 벌 수 없어 밤잠도 자지 않고 2~3개 알바를 동시에 했다. 겨우 학비를 마련해 2학기 수업을 들었다.

어떻게든 살아남으려 애쓰는 그를 눈여겨보던 일식점 사장이 3번째 학기 등록금 일부를 보태주면서, 이번에도 학사경고를 받으면 일본에 가서 식당을 하게 도와주겠다고 제안했다. 너무 고마웠다. 그러나 학사경고를 더 이상 받지 않아 대학에 다닐 자신감이 생겼다. 그는 대학 4년을 단 한 학기도 휴학하지 않고 마쳤다. 통일부 공무원이 "대학에 입학해 휴학 없이 졸업한 탈북민은 당신이 처음"이라고 이야기해 주었다.

2007년 대학을 졸업한 뒤 외국을 경험하고 싶었던 그는 보증금을 빼 캐나다 토론토에 가서 6개월 동안 어학연수를 마치고 돌아왔다. 한국에 오니 마침 총선 시즌이었다. 한나라당 모 의원실에서 보좌관으로 일해보지 않겠냐는 제안이 왔다. 대학에서 배운 정치외교학을 드디어 쓸 수 있다는 생각에 국회로 갔다.

어느 날 국회 예산심의를 둘러싸고 여야 간 격한 몸싸움이 벌어졌다. 당시 한나라당 지도부는 보좌진에게 출동 명령을 내렸다.

"군 출신 보좌관은 앞으로 나오라"는 지시를 받았을 때 주 씨는 머뭇거렸다. 군 출신은 맞는데 북한군 출신이었기 때문이었다. 그러자 모 당직자가 "그럼 어때, 무려 특수부대 출신이구만" 하며 좋아하더니 열심히 싸우라며 그를 앞장세웠다. 북한군 민경부대 실력을 발휘하는가 싶었지만, 하루 만에 대치 상태에서 빠져나왔다. 그가 보좌하는 의원이 폭행당해 병원에 실려 갔기 때문이다.

이 사건을 계기로 주 씨는 국회 생활에 회의감을 느꼈다. 이렇게 정치에 소모되기보다는 차라리 법을 만들 줄 아는 사람이 되겠다고 다짐했다.

2009년 그는 연세대 대학원에 입학했다. 휴학 없는 질주는 이어졌다. 대학원 학비를 벌기 위해 중간에 롯데, 금호석유화학, 동양그룹 등 대기업에 입사해 관리팀과 인사팀 등을 거쳤다. 2011년 석사 학위를 따고, 연이어 다시 박사과정에 도전했다. 3년 만인 2014년 박사 학위를 받았다. 만 33세 박사. 탈북민 최연소 박사라는 기록을 세웠다.

"콘라트 슈만은 되지 않을 겁니다"

박사 학위를 땄지만, 꽁꽁 얼어붙은 남북관계 속에 일자리를 찾기는 하늘의 별 따기였다. 2014년부터 그는 시간강사 자리를 전전했다. 외래교수, 초빙교수, 강의전담 등 타이틀은 그럴듯했지만 그래봤자 비정규직 강사에 불

북에서 온 이웃

1961년 8월 15일 20세 동독군 병사 콘라트 슈만이 철조망을 넘어 서독으로 탈출하고 있다. '자유를 향한 도약'이란 제목의 이 사진은 2011년 유네스코 세계기록유산에 등록됐다.

과했다.

11개 대학을 전전하며 6년 동안 고생한 끝에 지난해 9월 부산 고신대에서 처음으로 북한과 통일, 남북관계 등을 가르치는 전임교수 자리를 얻었다. 탈북민이 한국 대학에서 전임교수를 하는 것은 모름지기 주 씨가 최초 사례인 듯하다. 최연소 박사, 최연소 탈북민 전임교수 등 화려한 경력을 쌓았지만 그의 한국생활 19년은 눈물과 고난의 연속이었다. 19년 만에 비로소 눈물 젖은 빵에서 졸업했다는 것이 정확한 표현일 듯하다.

주 씨의 도전은 아직 끝나지 않았다. 경영학도 배우고 싶었다. 2018년 모 대학에서 경영학 석사(MBA) 과정을 마친 뒤 지금 또 서울 소재 한 대학에서 경영학 박사과정을 밟고 있다. 한국에 와 10년 넘게 공부해 박사와 교수가 됐는데 왜 또 이런 도전을 하는지 궁금했다.

"통일이 되면 통일학 박사의 쓸모는 떨어지게 될 것입니다. 그때는 북한에서 인적관리와 경영을 아는 전문가들이 필요할 거라고 봅니다. 통일에서 제일 중요한 것이 경제적 통합이라고 생각되는데, 언제 통일이 될지 모르니 늘 대비하고 준비해야죠."

과거 주 씨가 썼던 책이나 글에는 분노와 절망이 흘렀다. 목숨을 걸고 귀순했는데 삐라에서 봤던 것과 전혀 달리 거친 광야에 혼자 남겨진 기분이었을 것이다. 그런데 인터뷰를 하면서 만난 주 씨의 표정은 평온해보였다. 한국에 온 것을 후회하지 않느냐고 물었다.

"솔직히 과거에 고생도 많이 했고 박탈감도 많이 느끼긴 했지만, 한국에 온 것 자체는 한 번도 후회하지 않았습니다. 긴 어둠의 터널을 지나고 보니 한국은 기회의 땅이란 말을 이제야 새삼 느끼고 있습니다. 처음 와서 주유소에서 쫓겨났던 제가 대기업 인사팀에서 채용을 담당했고, 지금은 교수로 학생들을 가르치고 있습니다. 출신 성분에 묶이면 아무리 인재라 해도 위로 올라갈 수 없는 북한과 달리 여기는 출신을 따지지 않는 것 자체가 위대한 사회라는 증거입니다."

과거 고생한 경험을 통해 최근에 한국에 온 탈북민들에게 해주고 싶은 말은 없는지 물었다.

"일희일비하지 말라고 얘기해주고 싶습니다. 저도 학사경고를 받아가며 시작해 박사까지 됐는데 요즘 한국에 오는 젊은 탈북민들은 재능도 많고 웬만하면 저보다 머리도 좋지 않을까 싶네요. 극복하지 못할 난관은 없다고 믿고 열심히 노력하면 길이 나타납니다. 그리고 청년이면 가능한 학문이든, 기술이든 상관없이 대학을 다니는 것이 좋다고 생각합니다. 100세 인생 시대

북에서 온 이웃

에 4년을 공부하는 것은 아깝지 않은 투자라고 생각합니다."

그는 오래 전부터 탈북 청년들과 함께 모임도 만들어 친목도 다지며 늘 교류한다. 통일이 내일이라도 불현듯 찾아온다면 준비했던 자들에게 기회가 온다는 것이 그의 신념이다.

마음속에는 항상 콘라트 슈만이란 이름이 자리 잡고 있다.

1961년 동독에서 장벽을 세울 때 20세 동독군 병사 콘라트 슈만은 철조망을 뛰어넘어 서베를린으로 왔다. 그가 탈출하는 사진은 '자유를 향한 도약'이란 제목으로 2011년 유네스코 세계기록유산에 등록되기도 했다.

탈출 사진으로 전 세계의 신문 1면을 장식한 슈만은 베를린에서 영웅이 됐다. 그러나 독일이 통일된 이후인 1998년 57세라는 젊은 나이에 목을 매 자살했다. 1989년 베를린 장벽이 무너지자 그는 동독에 가 가족과 만났다. 그러나 가족들은 그를 배신자라고 외면했다. 슈만은 가족의 냉대를 받고 우울증에 빠졌다. 자유를 향한 도약의 끝은 37년 뒤 자살로 마무리됐다. 인터뷰 말미에 주 씨는 혼잣말처럼 중얼거렸다.

"저는 절대 콘라트 슈만은 되지 않을 겁니다. 통일이 준 선물이 비극이 된 사람이 아닌, 통일을 선물처럼 만들어가는 가치 있는 삶을 만들어나갈 겁니다."

허영희

전 혜산예술대학 성악교수

"

내 존재만으로도 사람들이 북에 관심을 갖고 통
일을 생각하더라고요. 그들이 북에 대해 좋은 생
각을 갖도록 하려면 저부터 모범이 돼야겠죠. 교
수했다고 틀(체면)을 차리지 말고 모든 걸 내려
놓고 새로 시작하는 모습을 보여주면 북한 사람
들에 대해 좋은 생각을 갖게 되겠죠.

"

제주도 정착
탈북 성악교수의 꿈

북한에서 가수로 15년 넘게 살았던 허영희 전 혜산예술대학 성악교수가 제주에서 열린 한 음악회에 참가한 모습.
허영희 교수 제공.

"허영희 맞지? 나와."

총을 든 군인들이 집에 들이닥쳤다. 각오하고 있었던 일이었다. 담담히 군인들을 따라 차를 타고 끌려간 곳은 양강도 주둔 북한군 12군단 보위부 감방이었다.

군인들은 그날 밤 잠을 재우지 않더니, 다음날 취조실로 끌고 갔다.

군단 보위부 고위간부가 두터운 서류철을 들고 들어와 한참을 뒤적이더니 물었다.

"왜 잡혀왔는지 알겠지?"

"네. 그렇지만 죽으면 죽었지 제자를 감시할 수는 없습니다. 보위부가 선생에게 이런 걸 시키는 게 잘못된 일이죠."

"도대체 그 제자와 어떤 관계이길래 당에서 시키는 임무도 거부하는 건가?"

허영희 교수(61)는 제자와의 역사를 담담히 풀어놓았다.

"제자이기 전에 딸 같은 애입니다. 못해요."

보위부 간부는 그의 이야기를 한참 듣더니 보초를 불렀다.

"선생님 데려가 재우라."

그날 이후 조사관은 더 이상 취조실에 부르지 않았다. 그렇게 허 교수의 감옥 생활이 시작됐다.

그때가 2013년 1월. 4월 15일까지 76일간의 수감 생활이 시작됐다.

혜산예술대학 성악교수로 15년 동안 재직하던 그가 잡혀온 이유는 제자를 감시하라는 보위부의 지시를 거부했기 때문이다.

2012년 3월, 12군단에서 반탐(방첩)을 책임진 보위부 간부가 집에 찾아왔다. 군단 산하 군관과 결혼한 제자가 한국 물품을 밀수하는 것 같은데, 물증을 확보하는 데 도움을 달라고 부탁했다.

"우리가 조사해보니 그 제자는 허 선생에겐 비밀이 없다고 하던데 도와

허영희 교수가 함께 탈북한 제자의 피아노 연주에 맞춰 한 공연에 참가해 노래를 부르고 있다.

주세요.”

　“옆집을 감시하라면 해도 어떻게 스승에게 제자를 신고하라고 합니까. 절대 못해요.”

　고분고분하지 않자 보위부 간부의 목소리가 거칠어졌다.

　“평양 가서 공부하는 아들이 더 중요하나, 아님 제자가 더 중요해?”

　어쩔 수 없이 “생각해 보겠다”고 답한 뒤 집으로 돌아왔다. 밤잠을 이루지 못한 그는 다음 날 제자를 찾아갔다.

　“보위부에서 너를 감시하는 것 같은데 조심해라.”

　그러나 보위부 감시망이 허 교수에게만 향한 게 아니었다.

　2013년 1월 제자와 그의 남편은 군 보위부에 체포돼 끌려갔다. 그 소식을 들은 허 교수는 곧 나도 잡아갈 것이라 각오하고 있었다.

감방에서 반동이 되다

허 교수가 추위를 견디며 구속돼 있던 감방에는 다른 여성들도 잡혀와 있었다. 보위부에선 인신매매범들이라 불렀다. 그런 범죄자들과 같은 감방에 있는 것도 치욕이라 그는 생각했다.

처음엔 "너희들은 할 짓이 없어 중국에 사람을 팔아먹냐"고 분노도 했다.

그들은 서로 쳐다보며 "아니, 이 할머니는 어디서 왔나"라며 더 놀라워했다. 이들과 함께 지내며 허 교수는 비로소 북한의 속살을 새롭게 보기 시작했다.

"한 여인이 보위부 조사 서류를 쓰면서 통곡하더라고요. 엄마가 딸의 손을 잡고 와 중국에 딸을 보내 달라 사정해서 돈도 안 받고 보내줬는데, 그 딸이 잡혀왔어요. 강을 건네준 그 여인은 중국에 여자를 팔아먹는 인신매매범으로 잡혀왔어요."

감옥에 갇힌 여인들은 대부분 중국에 사람을 넘겨줬거나, 한국에서 돈을 받아 북한 가족에게 전달해줬거나, 한국과 통화를 했다는 이유 등으로 잡혀왔다. 북한은 이들을 인신매매범이라 낙인찍고 감옥에 보냈다.

감방 일과는 감시를 받으며 하루 종일 계속 앉아 있는 것이었다.

허 교수는 곰곰이 생각했다.

'일제(강점기) 때 종군위안부로 끌려간 여인도 엄마가 딸을 팔진 않았다. 이들이 죄인이 아니라 나라가 죄인이 아닌가. 수없이 많은 여인들이 중국 산골에 팔려가 맞아죽고 남몰래 암매장 돼도 어디에 하소연 할 수도 없는 것이 과연 누구 탓일까.'

허 교수는 자기가 북한을 너무 모르고 살았다는 생각을 했다.

평양에서 태어난 그는 17세 때 할아버지가 부유했다는 이유로 가족과 함께 양강도 백암이라는 심심산골로 추방됐다. 그러나 뛰어난 노래실력 때문에 혜산예술전문학교에 입학했고, 1982년부터 양강도 예술단 가수가 됐다. 전국 가요 콩쿠르에 나가 1등도 두 번이나 했다. 여름이면 삼지연 별장에 피서를 온 김일성 앞에서 공연도 여러 번 했고 기념사진도 많이 찍었다.

1998년 모교인 혜산예술대학 성악교수로 옮겨가 제자를 양성했다. 평생 조국의 선전 전사로 충성을 다했고 1년 뒤면 명예로운 은퇴도 예고됐다. 그러나 제자를 감시하라는 보위부의 임무는 그의 삶을 완전히 바꿔놓았다.

감옥 안에서 허 교수는 체제에 환멸을 느끼는 '반동'이 돼 버렸다.

김일성 생일인 4월 15일 '태양절'에 당의 배려라며 석방됐다.

보위부 앞마당에 마중 나온 남편이 76일 동안 목욕 한 번 못하고 야윈 아내를 붙들고 눈물을 흘렸다.

"왜 울어. 저 새끼들이 좋으라고 우나. 울지 마."

남편이 깜짝 놀라 아내의 얼굴을 쳐다봤다. 그녀의 눈은 더는 예전의 눈빛이 아니었다.

제자와 함께 탈북

감옥에서 북한 사회에 환멸을 느낀 최 교수는 더 이상 그 땅에서 살기 싫었다.

그가 살던 혜산 예술인아파트는 80세대가 살고 있었다. 이웃으로 지냈던 수많은 이들이 한밤중에 사라졌다. 그렇게 몇 년이 지나고 나면 북에 남은 가족들이 돈을 펑펑 쓰기 시작했다. 생각이 바뀌니 목표가 생겼다.

'남조선이란 곳이 저렇게 살기 좋은 곳인가. 여기서 평생 속절없이 살지

말고, 늙었지만 나도 한번 가서 살아보고 싶다.'

그러나 남편과 아들이 있기에 선뜻 떠날 수는 없었다.

양강도 예술단 가수 시절 한 직장에서 악기를 연주하는 2살 연하의 남편 최성가를 만났다. 남편은 그때 북한에 알려지지 않았던 '데니보이' 악보를 갖다주며 그녀에게 접근해왔다. 사랑이 싹텄고, 결혼을 했고 아들을 낳았다. 같은 직장을 다녔고, 지방 공연도 함께 갔다. 허 교수는 탈북할 때까지 단 하루도 남편과 떨어진 적이 없었다고 했다. 남편은 예술단 기량과장을 지냈고, 나중에 문화예술부 자재공급소에서 일했다.

1988년에 태어난 허 교수의 외아들 최경학은 수재들만 가는 1고등중학교를 졸업하고 혜산의학대학 졸업 후 평양의학대학에 진학해 박사원(대학원) 과정을 밟고 있었다. 어렸을 때부터 피아노 연주하는 과학자가 되라며 음악과 과학을 함께 가르쳤는데, 뿌듯하게 잘 컸다. 어떻게 될지 모르는 위험한 탈북길에 가족을 선뜻 함께 데리고 나설 수도 없었다.

고민에 고민을 거듭했다. 그럴수록 여기서 살 수 없다는 답은 더 확고해졌다.

2014년 9월 마침내 길을 떠나기로 결심한 허 교수는 제자를 찾아갔다. 보위부에서 감시하라고 했던 그 제자였다. 제자는 일정 기간 구금 생활을 마치고 석방됐다. 그 역시 체제에 환멸을 느끼고 있었다. 부대에서 주는 배급조차 병사들에게 양보했던 남편은 밀수를 도왔다는 이유로 군복을 벗고 1년 동안 노동교화소에 끌려갔다.

"나 여기서 없어질래. 가족은 위험해서 함께 못 가지만 내가 먼저 길을 만들어야겠어. 가서 살만한 세상인지 보고 가족도 데려갈 거야."

"한 달 있으면 평양에서 아들이 오는데 보고 가시죠."

"내가 그래서 지금 떠나. 그 애를 보면 못 갈 거 같아."

한참 말이 없던 제자가 말했다.

"저도 선생님을 따라가겠습니다."

감방에서 만났던 '인신매매범'들이 브로커를 소개해 탈북할 길을 안내해주었다. 한국까지 오는 길은 비교적 수월했다.

제주도 정착하다

2015년 5월 하나원을 나와 제주도에 집을 받았다. 서울에 집을 받은 제자는 함께 살자고 했지만 거절했다.

"나처럼 늙은 사람이 옆에 있으면 불편하지. 우리 멀리 떨어져 살자. 너는 네 인생을 개척해."

홀홀 털고 제주도에 와보니 생각보다 너무 좋았다.

북에서 같은 아파트에서 살다 탈북해 한국에 온 옛 이웃들도 만났다.

"아니, 선생님은 잘 살았는데 왜 오셨어요?"

"너는 왜 왔냐. 우리가 돼지냐."

이제 가족을 데려올 돈을 벌어야 했다. 자본주의에 살려면 시장경제를 이해해야 한다고 생각했다. 그래서 제주도에서 시장을 찾으니 5일장을 소개해주었다. 거기에서 옥수수를 판매하는 아르바이트를 얻었다.

같이 일하는 한 여인이 "언니, 옥수수 팔려면 소리를 쳐야 한다"며 눈치를 주었다. 교수의 체면이 남아있어 선뜻 입이 열리지 않았지만, 이게 시장경제인가라는 생각에 오기가 생겼다.

"내가 소리치면 너보다 훨씬 잘해."

그날부터 장보러 왔던 사람들은 한 번씩은 눈이 커졌다.

옥수수 파는 여인이 "옥수수 여섯 개에 오천 원!"을 외칠 때마다 시장에서 오페라 아리아를 라이브로 듣는 것으로 착각했기 때문이다.

이렇게 정착해가고 나니 한국에선 나이 든 여인이 200만 원 이상 벌 수 있는 곳은 호텔 청소 정도라는 것을 알게 됐다.

"한국에 올 때부터 노래를 다시 부르거나 학생들 가르칠 수 있다는 생각은 조금도 안 했어요. 북한에서 아무리 잘했다고 해도 거긴 외국곡 하나 제대로 불러보지 못한 우물 안 개구리죠. 여긴 외국에서 유학을 한 가수도 많은데, 나 같아도 북에서 온 여자에게 아이를 맡기지 않겠어요. 여기 올 때부터 제일 아래에서부터 올라가자고 생각했죠."

리조트 청소를 하면서 언니, 동생으로 부르는 이들도 생겼다. 낙천적 성격인 그녀를 모두 잘 대해주었다. 가족을 빨리 데리고 오라며 돈도 빌려주었다. 너무나 고마운 사람들이었다.

가족의 체포

가족을 데리고 올 돈이 생기자 그는 북한에 연락해 남편을 설득했다. 마침내 남편도 동의했다. 아들을 설득하는 일도 쉽지 않았지만 평양의대 박사원을 막 졸업한 아들은 아버지와 함께 탈북했다. 2016년 9월 26일. 2년 전 허 교수가 탈북했던 바로 그날이었다.

그러나 강을 넘은 부자는 하루 만에 공안에 체포돼 손을 쓸 사이도 없이 북송됐다.

남편과 아들의 체포 소식에 허 교수는 쓰러졌다. 북한 이곳저곳 연락해 가족을 수소문했지만, 아는 이는 없었다. 한국행을 시도했다는 이유로 수용

평양의대 박사원을 졸업한 아들 최경학의 어릴 적 사진. 어머니를 따라 탈북하다 체포된 뒤 수용소에 끌려간 것으로 추정된다. 허 교수는 탈북할 때 사진을 챙기지 못했다. 한 동네에서 살던 탈북민이 자신의 사진첩에서 최경학의 사진을 발견해 준 것이다. 허영희 교수 제공.

소에 끌려간 게 분명했다.

어느 날 그는 아는 사람에게 제주도에서 통곡을 해도 들리지 않는 곳에 데려가 달라고 부탁했다. 한라산 자락 어느 깊은 산속에 주저앉아 남편 이름을 부르며 통곡했다.

"성가야. 성가야."

집에서 부르던 남편의 이름이었다.

나중에 그를 데려갔던 사람이 물었다.

"보통 아들을 부르는데 왜 남편 이름을 부르며 울었어요?"

"아들은 저를 닮았어요. 걔는 어떻게든 버틸 거 같아요. 그런데 남편은 너무 여리고 착한 사람이라 수용소 생활을 이겨내지 못하고 극단적 선택을 할 거 같았어요. 너무 불쌍하고 미안하고, 미안하죠."

남편과 아들이 정치범수용소에 끌려갔다고 생각되자 그는 더 살아야 할 이유를 찾지 못했다. 극단적 선택을 생각했다.

"죽으려 했어요. 못한 이유는 단 한가지예요. 남편과 아들을 빨리 데려오려고 청소하면서 만났던 친구들이 1,700만 원, 1,000만 원씩 빌려줬어요. 청소를 해보니 그 돈이 얼마나 큰 금액인지 알아요. 죽어버리면 저를 믿고 돈을 빌려준 그들에게 너무 미안한 일이죠. 죽더라도 돈은 갚고 죽어야겠다고 생각했어요."

"남쪽엔 좋은 사람이 참 많더라."

허 교수는 남쪽에서 살면서 감사한 사람들을 너무 많이 만났다고 말했다.

가족을 데려오라며 돈을 빌려주었던 친구들은 그녀 가족의 체포 소식을 들은 날 "우리가 돈을 빌려줘 가족이 체포된 것 아니냐"며 함께 울었다. 돈을 갚으려 하자 "사람을 잃었는데 돈이 문제냐"며 손사래를 쳤다. 그래도 허 교수는 재작년까지 그 돈을 다 갚았다. 빚을 갚는 날 또 다같이 부둥켜안고 울었다.

한 지인이 허 교수에게 '죽음의 수용소에서'라는 책을 가져다줬다.

"몇 페이지를 읽어보니 더 못 읽겠어요. 울음이 터져 나와서요. 왜 이렇게 가슴 아픈 책을 줬냐고 원망했습니다. 그래도 다 읽어보니 그가 왜 이 책을 제게 줬는지 알겠더라고요. 저자는 아우슈비츠 수용소를 이겨내고 그 경험으로 세계적인 의사가 됐어요. 우리 아들도 수용소 생활을 이겨내고 저렇게될 거라는 믿음 같은 게 생겼죠."

북에서 온 이웃

허영희 교수가 한라산 기슭에 올라 멀리 백두산 아래에 있는 자신의 고향 혜산 쪽을 바라보고 있다. 그 하늘 아래 어디엔가 남편과 아들이 있을 거라 굳게 믿으면서. 허영희 교수 제공.

그는 5년 동안 숙박업소 청소를 하다가 올해 2월 집 인근 치과병원에 취직했다.

매일 문을 열기 전 병원을 청소하고 의료 폐기물을 버리는 일이다. 올해 코로나바이러스감염증(COVID-19) 때문에 제주도 관광업계가 큰 피해를 입으면서 청소하던 친구들이 일자리를 잃었지만 그는 다행히 계속 일을 하고 있다.

허 교수는 취직한 병원 의사와 딸 같은 어린 간호사들도 편하게 대해 주는 것이 감사하다고 했다.

"원장님이 제 치아를 억지로 검사하더니 120만 원짜리 임플란트를 해줬어요. 돈을 내려 했는데 '50년 뒤에 갚으라'더군요. 예전에 우리 아들을 한국에 데려와 의사를 시키고 제가 청소를 해주면 좋겠다는 꿈을 꾸었어요. 이 병원을 아들 병원이라 생각하고 힘닿는 데까지 열심히 청소를 할 겁니다."

살아야 할 이유를 찾다

이제 허 교수는 극단적 생각을 하지 않는다. 살고 있는 제주도가 산도 있고 바다도 있어 정이 들었다. 자신의 존재가 주변에서 쓸모가 있고 할 일도 있음을 느꼈다.

"내 존재만으로도 사람들이 북에 관심을 갖고 통일을 생각하더라고요. 그들이 북에 대해 좋은 생각을 갖도록 하려면 저부터 모범이 돼야겠죠. 교수 했다고 틀(체면)을 차리지 말고 모든 걸 내려놓고 새로 시작하는 모습을 보여주면 북한 사람들에 대해 좋은 생각을 갖게 되겠죠."

그는 "북한에 관심도 없던 주변 사람들이 이젠 북한 소식을 자기보다 더 빨리 보고 알려준다"며 환하게 웃었다.

1년 전에는 한 사이버대학에 입학했다. 자격증이나 취직을 위해서가 아니라 세상을 좀 더 이해하고 싶어서였다. 첫 중간고사를 쳤는데 컴퓨터에 미숙해 성적을 어떻게 확인하는지도 몰랐다. 기말고사 때는 성적을 확인해 볼 수준이 됐다. 꼬박꼬박 강의를 들었지만 점수는 대부분 C학점을 받았다고

북에서 온 이웃

한다.

"북에선 1등만 하려 했고, 노래도 남들에게 지기 싫어 노력했는데 이젠 져도 편안하니 새로운 세계관이 생긴 것 같아요. 제 아들이 컴퓨터를 정말 잘했어요. 아들이 옆에 있었다면 제가 컴퓨터를 이렇게 배울 일도 없었겠지만, 혼자 사니 컴퓨터도 배우게 됐어요."

그는 앞으로 30년 더 사는 게 목표다.

"어렸을 때 우리 할머니가 그랬어요. 일제 때 매일 '텐노헤이카 반자이(천황폐하 만세)'를 부르며 살았는데 어느 날 자고 깨니 해방이 왔다고요. 30년 더 살면 그런 날이 오지 않겠어요. 그때까지 돈 많이 모으고 제주도에 좋은 집을 사서 남편과 아들에게 평생의 속죄를 하고 싶어요."

남편과 아들 이야기를 할 때마다 허 교수는 말을 잇지 못했다.

"수용소에 간 남편과 아들의 생사는 여전히 알 길이 없어요. 누구나 탈북에 성공할 수는 없는 거고, 제 남편과 아들은 불행하게도 성공 못한 사람에 속했죠. 그런데 지금도 북한에서 남편과 아들처럼 착한 사람들이 얼마나 많이 죽어가고 있나요. 나라가 만든 죄인들이죠. 저는 김정은이 이제라도 마음을 바꿔 더는 사람들을 죽이지 않는다면, 남편과 아들이 죽었어도 용서할 수 있을 것 같아요."

허 교수는 집 앞 바닷가에 나가 해가 지는 모습을 멍하게 바라보는 것을 좋아한다. 기자와 만난 8월 중순에도 인터뷰를 끝내고 바닷가에서 석양을 함께 바라봤다. 온갖 상념이 그때만큼은 날아간 듯한 표정이었다. 석양 아래 어디선가 그리운 얼굴들이 그를 향해 웃고있는 것처럼…

안명철

엔케이워치 대표

"

평생 지고 살아야 할 짐이죠. 지금도 악몽을 계속 꿉니다. 정치범수용소 경비병으로 있다가 제대한 뒤 탈북한 사람이 한 명 더 있다고 들었어요. 그는 철저히 신분을 숨기고 살고 있죠. 과거가 알려지면 견디기 어렵기 때문이죠. 저도 그래서 오랫동안 입을 닫고 살았던 것이고요. 그러나 제 마음의 양심이 늘 묻습니다. 지금도 죽어가는 사람들을 위해 네가 뭐든 해야 하지 않겠냐고 말입니다. 수용소 사람들을 어떻게든 살려야 하지 않겠냐고 말입니다. 역설적으로 저는 가해자로 참회하는 마음으로 이 일을 합니다. 제가 지켜봤던 그 억울한 사람들을 세계에 알려서 살리고 싶어서요. 제가 입을 닫으면 누가 그들을 세상에 알립니까. 피해자만 호소하는 것이 아니라 누군가는 가해자의 이야기도 해야 하지 않겠습니까.

"

22호 정치범수용소에서 탈출한 경비병의 삶

북한인권단체인 '엔케이워치' 안명철 대표. 안명철 대표 제공.

북한군 군용트럭 한 대가 칠흑 같은 새벽어둠을 뚫고 두만강을 향해 미친 듯이 내달렸다. 강가에 도착한 트럭 운전석에서 완전 군장한 군인이 뛰어내렸다.

하사 계급장을 단 그는 탄창 하나에 30발이 들어가는 AK47 자동소총을 메고, 탄창 3개를 허리에 둘렀다. 어깨에 멘 배낭 안에는 장전한 군용 권총 6정과 탄창이 들어 있었다.

그는 강에 도착하자마자 그대로 뛰어들었다. 하지만 실수였다. 평소 허리 정도밖에 오지 않던 강물이라 눈여겨 두었던 곳인데, 장마가 갓 끝난 때라 물이 불어 있었다. 물살에 갑자기 몸이 휘감겨 말려 들어갔다. 의식이 아득해지는 순간 소총을 버리고 탄창도 풀어 던졌다. 허우적거리다 배낭만 쥐고 물살을 헤치고 겨우 뭍에 도착했다. 아차 싶었다. 중국이 아니라 북한 땅이었다.

강기슭에서 그는 하늘을 쳐다보며 통곡했다.

"나는 왜 고향과 가족, 미래를 버리고 이렇게 도망자 신세가 됐나요."

40분쯤 지났을 때 멀리 추격해오는 트럭들의 불빛이 보였다.

방금 죽을 뻔하다가 겨우 빠져나온 강물에 또 들어가긴 싫었다.

'여기서 싸우다 죽자'고 생각을 했다. 하지만 중무장한 군인들과 권총 몇 자루를 들고 저항한다는 것은 의미가 없어 보였다.

그는 배낭에서 비상식량으로 챙겨두었던 쌀과 증거로 갖고 챙겨온 사진 묶음 등을 모두 꺼내 강물에 버렸다. 군복도 버리고 신발도 벗었다. 팬티만 입고 권총 6정과 탄창이 든 배낭을 들고 다시 강물에 뛰어들었다. 추격자들이 멀리 있지 않다는 생각에 초인적인 힘이 솟구쳤다. 이번엔 다행히 중국 땅에 도착했다. 도로를 건너 산비탈에 붙어서 뒤를 돌아봤다.

수백 개의 전짓불과 소란스럽게 짖어대는 군견들이 건너편 두만강 기슭

북에서 온 이웃

을 훑어대며 수색하고 있었다. 1994년 9월 18일 함북 회령에 위치한 22호 관리소(정치범수용소) 경비대 하사 안명철 씨(당시 25세)에게 일어난 일이다.

수용소에서의 탈출

추격의 불빛을 뒤로 하고 산을 오르며 안 씨는 몇 시간 사이 일어난 일을 되짚어봤다.

9월 17일 토요일 늦은 저녁. 함께 근무하던 근무조 장교들이 주말이라며 신이 나 퇴근하자 안 씨는 몰래 내무반을 빠져 나왔다. 며칠동안 세운 탈북 계획을 실행하기 위해서였다.

경비대 소속 트럭 운전수였던 그는 우선 자기가 몰던 차만 남기고 나머지 차량의 휘발유관을 모두 잘랐다. 차량 추격을 막기 위해서였다.

평소 안면이 있는 외곽 차단초소 초소장에게 전화를 해 "분대장 생일이라 밖에 나가 술을 가져오려 하니 내가 도착하면 차단봉 올리게 부하들에게 말해 달라"고 부탁했다. 평소 종종 있는 일이라 초소장은 "술을 갖고 올 때 쌀 20kg을 가져달라"고 요구했다.

무기고에 들어가 총과 권총을 모두 꺼내 차에 실었다. 차에 시동을 거니 새벽 2시경이 됐다.

탈북 할 때 꼭 데리고 가고 싶은 수감자 오누이가 있었다. 최순애라는 이름의 누나는 4살 때, 최희유란 이름의 동생은 2살 때 수용소에 끌려와 자랐다. 강원도 안변에서 태어난 이들은 인민군 소장을 하던 큰아버지가 반동으로 처벌받으면서 온 가족이 22호 수용소로 끌려왔다. 이들은 22년간 수용소에서만 자랐다. 남동생은 안 씨보다 한 살 어렸고, 누나는 한 살 많았다.

수용소 수리반에서 일한 남동생은 평소 안 씨의 자동차 수리를 많이 도와주었다.

안 씨는 탈북을 결심하면서 평소 정이 들었던 이들에게 자유를 찾아주고 싶었다. 그래서 어느 날 저녁에 "돼지고기를 갖다 줄 테니 차 소리가 들리면 둘 다 숙소 앞 도로에 몰래 나오라"고 일러두었다. 이들은 약속을 지켰다.

오누이를 운전석에 태운 차는 초소를 향해 내달렸다. 초소의 탐조등 불빛이 멀리 보일 때 안 씨는 차를 세웠다. 그리고 권총을 꺼내 하나씩 오누이에게 주며 그때에야 비로소 계획을 말했다.

"나는 이제 남조선으로 간다. 너희들은 어차피 여기서 죽어야 하는 목숨이다. 나와 함께 자유를 찾아가자. 일단 트럭 적재함에 올라타고 방수포를 덮고 숨어라. 내가 신호를 할 경우 방아쇠를 당겨라."

순간 오누이의 눈이 공포로 떨렸다.

2014년 호주 시드니에서 북한 정치범 실상을 증언하고 있는 안명철 대표. 안명철 대표 제공.

북에서 온 이웃

"저는 무서워서 안 가겠습니다."

약속이나 한 듯이 그들은 총을 트럭 운전석에 내던지더니 차에서 뛰어내려 어둠 속으로 사라졌다. 미처 설득할 틈도 없었다.

하는 수 없이 그는 차를 몰고 초소로 갔다. 초소장의 지시를 받은 듯 한 병사가 나왔다. 그가 차단봉을 올리려는 순간 초소 안에서 전화 받는 듯한 소리와 밖에 나간 병사를 찾는 고함소리가 터져 나왔다.

"벌써 들켰구나."

망설일 틈이 없었다. 안 씨는 차를 몰아 차단봉을 그대로 치고 나갔다. 용접한 철제 차단봉이 부러졌다. 그 길로 그는 두만강을 향해 차를 내몰았다. 평소 40분 걸리는 거리를 15분 만에 주파했다.

권총을 팔아 한국행

산을 하나 넘으니 날이 밝았다. 외진 곳에 농가 두 채가 보였다. 한 집에 뛰어 들어갔다.

조선족 농민 부부는 팬티만 입은 남자가 맨발로 아침에 뛰어들자 깜짝 놀랐다.

"조선에서 방금 넘어왔는데 멀리 도망갈 수 있게 도와주시오."

아내의 입에서 욕설이 터져 나왔다. 그러나 안 씨가 배낭에서 권총 6정을 차례로 꺼내자 금방 입을 닫았다. 이번엔 남편의 눈이 반짝반짝 빛나더니 "권총을 주면 도와주겠다"고 제안했다. 거절할 겨를이 없었다.

옌지(延吉)까지 데리고 가는데 권총 2정을 달라고 했고, 하얼빈(哈爾濱)까지 가는 기차표를 사주고는 추가로 한 정을 달라고 했다. 밥 한 끼 사준 값이라며 다시 권총 한 정을 요구하더니, 담배 한 갑을 사주면서 또다시 권총 한 정을 받아갔다.

안 씨는 한 정만 남은 권총을 허리에 차고 기차에 올랐다. 최악의 경우 자살을 하기 위한 용도였다. 이제 혼자 헤쳐 나가야 하는 것이다.

저쪽 건너편에서 우리말이 들려왔다. 말을 한 노인에게 다가갔다.

"조선에서 막 넘어왔는데 도와주십시오. 남조선에 가려 합니다."

그러자 노인이 "김일성 그 놈은 정치를 어떻게 해서 사람들을 굶어 죽이냐"며 욕을 하기 시작했다. 순간 안 씨는 "수령님을 왜 욕해"라는 소리와 함께 저도 모르게 주먹을 휘둘렀다. 노인이 "이놈. 김일성이 싫어 도망쳐 와선 왜 주먹질이냐"고 소리쳤다.

정신이 든 안 씨가 생각해보니 방금 행동은 자기가 생각해도 황당했다.

그는 무릎을 꿇었다.

"미안합니다. 제가 어릴 때부터 너무 교육을 그렇게 받아서 저도 모르게 주먹이 나갔습니다. 제발 용서해주십시오. 저를 도와주지 않으면 죽을 수밖에 없습니다."

그렇게 두 시간쯤 지나자 줄담배를 피우던 노인이 화가 풀렸는지 "그럼 내가 도와주겠네"라고 답했다. 나중에 들으니 그는 북한과 한국에 모두 친척이 있는 조선족이었고, 북한을 방문했다가 가난한 친척들의 모습에 분노한 경험도 있었다.

하얼빈에 내려 노인의 도움으로 옷을 갈아입었다. 노인은 베이징(北京) 한국영사관에 "권총을 차고 온 조선 군인이 한국에 가고 싶어 한다"고 전화를 걸었다. 영사관에 이미 안 씨의 탈북 소식이 전달돼 있었는지, 영사관 직원은 노인에게 당장 베이징까지 함께 와달라고 부탁했다.

벙어리 흉내를 내며 다시 베이징으로 향했다. 18일 새벽 두만강을 넘고

북에서 온 이웃

20일에 하얼빈에 도착해 그 다음 날 새벽 베이징에 도착하기까지 걸린 시간은 사흘이었다.

택시기사에게 한국영사관에 가자고 했더니 북한대사관 앞에 내려주었다. 인공기와 김일성 초상화를 보고 질겁한 이들은 다시 택시를 탔다. 이번에는 제대로 한국영사관을 찾았다.

밖으로 나온 영사관 직원은 안 씨가 권총을 차고 있는지를 확인한 뒤 탈북 동기 등 몇 가지 질문을 던졌다. 그리고는 어디론가 데려갔다. 10월 3일 안 씨는 마침내 한국에 도착했다.

탈북 이후 이야기

그의 탈북 스토리는 "북조선 군경 안명철 무장한 채 동북지방 침입. 공안 포위망 뚫고 한국 도주"라고 중국 변방군인 교육자료에 실패담으로 실려 있다. 권총을 5정이나 챙겼던 조선족은 체포돼 3년형을 선고받았다.

안 씨는 나중에 자신이 탈출한 뒤 22호 정치범수용소에서 벌어진 일들을 전해 들었다. 그를 찾기 위한 두만강 수색 과정에서 추격조가 어둠 속에서 오인사격을 해 군인과 수용소 직원 3명이 죽었다. 이때 사망한 사람의 가족은 얼마 뒤 수용소 직원 거주지역에서 나왔고, 나중에 한국에 도착했다. 그를 포함해 몇 명이 안 씨에게 수용소 후일담을 전해주었다.

북한 내에서 수색에 실패한 뒤 22호 수용소 정치부장인 송치선 대좌의 지휘 하에 수용소 보위원과 고참 군인들로 구성된 수색조 150명이 군용트럭 3대를 이용해 옌지까지 들어왔다. 그곳에서 중국 공안 및 변방대와 함께 계속 수색을 이어갔다. 이들은 11월 24일 안 씨가 서울에서 기자회견을 한 뒤에

1994년 11월 24일 서울 프레스센터에서 귀순 기자회견을 하고 있는 안명철 씨.

안명철 씨가 탈북했을 당시 중국에 뿌려졌던 수배 전단.

야 북한으로 돌아갔다.

　운전석에서 뛰어내린 최 씨 오누이는 처형됐다. 함께 도주하지 않았다고 정상참작 하기보단 이들을 살려두면 경비병 탈출 사실이 수감자들에게 퍼질 것이 두려워서였다. 차단 초소의 초소장은 공개 처형됐다. 술을 가지러 나간다는 전화를 받고도 보고하지 않았다는 이유 때문이었다. 소대장은 15호 정치범수용소로 끌려갔다. 보위부 상좌인 대대장은 해임돼 군복을 벗었다. 수색조 150명이 옌지를 수색하는 과정에 탈북자 140여 명이 체포돼 북송됐다. 수용소 경비병의 탈북은 그만큼 엄청난 사건이었다. 수용소의 비밀이 외부에 알려져 수령의 권위에 치명타를 안길 수 있기 때문이었다.

북에서 온 이웃

정치범과의 만남

안 씨는 1969년 함경남도 홍원군에서 태어났다. 아버지는 군의 식량을 총괄하는 양정사업소 당비서였고, 어머니는 상업관리소 지도원이었다. 아버지는 머슴의 아들이었고, 어머니도 전쟁고아 12명을 키운 집에서 태어났다. 북한에서 말하는 소위 '핵심계층' 출신이었다. 홍원과 같은 농촌지역에선 안 씨의 부모처럼 부부가 모두 노동당원인 집안도 드물었다.

1987년 안 씨는 홍원농업전문학교를 졸업했다. 군에 갈 때가 되자 집에 보위부 지도원이 찾아왔다. 선발과정의 자세한 내막은 알 수 없지만 안 씨는 정치범수용소를 지키는 보위부 소속 부대에 입대하게 됐다. 정치범수용소 경비대의 40% 이상은 수용소 관리 보위원 출신 자녀들이다. 20% 정도는 외부 보위원 자녀들이고, 30% 정도는 중앙당 등 고위 간부 자녀들이다. 비밀 유지를 위해 보위부와 고위 간부 출신 자녀들만 선발했다. 안 씨는 출신성분이 좋아 예외적으로 뽑힌 경우였다.

1987년 전국적으로 120명이 정치범수용소 경비대에 입대했다. 이들은 모두 함북 경성 관모봉 아래에 있는 11호 수용소에서 신병교육을 받았다.

안 씨는 지금도 수용소로 들어가던 그날을 잊지 못한다.

"다른 신병들과 함께 트럭을 타고 들어가는데 철문 옆 철조망에서 웅 하고 전기가 흐르는 소리가 크게 들리더군요. 그때 '내가 여기서 살아나갈 수 있을까'라는 생각이 들었어요. 문을 지나치자마자 교관이 차에서 '이제부터 만날 사람들과 절대 웃거나 말을 걸지 말라. 너희는 계급의 전초선에 서있는 장군님의 전사'라고 교육을 시키더군요.

골짜기를 따라 조금 올라가는데 길옆에 정말 왜소한 사람들이 옷이라고 볼 수 없는 누더기를 걸친 채 트랙터에 돌을 싣는 모습이 보였어요. 남자는 머리를 빡빡 깎고, 여성은 반쯤 깎은 머리에 하얀 수건을 머리에 둘렀더군요. 그런데 어떤 작은 사람이 엄청 큰 돌을 번쩍 들어 적재함에 싣는 겁니다. 우리는 '우와' 하며 모두 놀라고 신기해했죠. 그러자 교관이 소리쳤죠. '저놈들은 너희의 부모들을 학살했던 반동 놈들과 그 자식 놈들이다. 일말의 동정도 가지면 안 된다.'"

6개월의 신병교육에서 가장 중점을 둔 것은 사상교육이었다. 관모봉 11호 수용소는 두 개의 골짜기로 이뤄졌다. 김일성에게 반기를 들었던 '항일투사' 출신들이 사는 집들이 한 골짜기를 따라 듬성듬성 자리하고 있었다. 돌로 대충 벽을 쌓은 초가집이었다. 김동규 전 부주석, 허봉학 전 군 총정치국장 등이 11호 수용소에 끌려왔던 대표적 빨치산 출신들이다. 이들은 그나마 투사라는 배경이 있어 보위원들도 함부로 대하지 못했다.

2016년 김정은을 반인도적 범죄 가해자로 신고한 뒤 네덜란드 헤이그 국제형사재판소(ICC) 앞에서 1인 시위를 벌이는 안명철 대표. 안명철 대표 제공.

북에서 온 이웃

늙어가는 이들은 가끔 보위원들을 향해 "내가 산에서 목숨 내걸고 싸워 만든 나라인데 네놈들이 내게 그따위로 대하냐"고 소리치기도 했다. 그러면 보위원은 "영감, 좀 조용하시오"라고 대꾸했다고 한다. 가끔 김일성이나 김정일이 불러오라고 하면 유배에서 풀려 잘 되는 경우도 있었다. 하지만 부름을 받지 못하면 그냥 산골에서 늙어 죽는 게 일반적이었다.

다른 골짜기엔 진짜 정치범들이 수감됐다. 이들은 일하는 짐승에 다를 바 없었다.

1989년부터 수용소 통폐합 조치가 이뤄지면서 12개였던 수용소가 6개로 줄었는데 관모봉 11호 수용소도 1990년대 초반 사라졌다.

22호 정치범수용소

신병교육을 마친 안 씨는 회령 22호 수용소에 배치됐다. 22호 수용소는 서울 크기의 절반만 한 면적에 5만 명이 수감돼 있었다. 탄광 6개에서 석탄 40만 톤, 5개 지구 19개 농장에선 옥수수 수만 톤이 각각 생산됐다. 축산 작업반 8개와 식료공장도 있다. 석탄은 김책제철소와 성진제강소에 보내졌고, 돼지고기는 평양으로 올라갔다. 고려호텔 등 북한 고급 호텔과 식당에서 팔리는 '감흥로' 술도 회령에서 정치범들이 만든 것이다.

힘을 쓰는 사람은 탄광에 가고, 노약자들은 주로 농촌에 보냈다. 탄광에 간 사람들에겐 하루 300g의 식량이 배급됐는데, 그것으로 일을 시킬 수 없어 풀을 많이 섞여 먹었다.

정치범들은 결혼을 할 수가 없지만 1년에 10~15명 정도 일을 잘하는 수감자들을 선정해 표창결혼을 시킨다. 연애를 할 수가 없으니 보위원이 찍어준 대로 살아야 한다. 이들은 결혼식을 마치면 1주일 합방을 한 뒤 각자 직장에 보내며, 일을 잘해야 한 달에 한 번 만나게 해준다. 아이가 태어나면 수용소 안에 있는 수감자 자녀용 학교에 보낸다.

정치범 관리에는 보위원 1,000여 명과 800명 규모의 경비대대 1개, 기타 가족 감시원 등 2,000여 명이 동원됐다. 이들은 무소불위의 권력을 가졌다. 사람을 때려죽여도 "보위원에게 반항해 죽였다"고 하면 문제 삼지 않았다. 보위원에게 농락당해 임신한 경우 쥐도 새도 모르게 죽여버렸다. 안 씨는 신병 때 분대장이 차량 시동을 거는 쇠막대기로 노인을 때려죽이는 현장을 직접 봤다. 불렀는데 뛰어오지 않고 걸어왔다는 이유였다. 분대장은 자아비판서를 일주일 정도 썼을 뿐 다른 처벌은 받지 않았다.

가끔 공터에 모아놓고 공개처형도 했다. 도주 기도나 기물 파손, 규칙 위반 등이 사유였다. 안 씨는 제대할 때까지 8년 남짓 기간에 20여 건의 공개처형을 목격했다.

"저는 입대하자마자 운전기사가 됐어요. 처형 때 주변을 포위하고 지키는 경비대원을 실어 나르느라 많이 목격한 편이죠."

공개처형을 할 때는 7, 8년차 고참들이 총을 쏘는데, 보복이 두려워 모두 상등병(입대 1년차 병사) 옷으로 갈아입었다.

"입대 1~3년차 경비병들이 수감자들에게 제일 악독하게 행동합니다. 이때는 몸이 근질거려 제어가 되지도 않고, 태권도 훈련을 한다며 구타하기도 하죠. 그런데 오랫동안 있으며 수감자들과 만나 이야기해 보면 어이없이 끌려온 그들에게 동정심이 생깁니다. 그래서 고참들은 때리는 자리를 피할 때가 많습니다. 보위원도 동정심을 보이는 사람들도 있고요."

안 씨는 수용소 근무 내내 차를 몰고 다녀 직접적으로 사람을 죽일 일은 없었다. 안 씨는 7년 동안 복무해 노동당에 입당했고, 좋은 대학에 진학할 자

북에서 온 이웃

격도 얻었다.

경비병에서 정치범으로

1994년 4월 부대에 전보가 왔다. 아버지가 사망했으니 집으로 돌아오라는 내용이었다. 휴가를 얻은 안 씨가 집에 도착하자 믿어지지 않는 광경이 눈앞에 펼쳐졌다. 집은 반쯤 무너져 있었고, 어머니는 보위부에 잡혀간 지이미 한 달이나 됐다고 했다. 12살 여동생이 학교도 가지 못한 채 혼자서 허물어지고 유리창이 다 깨진 집을 지키고 있었다.

"아침이 됐는데 갑자기 집안에 돌들이 날아 들어왔어요. 학교 가던 아이들이 '반동놈 집'이라고 소리치며 돌을 던지는 겁니다. 뛰쳐나가려는데 여동생이 '오빠, 나가지마'라며 잡아요."

인터뷰 내내 담담했던 안 씨도 이 대목에선 목소리가 떨렸다.

1994년 고난의 행군이 닥쳐왔다. 사람들이 굶어 죽어갔고, 간부들은 식량을 빼돌리느라 여념이 없었다. 국가 검열이 내려왔을 때 간부들은 양정사업소 당비서인 부친에게 모든 책임을 뒤집어씌우려 했다.

화가 난 부친은 술김에 "쌀이 없는 것이 간부들의 잘못이냐. 나라가 잘못한 거지"라고 말했는데 보위부에 고발이 들어갔다. 보위부 조사를 받으며 억울함을 감추지 못한 부친은 어느 날 양잿물을 마시고 세상과 작별했다. 북한에서 자살은 체제에 불만이 큰 반동이나 하는 짓으로 인식된다. 이번엔 어머니가 보위부에 끌려갔다. 자살 여부를 가린다며 아버지 묘를 3번이나 파고 부검했다. 안 씨가 집에 도착하기 전에 벌어진 일들이었다.

집에서 이틀을 보낸 안 씨는 부대에 복귀했다. 그러나 어머니가 정치범이

2014년 스페인 마드리드에서 북한 인권 실상을 증언하고 있는 안명철 대표. 안명철 대표 제공.

돼 15호 관리소(요덕정치범수용소)로 12살 여동생과 함께 끌려갔다는 이야기가 들려왔다. 뒤늦게 알았지만 국경경비대에 나갔던 남동생도 수용소에 끌려갔다.

안 씨도 수용소 경비원에서 졸지에 정치범으로 내몰릴 상황이었다. 그런데 천운이었는지 마침 그해 7월 김일성이 사망했다. 100일 애도기간 동안 모든 행정이 중단됐다. 그동안 안 씨는 간부들을 만나 도와달라고 호소했다. 하지만 들려오는 대답은 "그 아버지에 그 아들이지" "너 안되겠는데"라는 싸늘한 말뿐이었다.

경비대에 있는 동안 안 씨는 여러 정치범들에게 "왜 왔냐"고 물었다. 대개 "하루아침에 이유도 모르고 갑자기 끌려왔다"는 게 주를 이뤘다. 이제 그의 운명도 비슷한 신세가 될 순간이었다. 하루아침에 정치범으로 낙인 찍혀 죽을 때까지 중노동에 시달려야 했던 것이다. 고민하던 그는 100일 애도기

북에서 온 이웃

간이 끝나기 한 달 전인 9월 18일 탈북길에 올랐다.

평생 걸어져야 할 짐

1994년 11월 24일 안 씨는 서울에서 기자회견을 하고 정치범수용소의 실상을 폭로했다. 수용소 경비병의 탈북은 최초라 많은 언론의 관심을 받았다. 그러나 그를 힘들게 하는 것은 일부 언론의 시선이었다.

"지금까지 했던 정치범 출신 탈북자들의 증언은 피해자이기 때문에 하나를 당하면 열을 당했다고 말할 수도 있다고 생각했다. 그러나 당신은 가해자다. 가해자가 어떻게 피해자보다 더 끔찍한 고발을 할 수 있느냐. 안기부 지시를 받은 것이냐."

가해자의 프레임은 그를 견딜 수 없게 만들었다. 그는 입을 닫았다. 조용히 숨어버렸다. 2009년까지 15년 동안 한 은행에 취직해 과장까지 승진했다. '정치범수용소해체운동본부' 등의 북한 인권단체가 만들어졌을 때도 그는 후원자로만 남았다. 은행에서 희망퇴직을 한 뒤 자영업을 하면서도 조용히 살려고 애썼다.

그런데 수용소 관련 단체에서 힘들다며 연락해왔다. 가보니 직원도 없고, 사무실도 없고, 대표를 하려는 사람도 없었다. 2013년 그는 단체 대표를 떠맡게 됐고, 단체 이름도 '엔케이워치'로 바꾸었다. 2016년 김정은을 반인도범죄로 유엔에 제소한 것도 그의 단체다. 이는 2019년 '관할권 없음'이라고 결론이 났다.

요즘 그의 단체는 북한에서 일어난 실종, 구금, 고문, 여성차별, 장애인, 아동, 해외노동 등 7개 분야의 조사를 해 유엔에 남기는 것을 핵심 운영목표로 삼고 있다. 실제로 엔케이워치가 작성한 800여 개의 조사 기록들이 현재 유엔에 등록돼 있다.

"2012년 유엔에서 증언을 해달라고 해서 제네바에 갔어요. 그런데 한 유엔 관료가 '당신들은 계속 당했다고 하는데 공식적인 증언 자료는 왜 없냐'고 묻더군요. 생각해보니 우리는 말로만 외쳤지 유엔의 기준에 맞춰 문서화를 만드는 것을 못했어요. 그때부터 유엔 기록화 사업에 포커스를 맞추자고 생각했습니다."

내년 1월 유엔 홈페이지에는 정치범수용소 해체를 위한 대표적 비영리단체(NGO)로 안 씨의 엔케이워치가 등록될 예정이다. 안 씨의 자세한 경력도 전 세계에 알려지게 된다.

그의 마음에는 늘 무거운 돌이 자리 잡고 있다. 어찌됐든 그는 북한에서 정치범들을 관리하던 가해자였기 때문이다. 수용소 경비병이었다는 이유로 같은 탈북자들에게 고발도 당했다.

"평생 지고 살아야 할 짐이죠. 지금도 악몽을 계속 꿉니다. 정치범수용소 경비병으로 있다가 제대한 뒤 탈북한 사람이 한 명 더 있다고 들었어요. 그는 철저히 신분을 숨기고 살고 있죠. 과거가 알려지면 견디기 어렵기 때문이죠. 저도 그래서 오랫동안 입을 닫고 살았던 것이고요. 그러나 제 마음의 양심이 늘 묻습니다. 지금도 죽어가는 사람들을 위해 네가 뭐든 해야 하지 않겠냐고 말입니다. 수용소 사람들을 어떻게든 살려야 하지 않겠냐고 말입니다. 역설적으로 저는 가해자로 참회하는 마음으로 이 일을 합니다. 제가 지켜봤던 그 억울한 사람들을 세계에 알려서 살리고 싶어서요. 제가 입을 닫으면 누가 그들을 세상에 알립니까. 피해자만 호소하는 것이 아니라 누군가 가해자의 이야기도 해야 하지 않겠습니까."

그는 지금 이 순간도 수용소에서 학대를 저지르고 있는 보위원과 경비대

북에서 온 이웃

군인들에게 '세상이 바뀌면 꼭 처벌된다'는 메시지를 보내고 싶다고 했다. 그리고 김정은 등 가해자들이 법의 처벌을 받는 순간까지 멈추지 않을 것이라고도 했다.

"신은 믿지 않는데, 혼자 자주 생각해요. 우연히 정치범수용소 경비병으로 발탁된 것은 무슨 이유 때문일까. 영화 같은 탈출을 통해 나를 한국까지 오게 만든 힘은 무엇일까. 수용소 경비병으로 갔는데, 어머니와 두 동생이 정치범수용소에서 끌려가 숨을 거둔 것은 무슨 이유 때문일까. 한국에 와서 다 잊고 살고 싶은데 왜 수용소를 고발하는 일로 끝내 들어서게 된 것일까. '왜 나일까. 왜 내가 이런 무거운 짐을 걸머져야 할까'고 말입니다."

인터뷰 내내 그가 벗어던질 수 없는 무거운 돌덩이를 홀로 품고 사는 사람이라는 느낌이 들었다. 무엇보다 그를 짓누르는 건 자신이 인생의 한 순간에 '가해자'의 편에 서 있었다는 죄책감이었다. 인터뷰를 마치며 그를 위로했다.

"너무 괴로워 마세요. 7년을 가해자로 살았다 하지만 누굴 죽이진 않았잖아요. 그러나 아버지가 자살하고 어머니와 남동생, 12살이던 어린 여동생이 수용소에 끌려가 목숨을 잃은 아픔을 누가 헤아릴 수 있겠습니까. 대표님은 북한 정권이 만든 가장 참혹한 피해자이기도 합니다."

그 순간 늘 무덤덤한 표정이던 그의 눈에서 눈물이 핑 도는 것을 보았다.

김영희

산업은행 선임연구위원

"

아이들을 보면 이런 생각이 들어요. 탈북민도 좀
만 적응할 시간을 두고 지켜봐주면 스스로 알아
서 잘 정착할 수 있다고요. 결국 몇 년은 헤맬 수
있지만 그게 다 정착하는 과정이라고 생각해요.
탈북민도 스스로 자기에게 인내하는 법을 배워
야 훌륭하게 정착할 수 있다고 생각합니다.

"

욕만 먹던 '연변아줌마'
산업은행 박사 되다

2016년 한 매체와 인터뷰를 하고 있는 김영희 씨. 김영희 씨 제공.

'따르릉… 따르릉….'

전화벨 소리가 사납게 울렸다. 전화기를 내려다보는 서울 양천구 한 카센터 경리 김영희 씨의 심장이 벨소리만큼 사정없이 벌렁거리기 시작했다.

그는 황급히 문을 열고 소리친다.

"기사님~~. 전화 왔어요."

손에 기름을 잔뜩 묻히고 차를 수리하던 정비사는 인상을 찌푸리고 소리친다.

"아, 그냥 받으라니까."

김 씨는 벌벌 떨리는 손으로 전화기를 들었다.

"소중히 모시겠습니다. ○○카센터 XX대리점입니다."

전화기에서 중년 남성의 소리가 날아온다.

"아, 왜 이렇게 전화 안 받아요. 앞 범퍼 수리해야 하는데 얼마예요?"

"예, 앞 범버요. 앞 범버가 뭐예요?"

"아니, 앞 범퍼도 몰라. 근데 아줌마 연변에서 왔어요. 아, 짜증나. 사장 당장 바꿔."

사장이 전화를 받으면 고객은 고래고래 소리친다.

"어디서 앞 범퍼도 모르는 연변 아줌마 내보내고 한국 아가씨 쓰세요."

하루에도 이런 전화가 수없이 날아왔다.

어떤 때는 처음 보는 남성이 들어와 김 씨를 아래위로 훑어보고는 "아줌마가 전화 받은 연변 아줌마냐"라고 하기도 한다. 보통 반말이다.

"저 연변 아닌데요."

"그럼 어디서 왔어?"

"북한에서 왔습니다."

거짓말을 할 수 없어 솔직하게 대답하면 고객은 북한 사람을 처음 본다

북에서 온 이웃

며 "북한에서 사람 잡아먹는다는 게 사실인가. 굶어죽는 사람이 많냐"는 질문을 던진다. 서로 얼굴을 마주하고 대화를 나누다 보면 보통 고객은 단골이 되곤 했다. 이 카센터는 김 씨가 한국에 정착한지 2개월 만에 교회 집사를 통해 어렵게 구한 일자리였다. 정작 일을 시작하니 회계보다는 전화를 받아주는 것이 주업이었다.

들어가자마자 사장 부인이 한국에서는 전화 받을 때 이렇게 해야 한다며 메모지에 "소중히 모시겠습니다. ○○카센터 XX대리점입니다"라는 글을 적어 외우게 했다.

고객이라는 개념이 없는 북한에서 살았던 김 씨는 한 번도 해본 적이 없는 이 말이 참으로 간지럽게 느껴졌다. 또 필요한 사람이 찾아오면 그만인데 왜 굽신거리며 인사해야 하는지 도저히 이해되지 않았다. 그럼에도 할 수 없이 이 메모지를 전화 앞에 붙여놓고 계속 연습했다. 일주일쯤 돼서야 겨우 그 말이 입에 붙었다.

인사는 배웠지만, 그 이후 대화는 더욱 힘들었다. 전화만 오면 가슴이 벌렁거린다. 차종과 부품명을 전혀 모르니 고객의 욕설을 수시로 들어야 했기 때문이다. 소나타, 그랜저, 스타렉스, 핸들, 후사경, 엔진오일, 미션오일, 승용, 승합 등 단어를 열심히 외우며 조금씩 적응해 갈 무렵 위기가 찾아왔다. 성격 급한 고객이 연변 사투리 때문에 무슨 말을 하는지 잘 모르겠다며 카센터까지 찾아와 민원을 넣었다.

2주 만에 김 씨는 사장에게 말했다.

"아무리 생각해도 제가 있을 곳은 아닌 것 같습니다. 사장님. 미안합니다."

착한 사장은 손사래를 쳤다.

"다 그렇게 시작하는 거죠. 난 괜찮아요. 기죽지 말고 계속 해요. 하다 보면 잘 할 겁니다."

그 말에 힘을 입어 버티고 버텨보려 했다. 손님들이 찾아와 아는 체를 하면 힘도 생겨났다. 그러나 "당장 경리를 바꾸지 않으면 내가 카센터를 본사에 신고해 고객점수 하나도 못 받게 하겠다"는 욕설에는 견딜 수 없었다.

결국 그는 입사 2개월 만에 "사장님, 저 때문에 카센터가 너무 피해를 받는 것 같아 더는 있을 수 없습니다. 정말 미안합니다"고 편지를 써놓고 몰래 사무실을 나왔다.

집으로 돌아가면서 김 씨는 펑펑 울었다. 집에서 기다리는 9세, 7세 된 아들들은 이제 어떻게 먹여 살려야 할까. 아이들은 고사하고 자기 자신이 어떻게 살아야 할지 눈앞이 캄캄했다. 그 때가 2003년 9월이었다.

사회주의 직장생활

한국의 카센터에서 매일같이 '무식한 연변 아줌마' 취급을 당하긴 했지만 김 씨는 북한에서 종업원 4,500여 명의 특급 기업소에서 수하에 30여 명의 통계원(회계원)을 두고 재정경리 업무를 담당하던 재원이었다.

1965년 함북 길주군 의사의 집안에서 태어난 그는 학교 다닐 때 항상 학년에서 1등을 놓치지 않는 소녀였다. 분단위원장, 사로청부위원장 등 학교 간부도 그의 몫이었다.

김 씨는 3남 3녀 중 둘째였는데, 그의 형제는 한 명 빼고 모두 대학을 졸업했다. 학교 졸업생의 15~20% 정도만 대학에 가는 북한에서 보기 드문 인텔리 집안인 셈이다. 대학에 못 간 막내는 김 씨가 탈북하는 바람에 추천을 받지 못했다.

1981년 중학교를 졸업하면서 김 씨는 교원이 되기로 결심했다. 하지만

북에서 온 이웃

학교에 교원대학 추천서가 내려오지 않았다. 대신 북한에 하나 밖에 없는 경제대학이자 중앙급 대학인 원산경제대학 추천서가 학교에 왔다.

누가 봐도 훨씬 더 좋은 대학이지만, 김 씨는 교원이 될 수 없다면 대학에 가지 않겠다고 드러누웠다.

그러자 아버지가 그를 달랬다. 대학에 안 가도 좋으니 그냥 이참에 가기 힘든 원산에 가서 구경이라도 하고 오라는 것이었다. 평양 제1병원 준의(준의사)였던 아버지는 같은 병원에서 준의였던 어머니와 연애해 결혼했다. 나중에 해주의학대학을 졸업해 정식 의사가 된 뒤 한 번도 고향이라고 생각해 본 적 없는 함경북도 길주에 의사로 배치받았다. 평양에서 살다가 지방으로 내려왔지만, 부모님의 교육열은 대단했다. 그 덕분에 형제들은 학교에서 간부를 도맡아 하면서 성장했다.

아버지의 설득에 넘어가 김 씨는 원산에 가서 시험을 쳤다. 한 달 뒤 합격통지서가 날아왔다. 그래도 교원이 못될 바에는 가지 않으려 했는데 이번엔 아버지가 엄한 얼굴로 말했다.

"너 대학에 가지 않으면 평생 후회한다."

결국 그는 원산에 가 5년 6개월 과정을 마치고 졸업했다. 졸업한 뒤 강원도 회양군에서 3년 동안 3대혁명 소조원으로 일하면서 자동판매기를 도입하는 등 업적도 세웠다.

3대혁명 소조원 생활을 마치고 중앙당에서 내려와 어디로 가겠냐고 물었을 때 그는 평양에 가겠다고 했다. 부모님의 소원이 죽을 때 고향문턱을 베고 죽는 것이었기에 그 꿈을 이뤄드리고 싶었다. 하지만 역시 출신 성분 때문에 불가능한 일이었다. 대안으로 선택한 것이 평양에서 가까운 남포였다. 남포에 간 그는 수출입 관련 특급 기업소의 재정부기과 지도원으로 배치돼 채권, 채무를 담당했다. 사회주의 경제 시스템에도 엄연하게 채권과 채무가

김영희 씨가 2017년 탈북청소년 대안학교인 '우리들학교'에서 자신의 탈북스토리를 이야기하고 있다. 김영희 씨 제공.

존재했다. 회계장부에는 채권 대신에 '받을 돈', 채무 대신에 '물어줄 돈'이라고 적혀 있긴 했지만 그의 직책은 분명 채권채무 담당 지도원이었다.

강원도에서 살다가 남포에 간 김 씨는 기업소 구내에 산더미처럼 쌓인 엄청난 물자를 보는 순간 '우리나라가 이렇게 잘 사나' 싶어 깜짝 놀랐다고 했다. 각종 물자가 다 있었다. 1990년대 초반 제주도에서 북한에 보낸 귤도 실컷 먹었다고 했다.

그러나 1990년대 중반 '고난의 행군'이 시작되면서 거짓말처럼 창고들이

북에서 온 이웃

텅텅 비기 시작했다. 출근길엔 꽃제비들이 시체가 돼 방치됐다.

김 씨의 기업소는 북한에서도 유명한 기업이라 말 사료로 들어온 통밀을 주긴 했지만 배급은 꼬박꼬박 주었다. 그럼에도 그는 고난의 행군을 거치며 기업소 4,500여 명이 모두 도둑놈으로 변하는 과정을 지켜봤다.

"사람들이 아침에 출근할 때 도시락 두 개씩 가져와요. 그리고 퇴근할 때 도시락에 창고에 쌓여있는 식량을 몰래 채워 가는 거죠. 경비대가 총을 쥐고 단속하지만, 그들에게 적당히 나눠주면 눈을 감아주었어요."

'어쩌다 보니' 탈북

2002년 어느 날 함경북도 국경에 살던 시어머니가 남포에 왔다. 그는 중국 형제들을 방문하고 왔다며 달러와 각종 물건들을 가져왔다. 김 씨는 1992년 결혼했는데, 결혼하고 나서야 남편의 부모가 중국에서 살다 북에 온 사람임을 알았다.

시어머니는 김 씨에게 중국 구경을 해보는 게 어떠냐고 설득했다. 특색있는 사회주의를 한다는 중국의 모습이 보고 싶었고 많이 궁금했다. 그래서 시어머니 진갑 잔치를 명분으로 아이들까지 데리고 떠났다. 그것이 북한에 남겨진 어머니와의 영원한 이별이라는 것은 전혀 생각지도 못했다.

며칠 동안 기차를 타고 도착했더니 이미 시어머니가 브로커까지 물색해 놓고 기다리고 있었다.

"한국까지는 전혀 생각도 못했어요. 남포 집을 전혀 정리도 못했죠. 이렇게 올 줄 알았으면 사진이라도 챙겨왔을 걸…." 김 씨는 지금도 멋모르고 떠났던 일이 마음에 맺힌다.

남편을 따라 아이들을 데리고 중국으로 가면서도 김 씨는 '중국에 가서 구경 좀 하고 돈 좀 받아 다시 돌아올 것'이라고 믿었다.

어느 날 산을 세 개 넘어 두만강에 갔다. 위기가 없었던 것은 아니었다. 야밤에 강으로 접근하는데 남편과 브로커, 둘째 아들이 갑자기 땅이 꺼지며 사라졌다. 서로 소리쳐 부를 수도 없는 곳이라 그들은 옥수수밭에 숨어 밤새 날이 밝기를 기다렸다.

아침이 돼 보니 그들 바로 코앞이 국경경비대 잠복초소였고, 총을 멘 군인들이 아침 식사를 하러 돌아갔다. 낮에 슬금슬금 낭떠러지로 다가가 살펴보니 남편 일행 역시 다시 올라올 수도 없고, 소리쳐 부를 수도 없어 거기에 숨어있었다.

하늘이 도왔는지 그들은 기적처럼 다시 만났다. 지체하면 경비대가 다시 초소로 올 시간이다. 제대 2개월을 앞둔 군인이 브로커였는데, 군복을 벗어 놓고 팬티 바람으로 가족과 함께 두만강을 건넜다. "어디 가서든 조국은 잊지 마십시오" 브로커였던 군인이 헤어지면서 한 말이다.

"돌아올 건데 왜 저런 말을 하지 의아했죠. 지금 생각해보니 그 군인은 가족이 강을 넘는 것을 보고 다시 돌아오지 않는다는 것을 알았던 것 같아요. 저만 몰랐죠."

두만강을 넘은 이튿날 시어머니와 두 아들은 먼저 하얼빈(哈爾濱)의 친척집으로 떠났고 김 씨 부부는 북한 국경경비대가 마주 보이는 두만강가 조선족 집에서 일주일 동안 머무르다 나중에 하얼빈으로 떠났다.

친척집에 한 달 정도 머물고 있던 때에 이웃의 신고로 공안에 체포됐다. 벌금 1만 위안을 내겠다고 말하고 석방되긴 했지만 불안해서 그날 중으로 도시를 떠나야 했다.

그때 한국에 가 있던 시누이한테서 전화가 왔다.

북에서 온 이웃

사무실에서 업무에 열중하고 있는 김영희 씨. 2014년 정책금융공사 북한경제팀장 시절이다. 김영희 씨 제공.

"함경도에 살던 시누이가 중국에 가서 사는 줄 알았는데, 한국으로 간 줄은 저도 몰랐어요. 그가 한국에 오는 선을 알려주더군요."

그들은 몽골을 통해 한국으로 오는 노선을 선택했다. 시어머니도 당초 북에 돌아가려 했는데 예정에 없이 한국에 왔다. 차를 타고 몽골 국경까지 가는데 운전기사가 한족이었다. 그들 가족 중엔 중국어를 하는 사람은 시어머니밖에 없었다. 말 모르는 운전기사에게 아들 며느리와 손자들을 맡길 수 없어 어쩔 수 없이 시어머니도 차를 타고 아들을 따라 몽골에 왔다. 중국과 몽골 국경의 높은 철조망을 초인적 힘으로 넘어 자유를 찾았다.

2003년 12월 가족은 드디어 한국에 도착했고, 이듬해 4월 하나원을 졸업했다. 하나원에서 앞으로 살 지역을 배정받는데 모두들 서울에 가겠다고 해서 제비뽑기를 해야 했다. 김 씨는 운이 좋게 서울을 뽑았다.

귀가 뚫리다

"한국 사회에 나와서 우리의 목표는 세탁소를 차리는 것이었어요. 하나원에서 성공한 탈북민의 이야기를 들었는데 그가 세탁소를 한다는 말에 당시 하나원 동기였던 40여 명의 교육생이 모두 사회에 나가면 세탁업을 하겠다고 할 정도였으니까요"

세탁소를 하려니 돈을 벌어야 했다. 한국 사회에 나오자마자 일자리를 찾았지만 좀처럼 구하기 어려웠다. 어렵게 얻은 카센터 경리 일은 두 달 만에 그만두었다.

그때 탈북민 지원단체인 '새조위'의 신미녀 대표가 집에 찾아왔다. 북에서 갓 나온 탈북민을 면담하기 위해 수소문하다가 부부 모두 북한 중앙대학 졸업생인 이들을 소개받은 것이다.

"한국에 와서 탈북민 면담을 여러 차례 했는데, 모두 오라고만 했지 직접 집에 찾아온 사람은 처음이었던 것 같아요. 그게 인연이 돼서 새조위에서 일하게 됐어요."

새조위에서 일하면서 김 씨는 국회의원, 교수, 의사 등 많은 사람들을 만나게 됐다. 그들을 보면서 그는 "여기 와서 배우지 않으면 내게 기회는 없겠다"는 생각을 했다.

2004년 남편과 함께 경남대 북한대학원대 석사 과정에 입학했다. 부부는 2006년 석사 학위를 마치고 바로 동국대 북한대학원 박사 과정에 나란히 입학했다.

"외국에 나가면 외국어에 익숙해 귀가 뚫릴 때까지 기간이 있다고 하잖아요. 우리가 그랬어요. 패러다임이 어떻고, 매커니즘이 어떻고 하는데 도무지 뭔 말인지 알아들을 수 없었어요. 그래서 녹음을 했다가 집에 와서 남편

북에서 온 이웃

과 함께 같이 들으며 사전을 찾아보며 배웠어요. 3년이 되니까 귀가 뚫리더군요. 교수님이 '이럴 수도 있고, 저럴 수도 있다'고 할 때마다 '이거면 이거고, 저거면 저거지 도대체 뭘 가르치지' 혼돈스러웠습니다. 그게 당에서 가르치는 정답만 배웠던 북한식 사고방식 때문이었던 것이죠."

자존심을 내려놓는 것도 쉽지 않았다. 석사 논문 심사 때 담당 교수가 논문 절반을 버리고 다시 쓰라고 했다.

"온밤 눈물 한 동이는 흘렸던 것 같아요. 석사 안 하다고 했어요. 교수님이 여기에서 살려면 여기 방식을 받아들이라고 설득했죠. 그때가 참 힘들었던 것 같아요."

박사 과정에 들어가고 나니 그제야 방식이 뭔지 느낌이 왔다. 귀가 열리고, 차이를 인정하니 박사 과정은 석사 때보다 힘들지 않았다.

1호 탈북 박사 부부

석사를 마쳤을 때 그에게 기회가 왔다. 산업은행에서 '북한에서 경제학을 전공하고, 한국에서 석사 학위를 마친 북한 경제 조사 직원'을 특별채용으로 뽑는다고 한다.

"제가 행운을 잡았던 것은 분명했죠. 그러나 기회는 준비된 자에게 온다는 말이 뭔지 그때 느꼈죠. 제가 한국에 와서 열심히 석사 학위를 따지 않았으면 그런 기회를 잡았을까요."

2006년 그는 산업은행에 입사했다. 일을 하면서 박사 공부까지 하려니 너무 힘에 부쳤다.

남편은 2011년 박사를 받았다. 김 씨는 2013년 박사 학위를 받았다. 탈북

김영희 씨와 남편 김병욱 씨가 나란히 박사 학위복을 입고 사진을 찍었다. 2013년 김영희 씨가 박사 학위를 수여받을 때 찍은 사진이다. 김영희 씨 제공.

민 최초의 부부 박사가 탄생한 것이다. 남편인 김병욱 박사는 현재 (사)북한개발연구소 소장을 맡고 있다.

"정말 많은 분들의 도움을 받았어요. 박사 논문 쓸 때 교수님이 힘들겠다고 직장 앞에까지 두 번이나 찾아와 논문을 지도하고 갔어요. 정말 과분한 사랑을 받았습니다."

산업은행 북한연구팀 연구원으로 들어갔지만 보고서 쓰는 것부터 다시 배워야 했다. 나이가 한참 어린 선임이 새까맣게 고친 보고서를 보고 기가 막혔지만, 집에 가서 다시 필사를 해가며 하나하나 적응해나갔다.

북한연구팀이 정책금융공사로 분리됐을 때 그쪽으로 옮겨갔다가 2015년

북에서 온 이웃

산업은행과 통합하며 다시 돌아왔다.

2013년 2월 박사 학위를 받고 이틀 뒤 그는 북한경제팀장으로 임명됐다. 김 씨는 그때를 지금도 잊지 못한다.

"저는 계약직 탈북민이잖아요. 저는 팀장이 될 수 있다고 생각조차 해본 적이 없어요. 그런데 저를 팀장으로 임명해주니 너무 감동했죠. 이런 대한민국에 살고 있다는 것이 그때 비로소 실감이 나며 뿌듯했습니다."

팀장을 거쳐 산업은행 선임연구위원을 맡고 있는 지금도 그는 은행에 늘 빚을 진 심정으로 살고 있다.

"항상 고민하죠. 탈북민에게 이런 과한 직책을 주었는데 내가 과연 제대로 잘 하고 있는 것일까. 명절도 늘 편안하지 못합니다. 내가 일을 제대로 하고 있는 것인지, 너무 부족한 것은 아닌지 항상 고민하죠."

열심히 노력한 결과 그는 2007년 산업은행에 입사한 이래 북한 경제전문가로 인정받아 수많은 국가기관 임명직을 지냈다. 그가 정책자문을 지낸 부처만 국회, 통일부, 외교부, 국방부, 해수부, 기재부 등 수없이 많다.

김영희 씨가 2016년 한 북한정책포럼 세미나에 발표자로 참가했다. 김영희 씨 제공.

고진감래

탈북 1호 박사 부부의 아침은 논쟁으로 시작하는 날이 많다. 북한에서 이슈가 터졌다면 둘은 식탁에 앉아 자기 생각을 펼치다가 말다툼까지 간 적도 많다.

"서로 언쟁을 하지만 도움이 돼요. 서로 다른 생각을 들으면서 아이디어가 막 떠오르죠. 북한을 이해하고 분석하는 데도 큰 도움이 되고요. 남편과 같은 일을 하다 보니 공저로 두 편의 책을 펴내기도 했죠."

두 아들은 그런 부모를 보며 자랐다. 탈북할 때 가시에 찔리며 맨발로 두만강까지 오면서도 한 마디 비명소리도 내지 않았던 어린 아들들은 이제 20대 청년으로 성장해 대학에 다니고 있다.

"정말 아이들을 생각하면 미안한 마음이죠. 부부가 박사까지 하면서 관심을 돌릴 겨를이 있었겠습니까. 처음에 아이들이 여기 초등학교에 들어가니 '무장공비'라고 놀림을 받았어요. 그랬던 아이들이 모두 씩씩하게 스스로 잘 자랐어요."

막내아들은 유치원 때 북한을 나와 한국어를 떼지 못하고 초등학교에 갔다. 처음엔 시험만 쳤다고 하면 0점을 도맡아 받아왔다. 그랬지만 한국어를 공부한 뒤로는 1년에 책을 500권 이상 읽기 시작했고, 5학년 때 서울교육대학 영재교육 추천을 받았다. 큰 아들도 카이스트 영재교육을 받고 상하이 청소년엑스포에서 발표를 하기도 했다.

"아이들을 보면 이런 생각이 들어요. 탈북민도 좀만 적응할 시간을 두고 지켜봐주면 스스로 알아서 잘 정착할 수 있다고요. 결국 몇 년은 헤맬 수 있지만 그게 다 정착하는 과정이라고 생각해요. 탈북민도 스스로 자기에게 인내하는 법을 배워야 훌륭하게 정착할 수 있다고 생각합니다."

북에서 온 이웃

그래서인가. 김 씨의 삶의 좌우명은 '고진감래'라고 한다. 북에서부터 갖고 있던 좌우명이라고 한다.

"학교 때 아무리 힘들어도 교과서 몇 개를 외우고 나면 분명 높은 점수가 따라왔어요. 고생한 것만큼 좋은 결과가 오는 것을 그때 알았죠. 지금 돌아봐도 저의 인생 자체가 고진감래입니다."

모든 탈북민이 그러하듯 김 씨의 꿈도 빨리 통일이 돼 고향으로 돌아가는 것이다.

"고향에 가면 1호점을 낼 겁니다. 뭘 차려도 1호점이 될 거 아니겠어요. 그때는 한국에서의 경험도 살려서 정말 잘 할 수 있겠죠. 돈을 벌기 위해서보다 고향사람들과 뭔가 함께 하고 싶어서요."

꿈을 이야기할 때 그의 목소리는 떨렸고, 톤도 높아지기 시작했다. 그의 꿈이 실현될 수 있을지는 누구도 알 수 없다. 그러나 꿈이 있는 한 그의 삶도 항상 반짝일 거라는 생각이 들었다.

현인애

이화여대 초빙교수

> 나이 들어 오면 잘 변하지 않아요. 저는 한국 사
> 회를 보면서 민주주의가 절대적인 정답은 아니
> 라는 생각이 많이 들어요. 필요에 따라선 강력한
> 권위도 필요하다고 봅니다. 가령 배가 침몰할 때
> 선장의 명령을 따라야지 저마다 의견을 내놓고
> 수렴할 새가 어디 있겠습니까.

북한 철학교수,
주체철학과 결별한 뒤 찾은 인생

평양에 출장을 다녀온다고 집을 나선 남편은 몇 달째 감감 무소식이었다. 사람을 통해 알아보았더니 '프룬제 아카데미 사건'에 연루돼 조사받는다고 했다.

"우리 남편은 정말 고지식하고 착한 사람인데, 죄가 없으니 조사받고 돌아올 거야."

그러나 몇 달 뒤 남편이 반당반혁명범죄자로 판결됐다는 청천 벽력같은 소식이 날아들었다. 아이들도 정치범수용소로 가야 한다고 했다.

그 소식을 전해 듣는 순간 아내는 15세, 12세짜리 어린 아들들을 그러안았다. 더는 지체할 틈이 없었다. 연좌제가 적용되는 북한에서 정치범의 아들을 살려둘 리가 없었다.

큰 아들이 말했다.

"나는 죽어도 정치범수용소에 가지 않겠어요. 나 도망칠래요."

순간 아들이 너무 고마웠다. 그런데 어린 둘째는 아버지를 두고 갈 수 없다고 했다.

"아버지는 네가 정치범수용소에 가는 것을 좋아하지 않을 거야. 살아도, 죽어도 형과 함께 해. 꽃제비로 방랑하며 살더라도 절대 붙잡히면 안 돼."

아이들을 집에서 내보내고 얼마 뒤 보위부가 집에 들이닥쳤다. 어린 손주들에게 "아무래도 너희는 아버지를 따라 수용소에 갈 것 같으니 농사짓는 법을 빨리 배워야 한다"고 말하던 시아버지가 정치범수용소로 끌려갔다.

1998년 청진의학대학 철학교원 현인애 씨에게 일어난 일이었다.

북에서 온 이웃

김일성대 철학부 입학

남편이 끌려가기 전까지 현 씨의 삶은 비교적 순탄했다. 그는 1957년 평양에서 태어났다. 6·25전쟁 참전자인 부친은 조선인민군 신문사 기자로 일했는데, 나중엔 장성급인 주필까지 했다.

'토대'가 좋은 집안의 딸로 태어나 공부까지 잘한 그는 1973년 김일성종합대학에 입학했다. 수학, 물리 등 자연과학(이공계) 계통에 취미가 있어 물리학부에 가고 싶었지만 이공계는 학제가 1년 더 길었다. 이 때문에 여학생들은 대부분 빨리 졸업하려고 모두 사회과학 쪽으로 진학했다. 현 씨도 같은 이유로 철학부에 들어갔다. 철학부 선택은 순전히 우연이었다. 경제, 어문, 역사 등을 고를 수도 있었지만, 수학과 물리를 가르치는 철학부가 제일 끌렸다.

대학시절은 김정일의 후계자 등극 시기와 일치했다. 김정일이 후계자로 등극하면서 온 나라를 들볶기 시작했다. 이때 처음으로 주생활총화 제도가 나왔고, 문답식학습경연, 항일유격대식 학습방법도 나왔다. 김정일은 1974년 2월 19일 "온 사회를 김일성주의화하기 위한 당사상 사업의 당면한 몇 가지 과업에 대하여"라는 제목의 소위 '2·19문헌'을 통해 '온 사회의 김일성주의화' 최고 강령을 선포했다.

당시 김일성종합대학 철학부는 북한 사회의 김일성주의화의 핵이라고 할 수 있는 주체사상 전파에 앞장서야 하는 자리에 있었다. 대학에서 그는 모범생이었다. 김정일의 노작을 달달 외웠고, 학부를 대표하여 문답식 학습경연에 참가해 우승하는 데 기여했다. 그는 북한이 마르크스주의, 레닌주의와 결별하던 시대에 지배 이데올로기의 변천사를 실제로 체험한 생생한 증인이었다.

"1970년대에만 해도 김일성주의는 변증법적 유물론인 마르크스-레닌주

의의 심화 발전이라고 하면서 절반은 마르크스-레닌주의를, 절반은 주체사상을 가르쳤습니다. 그러나 점점 김일성주의를 강조하더니 1983년에 가서는 마르크스-레닌주의와 완전히 결별했습니다."

이때는 출신성분에 따른 차별이 본격화된 시점이기도 했다.

"1970년대 중반 김일성대 옆 부지에 금수산기념궁전을 지으면서 호위국이 김일성대 학생들 출신성분을 다 조사해 안 좋으면 퇴학시켜 지방에 내려보냈어요. 우리 학급도 처음 입학할 때 30명이었는데, 1976년 판문점 도끼 사건을 계기로 남조선 연고자 등을 포함해 8명이 퇴학당했습니다." 판문점에서 일어난 도끼만행 사건도 평양에 핵심지지 계층만 살게 하는 핑곗거리로 이용한 것이다.

북에서 온 이웃

현 씨가 김일성대 철학부를 다녔지만, 당시 대학총장이던 황장엽 전 노동당 비서를 본 건 딱 한 번 먼발치에서 행사 때 보고서를 읽는 모습이 전부였다. 나중에 한국에 와서야 황 전 비서를 만났다. 황 전 비서는 그가 김일성대 철학부 출신이고, 북한에서 대학 철학교원으로 일했다는 것을 알고는 반색하며, 자신의 철학 강의를 청강하라고 권했다. 현 씨는 딱 2번만 강의를 듣고 더 이상 가지 않았다. 이미 북한에서 죄 없는 남편을 빼앗아간 북한 체제에 환멸을 느꼈고, 그 사상적 지주인 '주체사상'과 결별했기 때문이다.

대학 철학 교원

현 씨는 6년 학제를 마치고 1979년 12월에 졸업했다. 남들처럼 3대 혁명소조원으로 파견되는 대신 대학교원 양성반에 들어가 추가로 공부했다. 그러나 졸업할 때쯤 아버지가 군복을 벗고 함경북도 청진에 내려갔다. 당시 북한은 장성급이 제대하면 '파벌이 생겨 종파주의가 만들어질 여지가 있다'며 평양에 남게 두거나 고향에 보내지 않고 전혀 연고가 없는 지역에 보냈다. 평안북도가 고향이었던 부친도 그런 이유로 청진으로 가야 했다. 이 때문에 현 씨는 대학을 졸업하자 함경북도 나진시에 있는 나진해운대학 철학교원으로 발령받아 내려갔다. 다른 동창은 노동당 선전선동부, 노동신문사, 조선중앙통신사 등으로 많이 갔다.

"당시 나진해운대학은 전부가 남학생들뿐이었어요. 대학 전체로 여교원도 김일성대를 졸업하고 내려온 셋 밖에 없었어요. 그래서 처녀 교원의 인기가 엄청 컸죠."

현 씨는 이곳에서 10년을 일했다. 그때 결혼을 했고, 두 아들이 생겼다.

1989년 청진으로 이동하는 남편을 따라 청진의학대학 철학교원으로 직장을 옮겼다. "그때까지만 해도 북한 체제에 대해 크게 불만을 가지진 않았어요. 물론 전적으로 동의한 것은 아니었고요. 간부였던 남편이 '당에서 말하는 인간 개조는 불가능해. 당신부터도 10년 넘게 개조되지 않잖아' 이렇게 말하면 저도 '그래요. 당신도 개조 안 되는 거 보면 그런 것 같아요'라며 맞장구도 쳤죠. 한국에 와보니 부부가 화목하게 살려면 서로를 개조하려 들면 안 된다고 하는 것을 보고 그때가 생각났죠. 저는 여기 문화와 반대되는 사회에서 살았던 거죠."

그러나 대학에선 다른 이야기를 해야 했다.

"대학에 제대군인 청년들이 많아서 여교원인 저에게 짓궂게 말할 때가 많았어요. 가령 '선생님, 새 물건이 나오면 먼저 가지려는 것이 인간의 속성이고, 욕심이 생기는 법인데 어떻게 능력과 수요에 따라 분배한다는 공산주의가 가능합니까'라고 묻는 식이죠. 그때면 '공산주의 사회에 가면 사람들이 공산주의적 인간이 돼 서로 새 물건 먼저 가지려 싸우지 않는다'는 식으로 대답했죠. 지금 생각하면 어처구니없는 말이죠."

체제에 더욱 의문이 든 것은 사회주의를 표방하던 동유럽이 붕괴되고 북한도 '고난의 행군'을 시작했을 때였다. 이론이 잘못된 것인지 실천이 잘못된 것인지 정말 궁금했다. 그 와중에도 권력자들은 잘 살고, 가난한 사람들부터 죽는 것을 보면서 자신이 학생들에게 가르쳤던 평등사상에 의문부호가 붙기 시작했다.

"아직도 잊지 못하는 제자가 있어요. 저를 찾아와 '왜 우리 사회는 개혁개방을 하지 않느냐'는 등 위험한 질문들을 쏟아냈어요. '어디 가서 말하지 말고 혼자 생각하라'고 돌려보냈어요. 그런데 그가 나중에 청진경기장에 삐라를 붙여 체포됐고, 대학이 집중 검열을 받았어요. 구역병원 부원장 아들로

북에서 온 이웃

장래가 촉망되는 청년이었는데, 그 일로 본인은 물론 온 가족이 사라졌죠."

남편의 숙청과 아들과의 이별

남편의 체포는 그에게 북한 체제에 대한 환멸을 느끼게 한 결정타가 됐다. 김정일은 최고사령관이 되자마자 구소련에서 유학을 했던 군 간부들을 대거 숙청했다. 이것을 '프룬제 아카데미 사건'이라고 부른다. 수십 명의 군 장성을 포함, 수백 명의 북한군 엘리트들이 간첩 혐의를 받고 처형됐다. 1993년 초부터 불기 시작한 숙청 바람은 1998년까지 이어졌다.

"남편은 소련에 딱 6개월 가 있었어요. 군 장교도 아니어서 숙청 마지막에 잡혀간 것 같습니다. 본인도 소련에서 유학했던 사람들이 잡혀간다는 말을 듣고 불안해했지만, 설마 나까지 숙청할까 생각했어요."

어느 날 평양에서 회의가 열린다고 남편에게 참가하라는 지시가 내려왔다. 동료 수십 명과 함께 가는 회의여서 큰 의심 없이 길을 나섰다. 그러나 그것은 탈북을 막으면서 유인하는 수법이었다. 평양에 도착하자마자 소련 유학파 몇 명만 골라내 싣고 갔다.

돌아오지 않는 남편을 찾으며 평양에 줄을 댈 알아보았지만 행적은 묘연했다. 북한에선 남편을 정치범으로 잡아가면 아내는 이혼시킨다. 또 남편의 직계 남자 혈육은 모두 잡아간다. 졸지에 모든 것을 잃었다. 시간이 흐른 뒤 남편이 비밀 처형됐다는 소식이 전해졌다.

그때 그는 생각했다.

'이건 일제시대보다 더 하지 않는가. 김일성도 회고록에서 서대문형무소에 수감된 빨치산 동료들의 부인이 면회도 가고 재판에도 참가했다고 입이 마르게 칭찬하지 않았는가. 그런데 나는 잡혀간 남편의 얼굴조차 보지 못하고 잃었다. 일제는 김일성의 가족도 살게 놔두었는데, 우리는 연좌제로 죄 없는 가족도 잡아가니 이보다 더 악독한 나라가 어디 있는가.'

이후 그는 대학에 더 출근하지 않았다.

보위부는 아들들이 집에 오나 1년 넘게 지켰다. 이웃들에게 임무를 줘 드나드는 사람들을 감시했다. 그렇게 1년이 지난 어느 깊은 밤 아들들이 몰래 찾아왔다. 친척이나 아는 집에 일절 가지 못하고 방랑했던 터라 설명하기 어려울 정도로 남루한 차림이었다. 그 어려운 와중에 형은 동생을 끝까지 데리고 다녔다. 두 아들을 본 그날은 죽을 때까지 절대 잊지 못할 기억이었다. 그러나 반갑기보다 잡힐까 봐 걱정부터 들었다.

큰 아들이 말했다.

"엄마, 돌아다니며 보니까 중국이란 곳에 가면 우리가 살 수 있을 거 같아."

"그래, 중국에 가서 절대 돌아오지 말고 그곳에서 살아."

아는 선을 통해 아들들이 무사히 중국으로 넘어갔다는 말을 전해들은 뒤 현 씨는 처음으로 발편잠(근심 걱정 없이 마음 놓고 편안히 쉬는 잠을 뜻하는 북한말)을 잤다. 하지만 그도 잠시였다. 계속 북송돼 붙잡혀오는 사람들을 보면서 언제 아들이 잡혀올지 몰라 잠을 제대로 이루지 못했다.

그로부터 몇 년이 지난 2004년, 갑자기 낯선 사람이 집으로 찾아왔다. 아들들이 찾고 있으니 함께 국경에 가면 전화를 할 수 있다는 말에 급히 따라 나섰다.

아들의 전화였다. 그런데 서울 말투였다. '얘들이 남조선에 갔구나'고 바로 직감했다.

21세가 된 아들은 몇 달 뒤에 엄마를 데리러 올 거니 중국에 넘어오라고 했다. 그렇게 두만강을 넘었다. 서울에 가서 아들들에게 뒤늦게나마 밥이라

도 지어주고 싶었다. 남한에서 두 아들은 대학을 졸업했고 한때 방황도 했지만 바르게 성장해 있었다.

정착과정의 방황

2004년 7월 베트남에 머물던 탈북민 468명이 한국 정부가 보낸 여객기를 타고 한꺼번에 서울공항에 내렸다. 당시 떠들썩했던 사건이었다.

비행기에서 내린 사람 중에 47세 현인애 씨도 있었다. 아들들은 "엄마가 운이 좋아서 1년 걸릴 과정을 한 달 만에 바로 한국에 왔다"고 좋아했지만, 그는 마냥 기뻐할 수가 없었다.

탈북민 조사기관에 가서 그가 했던 첫 질문은 "우리가 사회에 나가면 배치해줍니까"였다. 국가가 직장을 정해주는 북한식 사고방식에 한국도 직장을 알선해 줄 것이란 기대를 품고 던진 말이었다. 하지만 "여기는 그런 것이

없고 알아서 살아야 한다"는 대답에 많이 실망했다. '이 나이에 이제 어디 가서 정착을 하지.'

2004년 12월 하나원을 나와서 당시 대학생이던 큰 아들을 따라 우유배달을 도와주는 일로 정착의 첫 걸음을 뗐다. 북에선 대학 선생이었지만, 한국에선 어린아이나 마찬가지였다.

"많은 탈북민들이 걸려들었던 다단계 판매에도 뛰어들었어요. 그게 어떤 것인지도 몰랐어요. 석 달을 해보니 이건 돈을 벌 수 있는 구조가 아니구나 하는 걸 깨닫게 되더라고요."

음식점에 취직하려고 여기저기 다녔지만 얼굴에 선생님이라고 쓰여 있는 그를 받아주는 곳은 없었다. 그렇게 1년 넘게 한국 사회 구석구석을 경험했다. 다양한 사람들도 만났는데, 그중에 이화여대 북한학과 교수도 있었다.

김일성대 철학부를 나와 북에서 철학교원을 20년이나 했던 그의 경력을 안쓰러워했던 교수는 이대에서 석사과정부터 다녀볼 것을 권고했다. 학비도 교수 장학금으로 해결할 수 있게 도와주었다. 그 덕에 현 씨는 이대에서 2008년 석사를 마치고 2014년 2월 박사 학위까지 땄다. 2013년엔 미국 북한인권위원회의 객원연구위원 자격으로 1년 동안 미국에서 머물기도 했다.

박사학위를 받은 뒤 여러 대학에서 강사를 하다 2015년엔 통일연구원 객원연구원으로 임명됐다. 그의 나이 58세 때였다. 북한과 한국에서의 경력이 도움이 됐다. 그는 통일연구원을 거쳐 현재 이화여대 초빙교수로 일하고 있다. 이제 탈북민 사회의 연구를 말할 때 현인애 박사의 이름이 빠지지 않는다.

북에서 온 이웃

왜 탈북민은 보수가 되는가

현 씨는 탈북민이 한국 사회에 정착하는 과정에서의 의식 변화에 대해 깊이 연구했다. 그의 박사학위 논문 제목은 '북한이탈주민의 정치적 재사회화 연구'이다. 쉽게 말하면 '북한에서 주입받았던 혁명사상이 남쪽에 와서 어떻게 바뀌는지'가 그의 주요 관심사이다.

그가 보는 탈북민 사회는 어떨까. 왜 탈북민들은 보수, 나아가 극우화되는 경향이 높은 것일까. 이에 대해 그는 꽤 긴 설명을 늘어놨다.

"제가 정말 숱한 탈북민들을 만나보며 내린 결론은 그들의 사고방식은 거의 바뀌지 않는다는 것이었습니다. 어떤 정보가 머리에 입력돼 분석돼 나오는 매커니즘이 남쪽에 왔다고 달라지지 않는다는 말입니다. 북에서 교육을 많이 받은 사람일수록 더욱 바뀌지 않아요.

북에서 입력된 프로그램은 타협이 없는 '타도정신'입니다. 미제를 타도하고 혁명의 원수를 타도하고 이런 식으로 교육을 받았죠. 한국에 오니 미제의 자리가 김정은으로 바뀌었을 뿐입니다. 대화하고 타협할 줄을 잘 모르고, 타도할 대상, 투쟁할 대상이 없으면 불안해지는 것입니다.

한국에 와보니 이곳의 고령층이 탈북자들과 사고방식이 비슷해요. 그러니 한국의 고령층과 탈북민들이 쉽게 같은 이데올로기로 동화되는 것이죠. 60세가 넘어 한국에 오면 하나도 바뀌지 않아요. 북한에서 간부를 했던 사람이 한국에 오면 권위주의 의식이 바뀌지 않습니다."

몇 살 때 오면 한국 사회에 완전히 동화될 수 있겠느냐는 질문을 던졌다. 이에 대해 그는

"대략 10살 전후에 오면 완전히 한국인이 된다고 말할 수 있습니다. 15살 쯤에 오면 의식이 왔다갔다 합니다. 20살 지나서 오면 북한사람의 본성을 죽

을 때까지 벗지 못합니다"라고 말했다.

10살쯤에 한국에 와야 완전한 한국인의 사고방식을 갖게 된다는 말은 오랫동안 탈북 청년들을 만나왔던 기자에게 다소 뜻밖의 대답이었다. 그래서 다시 "제가 만났던 탈북 청년들은 아주 정착을 잘하고, 한국 청년들과도 잘 어울리는데, 10살은 너무 어리게 보는 것 아닙니까"라고 물었다.

그는 다시 긴 설명을 이어갔다.

"젊은 탈북 친구들은 사고가 매우 유연한 것처럼 보이고, 한국의 문화와 의식구조를 잘 이해하고 정답은 확실히 잘 압니다. 그래서 설문조사 같은 것을 해보면 한국 기준에 아주 잘 맞게 정답을 찍습니다. 그런데 이해하는 것과 감정 정서적으로 완전히 동화된다는 것은 전혀 다른 말입니다. 여전히 사고방식과 감정 정서는 보수적이고 권위적이고 비타협적인 북한식을 벗기 어렵습니다.

가령 대학생 동아리를 예로 들면, 한국 친구들은 리더가 독단적으로 결정하는 것에 본능적 거부감이 있습니다. '왜 내 의사를 묻지 않고 네가 혼자 결정하냐'며 아무리 현명한 결정도 독단이 들어가면 불쾌해하고 반발하죠. 한국 대학생들은 느리더라도 토론의 과정을 중시합니다.

그런데 탈북 대학생 동아리를 보면 그런 과정을 두고 '질질 끌어 짜증이 난다'고 생각납니다. 보통 똑똑한 리더를 내세우고 리더의 결정에 큰 거부감이 없이 따릅니다. 감정적으로 불쾌하다고 거부하지 않는 것이죠. 이런 판단은 보통 순간적으로 이뤄지는데 이런 것을 보면 머리로 이해하는 것과 체질화된 감정정서는 다르다는 것이 드러납니다."

그의 말을 듣다 보니 한국에서 고등학교를 마치고 미국에 건너가 살아도 미국에서 태어나 자란 이들과 똑같은 감정 정서적 코드로 맞춰 살기는 쉽지 않다는 말이 떠올랐다. 10대를 한국에서 보내면 죽을 때까지 어딘가에 한국

북에서 온 이웃

인의 정체성이 남아있는 것과 같은 이치였던 것이다.

현 교수는 기자의 지적에 "더구나 한국 사람들은 어렸을 때부터 미국 문화의 영향을 강하게 받으며 크는데도 그 정도면, 전혀 다른 문화 속에서 살아온 북한 청년이 잘 바뀌지 않는 것은 더구나 이상하지 않죠"라고 말했다.

누가 정착을 잘 하는가

그에게 "어떤 사람이 한국 사회에 잘 정착하는가"라는 질문을 던졌다. 다시 그의 긴 답변이 쏟아졌다.

"북에서 반항적인 성격보다 체제 순응적 인물들이 정착을 잘하더군요. 한국도 권위주의, 집단주의적 의식이 강한 사회입니다. 어떤 곳이든 쉽게 순응하던 사람들이 정착도 순조롭게 잘하는 것 같습니다. 그리고 성격이 유연한 사람이 정착을 잘합니다. 이젠 탈북민을 딱 만나보면 정착을 잘할 사람인지 아닌지 대충 감이 옵니다.

탈북민 정착에 대해 한국 사회에선 흔히 직업, 정착금과 같은 물질적 도움에 집중하는데, 중요한 것은 인간관계입니다. 여기 사람과 쉽게 어울리게 문화적으로 훈련되는 것이 매우 중요합니다. 그런 훈련이 안 되면 취직을 해도 적응하기 어렵습니다. 탈북자 본인들이 노력해 다가가야 하고, 한국 사람들도 좀 더 따뜻한 마음으로 탈북민을 품어줘야 합니다.

특히 제가 가슴 아픈 것은 어린아이들입니다. 어렸을 때 한국에 오면 이곳에 동화될 수 있지만, 학교에서 탈북자라고 하면 왕따가 심합니다. 탈북 학생들이 자기가 북에서 왔다고 커밍아웃하는 비율은 50% 정도밖에 안되죠."

현 박사는 또 도시에서 온 탈북민이 농촌에서 온 탈북민보다 정착이 더

북에서 온 이웃

쉽다고 말했다. 완전히 도시화된 한국에 정착하기 위해선 그래도 북에서 지하철이나 버스를 타봤던 사람, 아파트에서 살았던 사람이 낫다는 의미다.

'탈북민을 오랫동안 연구해왔으면 본인은 한국 사회에 상당히 동화되지 않았겠느냐'는 질문에 현 박사는 손사래를 쳤다.

"나이 들어 오면 잘 변하지 않아요. 저는 한국 사회를 보면서 민주주의가 절대적인 정답은 아니라는 생각이 많이 들어요. 필요에 따라선 강력한 권위도 필요하다고 봅니다. 가령 배가 침몰할 때 선장의 명령을 따라야지 저마다 의견을 내놓고 수렴할 새가 어디 있겠습니까."

황 전 비서가 탈북했을 때 한국 언론들은 '주체사상의 망명'이라고 규정했다. 이에 비유하면 북한 대학에서 20년 동안 주체철학을 가르치던 현 박사는 '주체철학의 작은 망명'이라고 부를 수 있다.

그는 이에 대해 "인간이 세계의 중심이라는 북한의 소위 '인간 중심의 주체철학'과는 결별했습니다. 인간은 귀중하지만 자연과 더불어 살아야 한다는 것이 저의 생각입니다"며 긴 인터뷰를 맺었다.

그의 철학적 사고는 이제 남북 구성원의 의식구조에 포커스를 맞추고 있다. 멀고 먼 험한 바다를 헤치고 왔지만, 그의 돛배는 여전히 사색의 바다를 항해하고 있었다.

김예나

❝

나중에 브로커에게 이용당하고 있다는 것을 알
게 됐어요. 그런데 내 눈 앞에는 당장 위험한 고
향 사람들이 있었고 도와주지 않을 수가 없었어
요. 제가 한 일은 후회하지 않아요. 그런데 그 일
로 간첩으로 잡혀가진 않을런지….

❞

람보르기니 몰고
압록강에 나타난 여인의 정체

간첩 혐의

지난달 14일 인천의 모처에서 지방에서 올라온 경찰 몇 명이 김예나 씨(가명·30)와 마주 앉았다. 김 씨는 북한 보위성과 내통한 간첩 혐의로 수사를 받는 중이다.

이미 경찰은 김 씨를 불러내 휴대전화를 넘겨받은 뒤 디지털 포렌식 작업에 착수했다.

김 씨가 연락을 나눈 북한 보위성 사람은 그가 예전에 북송된 탈북민을 구출하기 위해 매수했던 사람이었다. 그 사실조차 아는 사람은 몇 명밖에 없는데, 어떻게 된 일인지 벌써 경찰의 귀

일러스트레이션 박로사 디지털뉴스팀 인턴.

에 들어갔다.

이것저것 물어보던 경찰들은 "위챗 대화 내용이 다 복구되면 다시 오겠다"는 말을 남긴 채 떠났다. 8월 중순에 잡힌 다음 면담을 앞두고 김 씨는 간첩으로 몰려 감옥에 가야 하는 것이 아닌지 두려움에 잠겼다.

그는 지난해 10월 중국에서 가까스로 도망쳐 온 몸이었다. 그가 한국으로 탈출한 뒤 중국 정부는 그에게 입국 금지를 내렸다. 남편은 중국에, 자신은 한국에 남아 이산가족이 됐다. 이런 가운데 한국 경찰에게서 간첩 혐의로 조사까지 받게 된 것이다. 이젠 어디든 갈 곳이 없는 신세가 됐다.

운명의 시작

김 씨는 2008년 18세 때 한국에 왔다. 가족이 없다 보니 2년 정도 서울의 한 수녀원에서 살다가 대학에 갔다. 대학 3학년 때인 2013년 캐나다로 유학을 갔는데, 이때 캐나다로 유학 온 중국 한족 남성을 운명의 짝으로 만났다.

둘은 2016년 결혼했고, 김 씨는 남편을 따라 중국 랴오닝(遼寧) 성 선양(瀋陽)으로 옮겨갔다. 남편은 큰 식당을 운영했고 그 집안은 최소 수백 억대의 재산을 가진 부자였다. 김 씨의 집에는 람보르기니, 벤츠 아우디 랜드로바 스포츠카 등 고급 외제차만 최소 5대가 있었다. 김 씨는 부자집 사모님이 됐다.

하지만 그는 자신의 굴레를 벗어날 수 없었다.

2016년 4월 수녀원에 지낼 때 알고 지냈던 한 탈북자 출신 목회자가 전화를 걸어왔다.

"예나. 22세, 23세 되는 탈북 청년 두 명이 선양 근처에서 체포됐어. 얘들

북에서 온 이웃

북한 양강도 혜산에서 중국 랴오닝성 선양까지 람보르기니로 탈북자를 탈출시킨 주인공의 동선. 그래픽=이원주 기자 takeoff@donga.com

을 좀 꺼내줄 수 없을까."

북송되면 그들이 어떤 일을 당하는지 너무 잘 알고 있는 김 씨였다. 모르는 척 할 수 없었다.

"제가 도와줄게요. 남편이 공안에 아는 사람이 있어요. 불쌍하잖아요. 꼭 살려낼게요."

김 씨는 남편에게 말을 꺼냈다.

"조선 청년들은 중국에 도망쳐 왔다 북송되면 감옥에 끌려가 목숨을 잃을 수 있어. 나는 한 동포라 모르는 척 할 수 없어. 당신이 좀 도와줘."

눈물을 흘리는 아내의 간절한 호소에 남편이 움직였다.

"그래, 내가 해볼게."

남편이 두 청년의 소재를 수소문했지만, 불행하게도 이들은 북송된 뒤였다.

김 씨는 이들의 탈북을 주선한 브로커를 통해 북에 살고 있는 2명 중 한 청년의 어머니를 찾아냈다. 그리고 이들을 꺼내는 데 쓰라고 2만 위안을 북에 보냈다.

한 달쯤 지난 어느 날 밤. 김 씨에게 전화가 걸려왔다.

"누나, 살려주세요. 누나 덕분에 감옥에서 나와 다시 탈북한 철민(가명)이와 영남(가명)이에요."

김 씨는 한국의 브로커에게 연락했다. 브로커는 이들을 국경에서 선양까지 데려오려면 250만 원이 든다고 했다.

"그 돈 제가 드릴게요."

김 씨는 2명 몫으로 500만 원을 보냈다. 브로커가 움직여 철민과 영남은 선양에 왔다. 이곳에서 감옥 생활로 약해진 몸을 추스른 뒤 이들은 한국으로 떠났다. 3국까지 가는 비용으로 김 씨는 다시 340만 원을 브로커에게 주었다.

김 씨의 도움으로 한국에 온 철민이와 영남이는 현재 경기 김포와 의정부에서 살고 있다.

구출의 근거지

이 사건 이후 탈북민의 처지 앞에서 발을 동동 구르던 김 씨가 탈북 브로커들의 눈에 들어왔다. 이후부터 도와달라는 요구가 끝이 없었다.

그때마다 그는 만사를 제치고 도왔다. 탈북하면 국경에서 내륙 도시로 들어오는 길이 제일 위험하다. 곳곳에 공안 초소가 위치해 차들을 단속했다.

김 씨는 상황이 여의치 않으면 람보르기니를 끌고 양강도 혜산 맞은편인 지린(吉林)성 창바이(長白)에 나가 탈북민들을 태우고 선양으로 왔다. 공안은 람보르기니는 감히 단속할 엄두를 내지 못했다. 이렇게 창바이에서 선양까지 직접 탈북민을 데려온 것만 해도 3년 반 동안 20여 차례. 그의 식당에

북에서 온 이웃

숨었다 한국으로 떠난
탈북민은 300여 명에
이른다. 그의 집과 식당
숙소는 언제부터인가
중국 내 탈북 루트의 중
간 경유지가 됐다.

중국 공안에 체포되는 탈북자들. 동아일보DB. 일러스트레이션 권기령 기
자 beanoil@donga.com

중국 감옥에 갇힌 탈북민도 남편을 움직여 7명이나 꺼내주었고, 억류돼
강제로 알몸 화상채팅을 당하는 탈북 여인을 구출한 적도 있었다.

김 씨는 단 한 푼의 돈도 받지 않았다. 오히려 모아두었던 거액의 돈을 탈
북민을 구출하는데 써버렸다. 돈이 모자라면 남편에게서 사정해 더 받아냈
다. 남편이 부자이고, 김 씨 역시 큰 식당을 운영하기에 가능한 일이었다. 그
러나 탈북민 구출은 큰 위험을 동반한 일이기도 하다.

공안에 끌려가다

지난해 5월 중국 공안 7명이 갑자기 들이닥쳐 식당에서 일하던 김 씨에게
다짜고짜 족쇄를 채워 끌고 갔다.

"명호(가명)를 아나. 왜 도와줬나"라는 심문이 시작됐다.

얼마 전 한국으로 보냈던 명호가 일행 6명과 함께 3국으로 가다 공안에
체포된 것이다. 뒤늦게 뛰어온 남편 덕분에 다행히 김 씨는 무사히 풀려났다.

"다시 한번 걸리면 더 봐주기 어려우니 이젠 손을 떼시오."

자리를 나오기 전 아는 공안이 경고했다.

명호 일행은 중국 내 탈북 브로커들 중에서 악명이 자자한 강은아란 여자

에게 걸려든 먹잇감이었다.

강은아는 중국 옌벤(延邊) 일대를 거점으로 활동하는 보위부 스파이다. 한국에 온 적이 없는 북에서 온 여성인데, 브로커로 위장해 은신하며 거미처럼 먹이를 기다린다. 걸려든 탈북민이 한국에 돈을 대줄 가족이 있으면 일단 한국에 보낸다고 돈을 받는다.

돈을 받으면 내륙으로 이동하는 차에 태우지만, 이후 매수한 공안을 움직여 도중에 체포한 뒤 북송하게 만든다. 이 작업이 끝나면 다시 한국 가족에게 연락해 이들을 꺼낼 수 있다며 또 돈을 요구한다. 강은아는 이렇게 두 번 돈을 받아내고, 보위부 일도 돕는다고 했다. 지금까지도 그는 옌벤에서 이런 짓을 계속하는 중이다.

명호는 강은아가 지난해 선양까지 직접 데려와 김 씨에게 넘겨준 탈북민이다. 강은아의 정체를 몰랐던 김 씨는 명호를 도와달라는 브로커의 부탁에 선뜻 12만 위안(약 2,000만 원)을 강은아에게 선불로 주었다. 선양에서 명호를 넘겨받을 때 덧니가 유독 눈에 띄는 강은아의 얼굴을 김 씨는 지금도 기억한다. 그가 숨겨주었던 명호는 다른 도시로 이동하다 체포됐고 일행과 함께 북송됐다. 모든 게 강은아의 작전이었다.

뒤늦게 소식을 들은 김 씨는 많은 돈을 뇌물로 보내

잡혀가는 탈북자. 동아일보DB. 일러스트레이션 권기령 기자 beanoil@donga.com

북에서 온 이웃

일행들을 꺼냈고, 그들을 중국까지 다시 빼왔다. 다행히 명호는 한국에 무사히 왔다.

한국으로 탈출

명호 사건으로 공안의 경고를 받은 뒤에도 김 씨는 탈북민 구출을 계속했다. 그러나 지난해 10월 끝내 큰 사건이 터졌다.

김 씨가 숙소에서 보호해 주고 보냈던 9명이 3국으로 가다가 체포된 것이다. 탈북 브로커들의 이권다툼이 원인이었다. 두 브로커가 각각 6명과 3명 그룹을 움직였는데, 이동 도중 브로커끼리 서로 상대가 자기 사람을 빼간다고 다툼이 벌어졌다. 브로커에게 탈북민은 돈이다. 분노한 이들은 서로를 공안에 신고했고, 이동하던 9명이 체포되는 사건이 벌어졌다.

공안에 끌려간 9명은 김 씨의 집에 숨어있었다고 자백했다. 그날 외출했다 집으로 돌아오던 김 씨는 집에 있던 외제차 중 탈북민 9명 이송에 사용했던 아우디 스포츠카와 랜드로바, 혼다 밴을 공안이 정확히 압수해 가는 장면을 보게 됐다. 아는 공안이 전화가 왔다.

"이번에 잡히면 인신매매로 체포돼 5~7년 형을 받게 된다. 빨리 한국으로 도망가라."

김 씨는 옷과 돈도 챙기지 못한 채 남편과 작별을 나누지 못하고 황급히 공항으로 나와 한국행 비행기에 올랐다. 나중에 알아보니 그는 중국 입국이 금지됐다.

이렇게 돌아온 한국에서 누군가 또 김 씨를 북한 보위성 요원과 내통한다고 신고했다. 북송된 탈북민을 꺼내기 위해 뇌물을 주며 연락했던 적이 있던 사람이었다. 김 씨는 경찰의 조사를 받는 몸이 됐다.

흙탕에 핀 연꽃

김 씨가 탈북민을 도왔던 2016년부터 지난해까지 탈북민 한 명을 한국으로 데려오기 위해 브로커에게 지불하는 비용은 평균 1,500만~2,000만 원 정도였다.

브로커들은 이 돈을 먼저 온 탈북민 가족에게 받거나 교회 또는 미국의 인권단체 등에서 받는다. 이쪽저쪽에 구출대상자라고 사진을 보내 중복으로 받는 경우도 적지 않다.

김 씨의 도움을 받아 한국에 온 탈북민만 300명이 넘는다. 이들을 한국에 무사히 보낸 대가로 여러 브로커들이 최소 45억~60억 원을 챙겼을 것으로 보인다.

이중 김 씨의 기여분이 어느 정도인지는 값을 매기기가 쉽지 않다. 그는 가장 위험한 구간인 창바이-선양 구간을 직접 외제차를 몰아 탈북민을 구해오고, 선양에 숨겨주었다. 김 씨 덕분에 브로커들은 막대한 돈을 써도 안전을 담보할 수 없었던 위험 구간을 무사히 통과할 수 있었다. 이곳을 통과하기 위해 써야 했을 돈은 고스란히 브로커의 이윤으로 남았다.

김 씨는 탈북민을 돕는 대가로 단 한 푼도 받은 적이 없다. 오히려 그는 2억 원 넘는 돈을 썼고, 온갖 위험과 수고를 아끼지 않았다.

"나중에 브로커에게 이용당하고 있다는 것을 알게 됐어요. 그런데 내 눈앞에는 당장 위험한 고향 사람들이 있었고 도와주지 않을 수가 없었어요. 제가 한 일은 후회하지 않아요. 그런데 그 일로 간첩으로 잡혀가진 않을런지…."

7월 어느 날 기자와 마주앉은 김 씨는 눈을 크게 뜨고 물었다. 올해 30세. 한창 인생을 즐겨야 할 20대 젊은 나이에 중국에서 온갖 위험을 뚫고 담차게 탈북민을 돕던 그는 한국에선 누군가의 도움을 받아야 할 처지에 놓였다.

"제가 할 수 있는 일은 기사를 쓰는 것뿐이에요. 사진 한 장 찍어도 될까요."

"안 돼요. 남편과 시댁은 아직 제가 탈북민인 줄 몰라요."

기자는 18년 동안 북한을 취재해 왔다. 탈북 브로커의 세계가 돈을 벌기 위해 온갖 협박과 고발, 사기 등이 어우러진 아수라의 진흙탕임도 잘 안다. 그런데 그 흙탕물에도 한 떨기 연꽃이 피어있었다.

조경일·주은주

김영춘 국회 사무총장 비서·지성호 미래통합당 의원 인턴비서

"

저는 배고픈 사람에겐 이념이 문제가 아니라 당장 빵을 줘야 한다고 생각합니다. 저처럼 어린 나이에 꽃제비로 살아가는 아이들이 더는 없어야 하죠. 그러다보니 김정은 체제를 지금 당장 제거할 수 없다면 교류협력을 통해 북한에 영향력을 미치고 북한 사람들도 도와야 한다고 생각했고, 이를 정치 활동으로 구현하고 싶었어요. 북에는 아버지와 친구들이 있습니다. 저의 꿈은 당당하게 휴전선을 넘어 좋은 소식을 들고 북에 가는 것입니다. 기회가 된다면 민주주의 시스템의 제대로 된 버전을 북에 전하고 싶습니다.

지 의원과 2012년에 만나 8년 동안 북한 인권문제를 이슈화하기 위해 노력했습니다. 그 인연으로 의원실에서 함께 보조를 맞추고 있고요. 할아버지 때부터 저의 가족이 겪어야 했던 수난이 다시는 이어지면 안 된다고 생각합니다.

"

국회 보좌진이 된
아오지 남녀

아오지.

북한의 웬만한 도시보다 한국에 더 많이 알려진 지명이다. "아오지 탄광에 간다"는 말은 곧 '숙청'이란 의미로 읽힌다. 6·25전쟁이 끝난 뒤 수많은 국군 포로가 이곳에 끌려가 비참한 삶을 살아야 했다.

아오지는 행정구역상 한반도 최북단 함경북도 은덕군에 위치해 있다. 은덕군의 원래 명칭은 경흥군이었지만, 1977년 북한은 김일성의 은덕으로 나날이 변모해가는 고장이라는 의미로 행정 지역명을 은덕으로 바꿨다. 그러나 역설적으로 1990년대 중반 고난의 행군 때 가장 많은 아사자(굶어죽은 이)가 발생한 지역 중 한 곳이다. 가만히 앉아 굶어죽을 수는 없다며 탈북한 사람도 많다. 그렇게 한국에 온 수많은 아오지 출신 탈북자들은 북한에서도 가장 척박한 땅에서 살아남았던 정신력으로 남쪽에서 새로운 삶을 개척하고 있다.

매일 아침 서울 여의도 국회로 출근하는 사람들 중에 아오지에서 탈북한 두 남녀가 섞여 있다. 김영춘 국회 사무총장의 비서(7급)인 조경일 씨(32)와 지성호 미래통합당 의원의 인턴비서로 일하는 주은주 씨(38)가 주인공이다. 이들을 광화문에서 만나 그동안 걸어온 삶에 대한 솔직한 이야기를 들어봤다.

같은 국회에서 일하지만 둘은 서로를 몰랐다. 이날 처음 만나 같은 고향 출신인 것을 확인한 두 사람은 소속 정당이나 이념에 상관없이 금방 어울렸다. 아오지에서 둘의 집은 걸어서 30분 정도 거리에 떨어져 있었다.

북에서 온 이웃

두 국군 포로의 손녀

주 씨는 17살 때 중학교를 졸업하고 3년 동안 체신소에서 전화교환수로 일하다 2002년 20세 때 탈북했다. 주 씨의 집안은 아오지의 상징이기도 했다.

"할아버지, 외할아버지, 아버지, 어머니. 아버지 형제 다섯 명과 어머니 남형제 다섯 명 모두 아오지 탄광 노동자였습니다."

주 씨는 국군 포로의 손녀이기도 했다.

할아버지는 경북 영양 출신의 1936년생 주신호 씨, 외할아버지는 서울 종로 인사동 출신의 1924년생 김경찬 씨였다. 그러나 주 씨는 어렸을 때 두 할아버지가 국군 포로 출신인 사실을 몰랐다. 그는 북한군에 자원한 의용군 출신이라고 말했기 때문이다. 사실 국군 포로들은 모두 북에서 의용군 출신이라고 자신을 소개한다.

"두 할아버지가 국군 포로 출신이라는 건 나중에 알았죠. 외할아버지는 전쟁 때 포로가 돼 소련까지 끌려가 수감생활을 했고 가끔 이런 저런 추억담을 남겼어요."

6·25 전쟁 직후 포로 교환이 시작되자 북한군 수용소 관리자가 포로들에게 "남쪽으로 돌아갈 사람은 나오라"고 소리쳤다. 김경찬은 눈치를 보며 서 있었지만 용감한 몇몇이 대열 앞에 나섰다. 북한군은 이들을 그 자리에서 모두 총살했다. 더는 남으로 돌아가겠다는 사람은 없었다. 남은 이들은 북부 탄광들에서 일하는 노동력으로 투입됐다.

김 씨는 인사동의 부유한 집안 출신으로 해방 전에는 유도선수도 했다고 한다.

"외할아버지가 국군 장교 출신이었던 것 같아요. 역시 국군 장교로 참전한 남동생이 남쪽에 남아있다는 이야기를 들었어요. 북한은 전쟁이 끝나 병사 출신은 온성군 상화탄광 등에 보냈지만 장교 출신은 모두 아오지에 보냈거든요."

할아버지, 외할아버지 집안은 남쪽 어딘가에 있겠지만 주 씨는 찾지 못했다.

"이산가족상봉센터라는 곳을 찾아갔는데 '친척을 찾아도 만나길 거부하면 상봉이 불가하다'는 말을 강조하는 바람에 그냥 돌아 나왔어요."

아오지의 10살 꽃제비

조 씨는 아오지의 '소년 꽃제비'였다.

"1998년에 엄마가 가족을 살리겠다고 먼저 탈북을 했어요. 엄마와 연락이 끊겼던 1998년부터 2000년 사이 저는 시장에서 아버지 몰래 먹을 것을

북에서 온 이웃

얻어먹는 꽃제비 생활도 했죠."

2000년 중국에 갔던 엄마가 돌아왔다. 그리고 아들을 데리고 다시 탈북했다.

조 씨를 데리고 간 곳은 중국 옌벤(延邊) 조선족자치주 옌지(延邊)시였다. 엄마는 그를 교회에 맡기고 위험한 국경 지역을 떠나 돈을 벌러 다른 곳에 갔다. 교회에는 부모를 따라 탈북한 10대 청소년이 3명 더 있었다. 교회의 도움으로 이들은 학교도 다녔다.

그러나 이 생활은 2년 뒤에 끝났다. 누군가의 신고로 체포돼 북송됐다. 그때가 14세였다. 나이가 어리다는 이유로 며칠 동안 보위부에 갇혀 있다가 고향으로 돌아갔다.

그는 2년 동안 북에서 살았는데, 엄마에게서 다시 연락이 왔다. 그 사이 엄마는 한국에 도착해 있었다.

"아버지가 북에서 둘이 같이 살자며 가지 말라고 하더군요. 그런데 엄마가 말했어요. 여기 오면 대학까지 공부를 시켜준다고. 저는 정말 공부를 하고 싶었어요. 아오지에 있으면 대학은 꿈도 못꾸거든요."

생활 형편 때문에 조 씨는 인민학교(초등학교)를 2년밖에 다니지 못했다. 북송된 뒤 중학교에 입학해 2년 더 다녔지만 기초가 부족해 따라가기 어려웠다. 결국 그는 아버지의 만류에도 불구하고 엄마를 찾아 집을 떠났다.

아오지의 추억

주 씨가 기억하는 아오지는 '검은색, 암모니아 냄새, 시신들'이었다.

기압이 낮은 날 아오지는 숨을 쉬기 어려울 정도로 매캐한 석탄 연기로 가득 찼다. 집집마다 연소가 잘 안되는 석탄을 땔감으로 사용한 탓이었다.

"하얀 옷을 입을 수가 없었어요. 샌들을 신고 나가면 발이 금방 새까매져요. 석탄을 원료로 질안 비료를 생산하는 '7.7연합기업소'가 옆에 있었는데 거기서 암모니아 냄새가 지독하게 풍겼죠."

고난의 행군 시기 아오지에선 굶어죽은 시체를 심심치 않게 볼 수 있었다.

"1997, 98년에 (아사자가) 제일 심했어요. 2000년까지 아오지에서 제일 큰 오봉시장에 가면 꽃제비 시신을 심심치 않게 봤는데 그나마 제가 탈북하기 전에는 많이 나아졌죠."

그 당시 아오지에선 석탄을 캐내지 못했다. 모두가 굶주려 일할 사람이 없었기 때문이다. 탄광마을에서 폐타이어를 땠다. 새까만 찌꺼기가 하늘에 흩날렸다. 당시 북한은 쓰레기 처리를 해주는 조건으로 외국에서 돈을 받고 폐타이어와 플라스틱 등을 대량으로 들여와 아오지 등에 버렸다.

조 씨가 덧붙였다.

"저는 시신을 본 기억이 없어요. 꽃제비 때 시장에 가면 누워있는 사람들을 봤죠. 그때는 10살~12살 때라 철이 없었던 것 같아요. 그냥 저 사람들은 자고 있다고 생각했던 것 같아요. 지금 생각하면 죽은 사람들일 수도 있겠네요."

조 씨는 북송된 뒤였던 2002년부터 2004년 사이가 아오지에선 제일 행복했던 시절로 기억한다.

"아오지 하면 그때 친구들과 강가에서 고기를 잡던 기억이 가장 먼저 떠올라요. 모래무지, 세치네(민물고기의 함북 방언), 민물조개 등을 잡아 어죽을 만들어 먹었죠."

아오지의 탈북 정신

주 씨는 20세 때 탈북했다. 학교를 졸업한 뒤 나진 쪽으로 100리가 넘는 길을 식량 배낭을 메고 걸어가 장사를 다녔다. 가끔 길에서 장사하러 나오는 중국 화물차를 얻어 타기도 했다. 당시엔 외국인과 접촉하면 보위부에 끌려가 구타를 당하고 돈도 다 빼앗길 때였다. 주 씨도 한 번은 체포돼 끌려갔다. 보위부 건물에서 여직원이 주 씨의 옷을 벗기고 속옷까지 꼼꼼히 뒤졌다. 위안화가 나오면 바로 압수해 보위부가 나눠가진다. 그게 당시 권력을 가진 사람들이 사는 방식이었다.

"어느 날 또 중국에서 나오는 화물차를 얻어 타려고 두만강 세관 옆길 도랑에 숨어있었는데 밤에 보위원이 단속하러 나왔어요. 두만강 강둑까지 정신없이 도망쳤죠. 강둑으로 다시 올라가다 경비대에 체포될까 두려웠어요. 그럼에도 죽을 힘을 다해 평소 동경하던 중국으로 넘어왔죠."

그렇게 도착한 중국에서 주 씨는 6년을 살았다.

"그 당시에는 한국으로 갈 생각이 없었어요. 할아버지들이 어렸을 때부터 '우린 죄를 지으면 남보다 몇 배 더 큰 처벌을 받으니 절대 잘못을 저지르지 말라'고 계속 이야기한 영향이 컸던 것 같아요."

주 씨는 2008년 중국에서 대대적인 검거선풍이 벌어져 앞집과 뒷집에 살던 친한 탈북 여성들이 북송되는 것을 보고 정신이 번쩍 들었다. 인터넷으로 한국으로 가는 길을 찾았다. 베이징으로 갔다가 라오스 국경 옆 쿤밍을 거쳐 홀로 라오스 국경을 넘었다. 브로커의 안내도 없이 스스로 인터넷에서 정한 루트였다.

"그때 인터넷에서 탈북자들이 국경을 넘는 다큐멘터리를 봤어요. 사람들이 정글을 헤쳐 라오스로 가더군요. 나도 그렇게 가면 되겠다 싶었죠."

온밤 빽빽한 정글을 헤치며, 보지도 못했던 벌레와 짐승을 쫓으며 국경을 넘었다. 주 씨의 나이 26세 때였다. 그는 라오스에서 경찰에 체포됐지만 북한이 가난한 덕분에 살아났다.

"라오스에서 북한 대사관에 연락했어요. 당시 외국인을 체포해 넘겨줄 때마다 라오스 정부는 500달러를 받았어요. 그런데 북한 대사관이 돈이 없어 넘겨받지 못했어요. 제가 라오스 경찰과 흥정을 벌였죠."

결국 라오스 경찰은 한국 정부에 돈을 요구한 뒤 그를 넘겨줬다.

조 씨도 비슷한 상황을 경험했다. 3개월 동안 중국과 베트남을 거쳐 캄보디아까지 찾아갔다. 그런데 캄보디아에서 한국인 브로커가 돈을 더 주지 않는다고 조 씨 일행을 프놈펜 북한 대사관에 넘겼다. 꼼짝없이 북송될 상황이었다.

"북한 대사관 직원들이 저희를 조사하더니 현지 외국인 감옥으로 인계하면서 3일 뒤 오겠다고 했어요. 엄마를 볼 수 없다니 앞이 막막했죠. 다행히 몰래 숨겨온 위안화가 있어 그걸 간수에게 주고 한국에 있는 엄마와 통화를 했어요. 엄마가 외교부와 통일부를 오가며 도와달라고 요청했다고 하더군요."

물밑에서 어떤 외교적 노력이 오갔는지, 아니면 아무 노력도 없었는지 알수는 없다.

다만 3일 뒤에 오겠다고 한 북한 대사관 직원은 나타나지 않았다. 18일째 되던 어느날 새벽 검은 양복을 입은 사람들이 나타나 그들을 인계 받은 뒤 한국행 비행기에 태웠다.

북에서 온 이웃

냄새부터 달랐던 한국

주 씨는 인천국제공항에 처음 도착했던 2008년 4월 19일을 이렇게 기억한다.

"냄새부터 달랐어요. 아오지에서 중국, 라오스, 태국까지 거쳐 오는 동안 모든 나라의 냄새가 다 달랐어요. 그런데 인천에선 참 좋은 냄새가 났어요. 날씨도 너무 따뜻했죠. 할아버지가 남쪽은 참 따뜻하다고 했던 말이 떠올랐어요."

기쁨도 순간. 같은 비행기를 탄 탈북민들이 비상통로로 나오는 것을 보던 한 공항 직원이 짜증섞인 목소리로 "저 사람들(탈북민)은 왜 이렇게 많이 들어오느냐"는 말이 귀에 들렸다. 국가정보원 직원이 급히 다가가 그 직원을 말렸다.

조사기관으로 들어오는 도로 옆에 푸른 나무도 주 씨에겐 인상 깊었다.

"잘 사는 나라는 나무도 살쪄 있구나."

조사를 맡은 여성 조사관이 "대한민국에 오신 것을 환영합니다"라고 첫인사를 건넬 때만 해도 가슴이 설렜다. 그런데 다음 말부터 바로 반말이었다.

"야, 너 몽골에 갔지?"

"아니요."

"거짓말할래. 너를 본 사람 있어."

당시만 해도 옆방에서 취조를 당하던 탈북 남성이 폭행당해 비명소리가 들려오던 시절이었다. 버스를 타고 가다 담배를 피우고 싶다고 했던 남성은 주 씨의 표현대로라면 발로 '짓뭉개졌다'고 한다. 그러나 요즘은 인권감독관 제도가 도입되는 등 이런 관행이 거의 사라졌다.

하나원을 나온 주 씨는 회계사 자격증을 따고 한 종친회 사무실에서 일했다. 첫 월급은 90만 원이었다.

전임자는 150만 원을 받았는데 왜 나에겐 적게 주느냐고 하자 "전임자는 전문대를 나왔다"는 대답이 돌아왔다. 주 씨가 열심히 계산해봤더니 대학 4년을 다니는 동안 벌지 못해도 인생 전체로는 월급이 더 많아질 거라는 생각이 들었다.

그는 2013년 한국외국어대 정치외교학과에 입학했다. 그리고 2019년 성균관대 국정전문대학원에 입학해 학업을 이어가고 있다.

대학을 다니다 결혼을 했고 딸과 아들을 얻었다.

남편은 북한에서 해외로 유학 갔다가 탈북해 한국에 온 뒤 서울대 의대를 졸업해 현재는 의사로 일하고 있다. 평양 남자와 아오지 여자의 서울살이는 지금도 진행형이다.

일 년 만에 초중고 검정고시 합격

대학에 보내준다는 엄마의 말에 설레어 2004년 9월 21일 한국에 도착한 조 씨는 처음부터 열심히 공부했다.

북에서 학교를 다닌 것은 고작 4년뿐이었지만 한국에서 초중고 검정고시 과정을 1년 만에 모두 통과했다. 이후 1년 동안 대안학교에서 입시 공부를 한 뒤 성균관대 정치외교학과에 07학번으로 입학했다. 그 뒤 열심히 공부만 했다.

대학 재학 중 1년 동안 미국에 연수를 다녀왔고, 2013년 졸업했다. 그해 한림국제대학원대 정치외교학과 석사 과정에 입학해 2년 과정을 마친 뒤 2015년 여의도에 있는 정치컨설팅 회사에 취직했다.

북에서 온 이웃

조 씨는 "처음부터, 지금도 나는 정치에 매력을 느끼고 있다"고 말했다. 2017년 말 더불어민주당 김두관 의원실 인턴비서로 국회에 처음으로 입성했다. 2019년엔 김영춘 의원실 비서로 옮겨갔다. 올해 21대 총선 때는 부산진구 갑 선거구에 출마한 김 의원을 보좌하기 위해 지난해 연말부터 부산에 내려가 살았다. 그러나 김영춘 의원은 선거에서 패하면서 새로운 일자리를 알아보던 중 김 전 의원이 국회 사무총장으로 임명됐다. 조 씨는 다시 그의 비서로 들어가 일하고 있다.

이념을 넘어

조 씨가 더불어민주당 의원 비서로 들어간 건 정치적 견해 때문이었다.

"저는 배고픈 사람에겐 이념이 문제가 아니라 당장 빵을 줘야 한다고 생각합니다. 저처럼 어린 나이에 꽃제비로 살아가는 아이들이 더는 없어야 하죠. 그러다보니 김정은 체제를 지금 당장 제거할 수 없다면 교류협력을 통해 북한에 영향력을 미치고 북한 사람들도 도와야 한다고 생각했고, 이를 정치 활동으로 구현하고 싶었어요. 북에는 아버지와 친구들이 있습니다. 저의 꿈은 당당하게 휴전선을 넘어 좋은 소식을 들고 북에 가는 것입니다. 기회가 된다면 민주주의 시스템의 제대로 된 버전을 북에 전하고 싶습니다."

주 씨가 미래통합당 지성호 의원실에 들어온 것은 인권 때문이었다.

"지 의원과 2012년에 만나 8년 동안 북한 인권문제를 이슈화하기 위해 노력했습니다. 그 인연으로 의원실에서 함께 보조를 맞추고 있고요. 할아버지 때부터 저의 가족이 겪어야 했던 수난이 다시는 이어지면 안 된다고 생각합니다."

북에서 온 이웃

10세에 꽃제비가 돼 아오지 시장을 헤맸던 청년은 '배고픈 아이들에겐 이념보단 빵이 먼저'라는 신념으로 남북이 오가는 통로를 하루빨리 만드는 데 기여하고 싶어 한다.

국군 포로의 가족으로 아오지에서 비참한 삶을 대물림했던 청년은 북에 남은 가족에 대한 책임감과 의무감 때문에 북한 인권에 평생을 바치려 하고 있다.

비록 몸을 담은 정당은 다르지만 이들의 가슴에서 뛰고 있는 '북에 남은 사람들에 대한 애정과 사랑의 피'는 온도가 같았다.

"북한을 어떻게 바꿔야 하는가. 북한 사람들에게 무엇이 더 절실한가."

아오지에서 대한민국 정치의 심장 국회까지 긴 여정을 헤쳐 온 두 남녀는 앞으로도 이 질문의 해답을 찾아 평생의 여정을 이어갈 것이다.

김정운

화가

중국에서 오랫동안 한족들과 살 때는 가끔 우리
말이 생각나지 않을 때도 있었어요. 그러나 한순
간도 나는 한민족임을 잊은 적이 없습니다. 아들
들은 저처럼 정체성에 대한 의문을 갖지 않도록,
완벽하게 한국 남자로 키워 군에 보낼 생각입니
다. 요즘처럼 모두들 애를 낳지 않는 때에 제가
셋이나 낳아 키우는 것 자체가 애국이 아닙니까.

'아오지에서 제주도로'
탈북 화가의 꿈

김정운 화가가 2020년 12월 작업 중인 그림 앞에 서있다. 사진 = 주성하 기자.

1982년 한반도 북단의 함경북도 은덕군에서 한 남자아이가 태어났다. 은덕은 악명 높은 아오지탄광이 있는 곳이다. 북한은 1977년 "김일성의 은덕으로 나날이 변모해가는 고장"이란 뜻으로 아오지의 원지명인 경흥을 은덕으로 바꾸었다가, 창피함을 알았는지 2005년에 경흥군으로 환원시켰다.

가난한 탄광 노동자의 집에서 태어난 아이는 세 살 때부터 연필만 쥐어주면 그림을 그렸다. 유치원에 보내도, 인민학교에 보내도 공부보다는 그림을 그리는 데 몰두했다. 남의 집에 가서 당시 유행하는 만화영화를 보고 온 날이면 공책 하나가 방금 본 만화 그림으로 금방 가득 채워졌다. 중학교에 입학해서 그는 미술소조에 다녔다. 그때면 종종 두만강 옆에 나가 수채화로 강변 풍경을 그렸다.

그는 1998년 중학교 졸업사진을 찍기 하루 전에 부모님의 손에 이끌려 탈북했다. 중국에서도 그림을 그렸고 미술학원 선생까지 했다. 2016년 그는 마침내 한국에 왔다. 한반도 북쪽 끝에서 태어나 지금은 남쪽 끝인 제주도에서 그림을 그리고 있다. 탈북화가 김정운 씨(38)의 일생은 이렇게 그림으로 요약된다.

탈북

정운 씨의 집안은 대대로 두만강과 떼어놓고 살 수가 없었다. 할아버지는 일제강점기 중국에 넘어갔다. 그러나 고향을 멀리 떠날 수는 없어 두만강 옆 훈춘에 정착했다. 항일운동에도 가담했다고 했지만, 증거가 부족해 북한 당국의 인정은 받지 못했다고 한다.

두만강변에 살았던 북한과 중국 사람들은 오랫동안 자유롭게 넘나들며

북에서 온 이웃

살았다. 정운 씨의 가족도 그랬다.

정운 씨의 아버지는 학생 때인 1950년대 초반 부모를 따라 다시 강을 넘어와 경흥에 자리 잡았고, 결혼한 고모들은 훈춘에 살았다. 그러나 1962년 '조·중 국경조약'이 체결되면서 이들 형제는 자연스럽게 북한 국적과 중국 국적으로 갈라지게 됐다. 그것이 나중에 얼마나 큰 차이를 만들지 당시 사람들은 알지 못했다. 오히려 그때는 북한의 경제력이 좀 더 나을 때라 중국 사람이 된 이들은 북한 국적을 가진 사람들을 부러워하기까지 했다. 세월이 흐르면서 점차 두만강에 경비대도 생겨났고, 도강도 통제하기 시작했다. 경흥에서 자란 정운 씨의 아버지는 자연스럽게 탄광에서 일하게 됐고, 회령 처녀와 결혼해 자녀를 두었다.

북한과 중국의 격차는 1980년대부터 눈에 띄게 달라지더니 1990년대 중반 '고난의 행군'이 시작되면서 극에 달했다. 건너편 훈춘에선 개가 쌀밥을 물고 다녔지만, 이쪽 강변 사람들은 무리로 굶어죽었다. 특히 탄광마을인 아오지에서는 고난의 행군 때 굶어죽은 사람들이 많았다. 정운 씨도 학교 친구들이 굶어죽고, 장마당에서 시신이 뒹구는 모습을 생생히 기억했다.

참다못한 정운 씨 가족은 다시 두만강을 건너가기로 결심했다. 건너편에 고모들도 살고 있어 중국에 연고가 없는 사람들보다는 조건도 좋았다.

게다가 정운 씨의 아버지는 북한에 와서 환멸을 느낄 대로 느낀 상황이었다. 정식 의대를 졸업하지는 않았지만 동의학의 침술에 빠져 오랫동안 독학하고 주변 사람들에게 침을 놔주던 부친은 1990년대 초반 안전부에 체포됐다. 불법 의료를 했다는 이유였다. 끔찍한 고문을 당하고 1년 반이나 옥살이를 해야만 했다. 정운 씨는 아직도 아버지가 석방돼 나올 당시의 참혹한 광경을 잊지 못한다.

"뼈만 남아 돌아오셨더군요. 온갖 피부병 때문에 몸에서는 진물이 흐르

중국 시절의 김정운 씨. 2010년 자신이 그린 불화 '수월관음도' 앞에 서있다. 김정운 씨 제공.

고…. 감옥에서 나온 뒤에도 계속 집안이 감시를 받았어요."

이런 환경에서 탈북하지 않으면 이상한 일이다. 정운 씨의 아버지는 자리를 잡고 가족을 부르겠다는 약속을 남기고 먼저 누나를 데리고 두만강을 넘었다.

1998년 봄. 내일이면 중학교 졸업사진을 찍는다며 설레는 아들에게 어머니가 "오늘밤 아버지와 누나가 있는 데로 간다"며 옷을 입혔다. 정운 씨는 영문도 모른 채 어머니의 손에 이끌려 어둠을 틈타 강을 넘었다.

북에서 온 이웃

미술학원 선생님

훈춘에는 오래 있을 수가 없었다. 국경 옆에는 탈북자들을 잡으려는 공안들이 눈에 불을 켜고 있었다. 정운 씨 가족은 고모들의 도움을 받아 헤이룽장(黑龍江)성 무단장(牡丹江)시로 이주했다. 그곳에서 가족은 주변 농촌마을을 돌면서 닥치는 대로 일하며 살았다. 정운 씨는 "이웃들의 눈이 무서워 1년에도 두세 번씩 이사를 다녔다"고 회상했다.

16세 정운 씨도 가족을 위해 뭔가 하고 싶었지만, 중국말을 전혀 모르는 소년이 할 수 있는 일은 없었다. 처음 2년은 동네 꼬마대장 노릇을 하면서 중국어를 배웠다. 그리고 18세 때부터 각종 알바를 하기 시작했다. 그런 와중에도 그는 그림 그리기를 멈추지 않았다. 그에게 그림은 힘들고 두려운 삶에서 벗어나게 해주는 도피처였다.

2001년 운명처럼 기회가 찾아왔다. 그의 그림 솜씨를 눈여겨본 아르바이트 회사 사장이 미술학원을 운영하는 친구에게 그를 소개해 준 것이다.

정운 씨는 학원 원장에게 솔직하게 고백했다.

"저는 조선에서 왔습니다. 그림을 배우고 싶지만 돈이 없습니다. 학원비는 돈을 벌어 내면 안 되겠습니까."

원장은 그에게 그림을 그려보라 한 뒤 제안을 흔쾌히 받아들였다. 정운 씨는 낮에는 일하고 밤에는 학원에서 그림을 배웠다. 1년쯤 지나니 원장은 그에게 학원 키를 맡겼다. 학생들이 돌아가면 학원을 청소하는 일이 그의 몫이었다.

그가 다닌 학원은 방학 시즌이면 눈코 뜰 새 없이 바빴다. 200명 가까운 학생들이 방학 두 달 동안 그림을 배우러 다녔다. 학원에 학생들이 넘쳐나면 정운 씨도 원장을 도와 학생들에게 그림의 기초를 가르쳐줬다.

1년 반이 지난 2003년 어느 날 원장이 그를 불렀다.

"밖에서 버는 만큼 돈을 줄 테니 학원에서 학생들을 가르치면 어때."

정운 씨는 흔쾌히 수락했다. 그때부터 그는 연변 출신의 강사로 신분을 속이고 학생들에게 그림을 가르쳤다. 시간이 지나자 원장은 그에게 학원 관리까지 맡기기 시작했다. 나중엔 원장이 할 일의 약 80%를 그가 챙겼다. 일이 늘었는데도 월급을 올려줄 기미가 없자 그는 2004년 말 산둥(山東) 성 웨이하이(威海)시의 딴 회사로 자리를 옮겼다. 몇 달 뒤 학원 원장은 그를 찾아와 "월급을 올려줄 테니 다시 돌아오라"고 사정했다.

그렇게 인연을 이어간 학원에서 그는 2007년 후반까지 일했다.

한국 입국

2007년 후반 또다시 그의 인생을 뒤흔든 일이 생겼다. 우연한 기회에 산둥성 칭다오(靑島)에서 그림 사업을 하는 한국인을 만난 것이다. 그가 만난 첫 한국인이었다. 무단장에 놀러왔던 그는 그림을 잘 그리는 청년이 있다는 소개를 받고 정운 씨를 만났다. 그는 정운 씨의 그림을 본 뒤 칭다오의 자기 회사에 오면 한국식 그림기법을 가르쳐주고, 대우도 더 많이 해주겠다고 제안했다. 망설임 없이 정운 씨는 다니던 학원에 작별인사를 하고 칭다오로 옮겨갔다. 새로운 스승 밑에서 정운 씨는 탱화(불화) 그리는 법을 배웠다.

칭다오는 한국에서 멀지 않은 도시이고, 한국 사람도 많이 살았다. 이곳에서 정운 씨는 한국TV와 출판물을 실컷 봤다. 한국에 가고 싶은 충동이 일었지만, 부모와 누나 생각에 실행에 옮기진 못했다. 회사에서 먹고 자며 신변 불안에 대한 걱정이 사라진 상태에서 또 한 번 모험을 시도하는 것도 두

북에서 온 이웃

중국에 있던 2010년 불화 '아미타후불'을 그리고 나서 찍은 사진. 김정운 씨 제공.

려웠다.

　정운 씨는 2011년, 3살 연하의 중국 아가씨와 연애를 하고, 결혼까지 했다. 그녀 역시 그림을 그리는 화가였다. 아들도 하나 생겼다. 학원 선생을 하면서 사두었던 가짜 중국 호적도 칭다오에선 별 탈 없이 통했다.

　한국으로 떠나는 모험은 정운 씨의 누나가 먼저 감행했다. 탈북도 누나가 먼저 했고, 한국에도 누나가 먼저 왔다. 한국에 온 누나는 "여기가 너무 좋다"면서 가족을 데려올 작전을 짰다. 그동안 모아둔 돈으로 구입한 가짜 호적으로 가짜 여권을 만들었다. 그리고 2016년 4월 정운 씨는 부모님과 5세된 아들과 함께 상하이(上海) 국제공항에서 제주도행 비행기를 탔다.

　출국 심사를 받는 동안 정운 씨는 떨리는 감정을 숨기느라 식은땀을 쏟아야 했다. 가짜 여권이 들통나면 온 가족이 북송돼 고초를 겪을 수 있었기 때문이다. 다행히 우려했던 불상사는 일어나지 않았다.

제주도에 도착한 정운 씨 가족은 누나가 알려준 대로 입국 심사를 받기 전 탈북 가족이라고 밝혔다. 이후 가족 모두 제주공항을 벗어나지 못한 채 다시 서울행 비행기를 타고 서울의 조사기관으로 가야 했다. 이들은 4개월 동안 탈북민 정착 과정을 밟고, 2016년 8월 마침내 사회로 나왔다.

하나원에서 어느 곳에 가서 살고 싶은지를 물었을 때 정운 씨는 주저 없이 제주도를 선택했다. 당시만 해도 제주도에 중국인 여행객이 많아 그동안 익힌 중국어를 활용하면 생계를 유지할 수 있을 것으로 생각했다.

다시 그림을 그리다

그의 판단은 옳았다. 제주도에 도착한 정운 씨는 이듬해인 2017년 2월, 제주공항 면세점에 취직했다. 처음 왔을 때 제대로 구경조차 못했던 제주공항을 구석구석 다니며 중국인 관광객을 맞이하는 일이었다.

공항에서 일하면서도 그는 붓을 놓지 않았다. 이미 그림은 그에게 살아가는 이유가 됐기 때문이다. 한국에서는 탱화도 그렸지만 다른 작품도 그렸다. 2018년 이북5도청에서 주최하는 통일미술대전에 참가해 입상하기도 했다. 백발의 실향민 할아버지가 손녀를 안고 고성통일전망대에서 북한 땅을 쌍안경으로 바라보는 그림이었다.

올해 2월 코로나바이러스감염증(COVID-19) 사태로 제주공항에선 많은 사람들이 일자리를 잃었다. 면세점에서 일하던 정운 씨도 자의 반, 타의 반 사직서를 쓰고 나와야만 했다. 하지만 그는 면세점에 취직하면서 3년 동안 돈을 모아 미술 작업실을 만들겠다는 목표를 세웠고, 꾸준하게 실천한 결과 계획을 실행에 옮길 수 있었다.

여기에는 가정이 안정된 것도 영향을 미쳤다. 중국에 남았던 아내는 2017년 한국에 왔다. 그해에 둘째 아들이 태어났고, 올해 딸도 얻었다. 그림으로 인연을 맺은 아내는 그에게 든든한 조력자다. 정운 씨가 그림의 디자인과 설계를 하면 아내는 선과 보조 색깔을 입힌다. 다만 올해는 아내가 딸을 출산해 정운 씨가 그림 그리기의 모든 과정을 다 맡고 있다.

일감이 많은 것도 아니다. 수입에서 작업실 운영비를 제외하면 남는 것이 거의 없는 수준이다. 입국한 지 4년밖에 안 된 탈북민이 한국에서 자리를 잡고, 판로를 찾기란 결코 쉬운 일이 아니다. 하지만 그는 그림에만 집중해 살 수 있는 지금이 너무 행복하다. 특히 그림을 완성하고 일화(一華)라는 자신의 호를 적어 넣을 때 느껴지는 성취감은 비교할 수 없을 만큼 크다. 미래에 대한 불안마저 잊게 될 정도다.

"왜 하필 탱화를 그리느냐고 묻는 사람들도 있어요. 하지만 탱화 시장은 인공지능과 기계가 대치할 수 없는, 사람의 손이 반드시 가야 하는 그림입니다. 유행도 타지 않고, 세상이 어떻게 달라져도 앞으로도 계속 사람이 그릴 수밖에 없기 때문에 죽을 때까지 사라질 분야가 아닙니다."

통일의 꿈

정운 씨는 북한에서 태어나 16년을 살고, 중국에서 18년 살았으며, 한국에서 4년째 살고 있다. 정체성에 혼란이 일어날 만하다.

"중국에서 오랫동안 한족들과 살 때는 가끔 우리말이 생각나지 않을 때도 있었어요. 그러나 한순간도 나는 한민족임을 잊은 적이 없습니다. 아들들은 저처럼 정체성에 대한 의문을 갖지 않도록, 완벽하게 한국 남자로 키워 군에 보낼 생각입니다. 요즘처럼 모두들 애를 낳지 않는 때에 제가 셋이나 낳아 키우는 것 자체가 애국이 아닙니까."

그의 말투는 함북에서 태어나 제주도에서 사는 사람이라고 여겨지지 않을 정도로 완벽한 한국 표준어처럼 들린다. 정작 본인은 "가끔 경상도가 고향이냐는 말은 듣는다"며 머쓱해했다.

아들도 화가로 키울 것이냐는 질문에 그는 "학교에선 소질이 있다고 하는데 제가 볼 때는 별로"라며 웃었다. 그는 "요즘 아이들은 TV나 휴대전화 게임, 유튜브 등에 영향을 받아서 배우는 데 오랫동안 시간을 투자해야 하고, 진득하게 오래 앉아 몰두해야 하는 그림과는 전혀 상극인 삶을 살고 있다"며 한숨을 지었다.

북에서 온 이웃

정운 씨는 제주도와 어울려 살기 위해 봉사도 열심히 한다. 지난해부터 매주 한 번씩 인근 지역 아동복지센터에서 아이들에게 그림을 지도한다. 지역 탈북민 봉사단체 부회장도 맡아 한 달에 한 번 노인복지센터에 가서 봉사도 한다. 3, 4개월에 한 번씩 헌혈도 한다.

그에게 통일이 돼도 제주도에 계속 뿌리내리고 살 것이냐 묻자 단호한 대답이 나왔다.

"통일이 되면 고향으로 돌아갈 겁니다. 반드시. 가족들도 다 데리고요."

지옥 같은 아오지를 벗어나 살기 좋은 제주도에 뿌리를 내린 그가 다시 고향으로 돌아가려는 이유가 몹시 궁금했다.

"경흥과 인접한 나진, 선봉 지역은 중국과 러시아를 낀 황금의 삼각주입니다. 자녀들에겐 제주도보다는 훨씬 더 큰 기회의 땅이 될 것이라 확신합니다. 제가 좋아하는 바다도 끼고 있고요. 하하하."

정운 씨 가족의 유랑은 아직 끝나지 않았다는 느낌을 받았다. 인터뷰를 마치며 제주도 못지않게 푸르고 깨끗한 나진 바다에서 그와 함께 낚시를 하게 될 날이 올지 모른다는 상상을 했다.

조광호

일조스카이 대표

66

지금까지도 한국에 온 것을 한 번도 후회하진 않
는다. 평생 거짓말을 하고 살아야 할 선생이란
직업에서 해방돼 너무 좋고, 딸에게 미래를 줄
수 있어 너무 행복하다.

99

악기를 다루던 손으로
스카이차 조종하는 조광호 대표

길었던 어둠과 방랑의 터널에서 벗어나 따스한 햇살이 가득한 삶의 행복을 찾은 조광호 일조스카이 대표. 조광호 대표 제공.

정해진 운명

북한에서 그의 삶은 태어나기 전, 그러니까 어머니 뱃속에 있을 때부터 꼬였다. 아니, 이미 결정된 것이었다.

한반도의 가장 북쪽인 함경북도 온성군에서 1974년 태어난 조광호 씨는 어렸을 때부터 음악에 비상한 소질을 보였다. 5살 때부터 아코디언과 바이올린 연주를 배웠고 주변 사람들에게서 음악 신동이란 소리를 들으며 자랐다.

인민학교(초등학교) 2학년 때 인재를 찾아 전국을 순회하던 평양음악대학 교수의 눈에 들었다. 교수는 평양에 가서 영재 교육을 받게 해주겠다고 약속했다. 그런데 아무리 기다려도 입학통지서가 오지 않았다. 인민학교 4학년을 졸업했을 때는 도 소재지에 나가 예술인재 양성 교육기관인 예술학원 입학시험도 쳤다. 거기서도 합격이란 소리를 들었지만 역시 입학통지서는 날아오지 않았다. 이유도 알 수가 없었다.

그렇게 되자 온 가족이 이유를 찾기 위해 나섰다. 그렇잖아도 조 씨의 부친 역시 군 복무를 마치고 탄광 노동자로 배치돼 온 것이 석연찮았다.

몇 년을 연줄을 타고 애타게 알아보고 알아보다 드디어 원인을 밝혀냈다. 북에선 '토대'라고 말하는 출신성분이 걸린 것이다. 토대 문건은 노동당이나 보위부 등 일부 기관에서만 비밀리에 관리하기 때문에 일반 주민은 자신에게 따라다니는 문건을 볼 수가 없다. 그래도 대개는 자기가 왜 출신성분이 걸렸는지 짐작은 한다. 하지만 형이 6·25전쟁에 참전해 전사했다고 알고 있는 조광호 씨의 부친은 이유를 짐작하기 어려웠다. 전사자 가족은 북에서 토대가 좋은 축에 들어간다.

출신성분을 관리하는 중앙당 간부에게 매달려 알아본 결과 발단은 6·25전쟁 때 양강도 갑산군에서 한 마을을 담당했던 절름발이 분주소(파출소)

북에서 온 이웃

주재원(보안원) 때문이었다. 형이 인민군에 입대한 뒤 전사했다는 소식이 날아오자 주재원은 새파란 나이에 과부가 된 형수에게 집적대기 시작했다. 그러나 아무리 치근거려도 목적을 이루지 못하자 그는 어느 날 "너는 앞으로 반동 집안으로 살게 될 거야"라고 저주를 퍼붓고 사라졌다.

주재원은 '주민요해문건'에 친척집에 놀러갔다 행불된 조 씨의 첫 번째 큰아버지는 '월남도주자'로, 전사한 둘째 큰아버지는 남쪽으로 도주한 것이 유력한 행방불명자로 기록했다.

1980년대에야 비로소 그 사실을 알게 된 뒤 조 씨 집안은 출신성분을 바로잡기 위해 동분서주했다. 전방에 주둔한 옛 부대를 다니며 큰아버지와 함께 싸웠고 그가 전사했다는 것을 진술할 증언자를 찾아내는 등 열심히 노력했지만 허사였다. 그의 집안과 관련된 숱한 서류들을 다 검토하고 고쳐야 하는 시끄러움을 감수해 줄 간부는 없었다.

토대를 바꾸지 못하는 '음악신동'의 앞날은 뻔했다.

그나마 부모가 열심히 애를 쓴 덕분인지, 아니면 그 정도 토대로도 가능한 일인지 도무지 기준은 알 수는 없지만 조 씨는 고등중학교를 졸업한 17세에 김정숙교원대학에 입학했다. 북한에는 중학교 교원은 사범대학에서, 인민학교 교원은 교원대학에서 양성한다.

여학생들만 가득한 교원대학에서 조 씨는 몇 안 되는 남학생으로 4년을 마치고 졸업했다.

1994년 대학을 졸업하고 고향인 온성군의 한 농촌 인민학교에 음악교사로 배치됐다. 농촌은 보통 인민학교와 고등중학교가 같은 건물을 쓴다. '고난의 행군'이 본격 시작도 되기 전인데 이미 그 학교엔 교사 정원이 턱없이 부족했다. 자격도 없는 할아버지를 불러 '도레미파' 정도의 음계만 겨우 가르치는 정도였다.

2017년 추수감사절날 북에서 학생에게 가르치던 바이올린을 들고 오랜만에 사람들 앞에서 연주를 하고 있다. 조광호 대표 제공.

조 씨는 학교에서 음악교사 역할은 물론, 미술교사, 역사교사, 국어교사까지 모두 담당해야 했다. 나중에 중학교 음악교사가 없어 중학교 음악 수업도 했다.

고난의 행군이 닥치자 농촌에서 사람들이 굶어 죽어가기 시작했다.

조 씨는 "마을에서 매일 1~2명씩 굶어 죽어갔고, 사람들은 시간만 나면 산에 올라가 부채마나 달맞이풀과 같은 중국에 팔릴만한 약초를 캤다"고 회

북에서 온 이웃

상했다.

농촌에서 몇 년 버티다가 1998년 드디어 그나마 작은 도시라고 할만한 곳에 나왔다. 온성군 남양노동자구에 있는 남양인민학교 음악교사로 옮긴 것이다. 남양은 중국 옌벤(延邊)조선족자치구 투먼(圖們)과 마주한 도시로, 한국 언론에 종종 사진이 많이 등장하는 곳이다.

남양에 나온 뒤 조 씨는 중국을 매일 마주보며 살게 됐다. 당시 '교두'라고 불리는 남양세관 주변에는 '왜가리'들로 꽉 차 있었다. 왜가리는 중국에 친척을 둔 사람들이 국경에 와서 중국에 도와달라고 연락한 뒤 언제 짐이 넘어오나 중국 쪽을 왜가리처럼 목을 빼고 바라본다고 해서 붙여진 별칭이다. 거처할 곳이 변변치 않은 이들은 교두 주변에서 온실에서 쓰는 비닐을 쓰고 밤을 샌다. 다음날 국경다리를 통해 차가 나올 때마다 수백 명이 우르르 몰려가 자기 짐이 아닌지 확인하지만, 그들 중 흥분해 소리를 지르는 사람은 한 명 뿐이었다.

그래도 남양은 중국과의 교류가 있어 농촌마을보다 훨씬 잘 살았다. 이곳에서 그는 음악을 가르쳤고, 방과 후엔 바이올린 교습도 했다. 이때만 해도 그는 중국으로 탈북할 것이라고 생각도 못했다. 이곳에서 결혼도 하고 애도 태어나니 가장의 의무에 묶였다.

탈북

2003년 다시 온성군 탄광마을의 중학교 음악교사로 임명되면서 인생이 바뀌었다.

흔히 한국에선 2003년쯤엔 북한이 '고난의 행군'에서 벗어난 줄로 알고 있다. 하지만 당시 탄광마을은 여전히 지독한 가난에서 벗어나지 못하고 있었다.

"학교에 가보니 학급 재적인원이 25명인데 매일 7~8명만 나와요. 선생이 가르치기보단 매일 학생 가정을 방문해 살아있는지 확인하는 것이 더 중요한 일과였어요. 막상 집에 가보면 학교에 나오란 말을 못해요. 먹지 못해 나올 수 없는 애, 옷과 신발이 없어 학교에 안 나오는 애, 나무 하러 산에 간 애, 부모가 장사하러 가서 집을 지켜야 하는 애…. 이유는 달라도 헐벗고 굶주리고 있다는 본질은 같았죠."

학교에 겨우 데리고 나와도 문제였다. 학교에서 각종 물자를 내라는 요구가 끝이 없어 학생들은 억지로 왔다가 또 도망쳤다. 사실상 교육 시스템이 붕괴된 상태였다.

선생 생활에 회의감이 들 무렵 옆집 친구가 사라졌다. 한국에 먼저 간 딸이 고향에 남아있는 엄마와 남동생 두 명을 한꺼번에 데리고 간 것이었다.

이러저런 상황을 거치며 조 씨도 중국과 한국을 건네다 보기 시작했다.

"가까운 대학 때 친구가 있었어요. 그는 출신성분이 좋다는 이유로 보안서에 들어가 젊었을 때부터 승승장구를 했죠. 성분이 나쁜 저는 평생 이 생활에서 벗어날 것 같지 않다는 절망감이 들 때 두만강 저 건너편을 보니 저긴 뭔가 새로운 세상이 있겠구나 하는 생각이 들었죠."

출신성분의 굴레에 묶여 평생 국경지역을 돌며 음악교사를 전전하는 인생에서 벗어나고 싶었다. 가난한 학생들을 그만 괴롭히고 싶었다.

그는 몰래 중국 휴대전화를 구입해 중국과 연락하며 장사를 할 기회를 엿보았다. 그런데 밑천이 없는 그에게 장사도 쉬운 일이 아니었다.

결국 2003년 9월 중국에 친척이 있다는 마을 여인 4명을 모집해 두만강을 넘었다. 그때만 해도 가정이 있는 터라 탈북을 한다는 것보다는 중국에

북에서 온 이웃

가서 돈을 마련해 오는 것이 목적이었다. 하지만 첫 원정은 실패였다. 중국의 친척들도 도와줄 형편이 못됐다.

그런데 그 일이 1년도 더 지난 2004년에 꼬리가 밟혔다. 온성군에 닥친 집중검열 과정에 당시 함께 중국으로 도강을 했던 여성 한 명이 체포돼 그의 이름을 분 것이었다.

그해 12월 그는 수업 중에 체포됐고 일주일 동안 감금됐다. 제 발로 돌아왔기 때문에 바로 감옥에 보내진 않고 일주일 동안 조사만 한 뒤 집에 돌려보냈다.

가뜩이나 출신성분이 나쁜데 중국에 몰래 갔다 온 경력까지 더해지면 인생이 뻔했다. 어쩔 수 없이 해야 할 일이긴 했지만, 교단에서 학생들에겐 조국에 충성하라고 말할 자신도 없었다. 게다가 보안서 연줄을 찾아 알아보니 "지금은 조사할 사건이 많아 괜찮지만, 집중 검열이 마무리되면 교원에서 해임돼 1년 교화 또는 최소 6개월 노동단련대에 보낼 가능성이 높다"는 말을 들었다.

결국 그는 탈북을 해야겠다고 마음먹었다. 한국에 간 옆집 친구를 수소문해 도와달라고 요청했다. 2005년 1월 5일 조 씨는 모친과 아내, 4세 딸까지 데리고 두만강을 넘었다.

친구가 탈북 루트를 잘 알려줘서 한국까지 오는 것은 문제가 없었다. 1월 5일에 떠나 불과 두 달 뒤인 3월 8일 한국에 도착했는데, 이렇게 빨리 입국하는 것은 희귀한 경우였다.

조 씨는 "지금까지도 한국에 온 것을 한 번도 후회하진 않는다"며 "평생 거짓말을 하고 살아야 할 선생이란 직업에서 해방돼 너무 좋고, 딸에게 미래를 줄 수 있어 너무 행복하다"고 말했다.

도돌이표 정착

한국에서의 삶도 순탄치 않았다. 북한의 음악교사가 한국에 와서 같은 전공을 찾는 것은 불가능한 일이었다. 물론 조 씨도 당장 돈을 벌어야 하는 처지라 음악을 생각할 처지가 아니었다. 음악만 해온 인생은 31세에 끝내고, 한국에선 새로운 인생을 찾아야 했다. 2006년에 아들이 또 태어났다.

대전에 정착한 뒤 안 해본 일이 없었다. 우유, 신문, 치킨 등 배달 서비스에서 시작해 청소업 등 몸으로 때울 수 있는 일은 거의 다 해봤다. 1년 정도는 한 탈북자 정착지원 민간단체의 요청으로 입원이 필요한 탈북민을 상담해주는 일도 했다. 물론 월급은 쥐꼬리만했다.

도무지 가난에서 벗어날 방법이 없었다.

급기야 함께 탈북해 온 아내마저 4년 만에 "한국에 와서 사우나조차 못 가고 살았는데, 당신과 살아봐야 희망이 없다"는 말을 남기고 집을 나갔다. 이런 처지에서 남을 상담하는 일을 하는 것이 부끄러워 상담사직을 뿌리치고 도망치듯 경기도로 옮겨왔다. 광명과 인천 등지를 전전하며 열심히 직업을 찾은 결과 경기도청에 시간제 계약직원으로 들어갔다. 하루 6시간 일하고 1,800만 원의 연봉을 받는 직업이었다.

"제가 인천에 살았는데, 경기도 의정부 북부청사까지 매일 출퇴근을 했습니다. 왕복 90㎞를 오가야 했는데, 기름값이 한 달에 40만 원이나 드니 차를 타고 다닐 형편은 못 돼 오토바이를 타고 다녔습니다."

비가 오나 눈이 오나 오토바이를 타고 인천에서 의정부까지 출퇴근했지만, 결국 이 직업도 1년 만에 그만두었다. 월급이 적은 이유보다는 희망이 보이지 않았다.

"처음에 도청에서 일하면 탈북민 사회를 위한 정책 제안 같은 것을 할 수

북에서 온 이웃

있을 줄 알았죠. 그런데 가보니 시간제 계약직원이 할 수 있는 일은 아무 것도 없더군요.”

아무리 열심히 산다고 생각해도 삶은 나아지지 않았다. 그는 결국 해외에도 눈을 돌렸다. 2013년경에 탈북민들 속에선 해외에 나가는 붐이 일었다. 한국에선 희망이 없으니 해외에 나가 영주권을 받고 살면 자녀의 삶이라도 달라지지 않겠는가는 기대 때문이었다. 물론 해외 생활이라고 쉽지는 않았다. 그러나 외국으로 간 탈북민들을 만나 물으면 “한국에선 탈북자란 딱지를 죽을 때까지 떼지 못하지만, 해외에 나간 순간 진짜 코리안으로 다시 태어난다”는 대답이 많다. 외국에 나가면 더 이상 ‘노스’니 ‘사우스’니 따지지 않는다는 뜻이다. 어디 출신이든 해외에선 똑같은 ‘이방인 코리안’이 된다. 탈북민들은 일반적으로 동등한 코리안으로 차별 없는 대접을 받는 것에 무척 큰 의미를 부여한다.

조 씨도 캐나다로 갔다. 2년을 버텼지만, 한국에서 간 탈북민에겐 끝내 영

새 삶을 기약하며 어렵게 마련한 스카이차를 운전하는 조광호 대표. 조광호 대표 제공.

주권을 주지 않았다. 불법체류도 한계가 있었다. 다시 쫓기듯 한국으로 돌아
왔다.

애솔의 삶

2015년 그는 또다시 출발선에 섰다. 한국에 온지 10년 됐지만, 여전히 안
정적인 일자리는 없었다. 재혼한 아내와 두 자녀까지 먹여 살리려면 일은 해
야 했지만, 괜찮은 일자리는 그에게 찾아오지 않았다. 게다가 2016년에 새

북에서 온 이웃

로 막둥이까지 태어나 자녀가 셋이나 됐다. 다섯 가족을 부양하느라 아무리 힘든 일도 가리지 않고 뛰어다니는 그를 눈여겨보던 지인이 '스카이'로 불리는 '고소작업차'를 해보라는 제안을 해왔다. 기술을 배우고 돈을 벌면 독립도 할 수 있다는 것이었다.

한 업체에 들어가 월급 180만 원을 받으며 1톤 스카이차 기사 생활을 시작했다. 욕도 많이 먹으면서 6개월 동안 버티니 기술도 배우고 자신감도 생겼다. 기술이 높아지니 다른 업체에 3.5톤 스카이를 운전하고 월 250만 원을 받는 이직도 가능했다. 한국에 와서 10년 넘게 월급 150만 원 언저리를 맴돌다가 250만 원씩 받게 되니, 드디어 인생의 직업을 찾은 듯한 기분이 들었다.

3.5톤 트럭을 6개월 한 뒤 그는 월급 280만 원을 받으며 5톤 스카이차 기사로 옮겨갈 수 있었다. 많이 벌 때는 월 300만 원도 벌었다.

조 씨는 42세가 돼서야 드디어 인생의 직업을 찾았다는 생각을 가졌다. 스카이차는 작업자들을 정확한 높이와 위치에 올려주고, 작업 진행에 맞추어 다음 장소로 정확하게 옮겨주어야 한다. 그는 음반을 누비던 섬세한 손가락의 감각으로 외벽과 창문이 파손되지 않도록 탑승대를 부드럽게 조종해 이동시키며, 선율의 속도와 강약을 조율하는 오케스트라 지휘자처럼 능숙하게 작업자들과의 협업을 지휘한다.

조 씨는 1년 넘게 기사로 일하다가 2017년 2월 다른 스카이 기사들이 하는 대로 독립을 했다. 1억 8,000만 원짜리 5톤 스카이 차량을 할부로 구입했다.

'일조스카이'라는 회사도 만들었다. 비록 자영업자이지만, 처음으로 회사 대표 명함도 갖게 된 것이다. 그해엔 건설경기가 좋아 일감도 많았다. 한달에 1,500만 원을 벌 때도 있었다. 정말 시간 가는 줄 모르고 신나서 일했다.

그러나 2018년부터 건설경기가 좋지 않았다. 그해 번 돈은 전해의 3분의 2 수준이었다. 2019년은 다시 수입이 줄어 2017년의 절반 수준에 그쳤다. 코로나19로 침체된 작년 하반기에는 다시 수입이 재작년의 반으로 줄었다. 스카이를 처음 시작했던 2017년에 비하면 수입이 25% 정도밖에 되지 않는 것이다.

그만두고 싶은 마음이 없었던 것은 아니었다. 그러나 한국 정착 15년차에 그가 얻은 교훈은 단 하나였다. 더 이상 달아날 곳이 없다는 것이다. 그리고 역경과 고난 속에 다져진 자신감도 있었다.

"정면으로 부딪쳐 보자. 이 많은 스카이 기사들이 다 장사가 안 된다고 그만둬도 워낙 고생을 많이 해본 나는 쥐꼬리만한 수입에도 오랫동안 버틸 자신이 있다."

모두가 아우성일 때 조 씨는 1톤 스카이차를 9월에 또 사들였다. 5톤 스카이차는 30m까지 작업이 가능하지만 그만큼 비싼 단점이 있고, 1톤 스카이차는 18m 정도밖에 작업하지 못하지만 가격이 싸기 때문에 주문을 더 받을 수 있었다.

차 두 대를 사고 나니 거짓말처럼 갑자기 일감이 밀려들었다. 단 4개월 사이에 올해 8개월 번 것보다 더 많은 돈을 벌었다.

스카이 차량 업계도 경쟁은 치열하다. 서울·경기권에만 5,000여 대의 스카이차량이 있다. 이 업계는 고공 작업자들이 일감을 받아 스카이차를 부르는 구조다. 작업자가 함께 일해 본 기사에게 만족해야 또 찾아주는 것이다.

또 이권도 엄연하게 존재한다. 일을 하러 갔는데 한국노총이나 민주노총에 가입된 기사가 아니라는 이유로 작업장에서 내쫓긴 적도 많다.

그럼에도 조 씨는 인생에서 지금이 가장 자신감이 넘치고 행복한 시기라고 했다. 사업 노하우도 이제는 충분히 쌓았고, 거래처도 많이 생겼다.

2017년에 구입한 5톤 트럭 할부금도 올해는 다 갚을 수 있다. 할부가 끝나 이제야 겨우 내 차가 됐지만 그는 이 차를 다시 중고로 팔아야 한다. 장비

연식규제 때문이다. 5년이 넘은 노후차량은 삼성이나 현대 등 대기업 작업 현장에는 아예 들어갈 수가 없기 때문이다.

그동안 열심히 번 돈으로 임대주택을 졸업해 빌라이긴 하지만 다섯 식구가 살 수 있는 보금자리도 마련했다. 한국에 올 때 4살밖에 안 됐던 딸도 이제는 20살이 돼 곧 고등학교를 졸업해 대학에 가게 된다.

고된 하루 일을 끝마치고 집에 들어갈 때 그는 가장 행복하다. 아무리 힘들어도 집에 들어서면 박수쳐주는 가족이 있어 그는 삶의 에너지를 재충전한다.

조 씨의 삶은 한국에 온 3만 4,000여 명의 탈북민 중에서 그리 특별하다고 보긴 어렵다. 북한에서 특이한 경력과 사연을 갖고 산 것도 아니고, 탈북 과정에 북송 등을 거치며 고초를 겪은 것도 아니다. 한국에 와서도 10년 넘게 제대로 자지를 잡지 못하고 떠돌았다. 몇 년 전 시작한 장비업으로 아직 큰 돈을 번 것도 아니다.

그러나 그의 삶은 한국에 온 대다수 탈북민들과 마찬가지로 바위산에 뿌리박고 자라는 애솔과 닮았다. 소나무에서 떨어져 바람에 따라 이리저리 거친 바위산을 굴러다니던 솔방울이 마침내 뿌리를 박을 곳을 찾고 줄기를 키우는 것이다. 푸르고 굳센 소나무의 연륜은 이제부터 시작된다.

하진우

하나통일관광농원 대표

"

저는 (현대 창업주) 정주영 회장처럼 큰 기업을
만들고 싶습니다. 아직 젊잖아요. 꼭 성공해서
한국은 누구나 노력하면 성공할 수 있는 세상이
라는 것을 통일된 뒤 북한 사람들에게 꼭 보여주
고 싶습니다.

"

15세 탈북 브로커,
좌절 속에 찾은 희망

하진우 씨가 2020년 8월 한 북한인권단체 행사에 참가해 활짝 웃고 있다. 하진우 씨 제공.

1999년 가을. 늘 정전돼 암흑 속에서 살던 두만강 옆 동네에 모처럼 전기가 들어왔다.

6살 진우는 아버지와 어머니, 누나와 함께 TV 앞에 마주앉았다. 저녁 9시가 넘어 TV 연속극을 보고 있는데, 갑자기 문이 쾅 열리더니 검정색 정장을 입은 사내 10여 명이 집으로 들어왔다. 그들은 아버지 이름을 부르고 수갑을 채운 뒤, 옷도 입히지 않은 채 내복 차림으로 끌고 갔다.

진우가 끌려가는 아버지를 부르며 밖으로 나가니 승용차가 3~4대 서있었다. 만일의 사태를 대비해 다른 수십 명이 집을 빙 둘러 포위하고 있었다.

며칠 뒤 다시 여러 사내가 찾아와 탐지장비까지 동원해 집을 샅샅이 수색하고 돈이 될만한 물건은 모두 압수해갔다.

끌려간 아버지는 보위부의 중범죄자 구류장에 수감돼 1년 넘게 고문을 당했다. 아버지의 형제 2명도 함께 감옥에 끌려갔고, 성인이 된 진우의 사촌들도 마찬가지였다.

나중에 안 사실이지만 아버지는 '남조선 안기부 돈을 받아 노동당을 기만한 역적'이라는 무시무시한 혐의를 받았다. 누군가가 노동당에 진우의 아버지를 간첩이라고 신고했고, 대노한 김정일이 직접 "그 지역을 집중 검열해 깨끗이 만들라"는 지시를 내렸다. 소위 '1호 방침'이 하달된 것이다. 중앙에서 검열단이 내려와 수많은 사람들을 닥치는 대로 잡아들였다. 그 지역에서 모르는 사람이 없을 정도로 부유하게 살던 진우네 집은 이 사건을 계기로 풍비박산이 났다.

나락으로 떨어지다

진우의 아버지는 북한에서 중국과의 밀무역을 시작한 선구자였다. 1990년대 초반에 북한에서 오징어 등 수산물을 걷어 중국에 보냈고, 중국에서 담배 등을 몇 트럭씩 넘겨받아 북한 시장에서 팔았다.

그렇게 번 돈 중 일부를 '보험용'으로 국가에 바쳤다. 1990년대 중반 평양에 '노동당창건기념탑'이 건설될 때는 돼지 60마리를 바쳐 TV에도 나왔다. 이후 '칠보산관광도로' 공사와 '고무산시멘트공장' 확장 공사 때는 옥수수를 무려 1만 톤이나 수입해 지원물자로 바쳐 김정일의 표창도 받았다.

그런데 1999년 같은 지역에 살던 두 사람이 노동당에 진우 아버지가 바친 지원물자는 안기부(현 국가정보원)에서 몰래 받은 공작금으로 산 것이라고 신고했다. 수사가 시작됐다.

1년이 넘게 고문을 받았지만 안기부 자금이라는 증거는 나오지 않았다. 반대로 이 기간 신고한 사람들이 오히려 무고 혐의를 받게 됐다. 한 명은 '일제시기 악질순사를 했던 경력을 숨기고 있었다'는 사실이 밝혀져 정치범수용소에 끌려갔다. 다른 한 명은 허위신고를 했다는 압박이 심해지자 자살했다.

하지만 김정일의 '1호 지시'는 한번 하달되면 번복되는 법이 없었다. 대신 "죄는 있지만 노동당의 관대정책으로 석방한다"는 단서를 달고 아버지와 형제 2명이 석방됐다.

죽음은 면했지만 모든 것을 다 빼앗겼기에 알거지가 됐다. 당장 먹고 살아야 하는 아버지는 바닷가 도시로 옮겨가 어선을 탔다.

진우는 올해 28세가 됐다. 그는 "남의 집 판자집에서 살면서 아버지가 오징어를 잡아온 날이면 밥을 먹을 수 있었다"고 그때를 회상했다. 형제들도 헤어졌다. 엄마와 누나는 다른 친척집에 의지하러 갔지만 그것도 잠시 뿐.

모두가 가난한 상황이라 꽃제비와 다름없는 형색으로 이곳저곳 옮겨 다니며 살았다.

그렇게 6년을 보내다 부친이 과거의 인맥을 다시 활용해 '기름개구리 양식 허가증'을 받았다. 부친은 다시 고향에 돌아왔고 진우도 아버지를 따라왔다. 그러나 가족이 함께 살 수는 없었다.

아버지는 개구리 양식을 위해 수십 리 떨어진 깊은 골짜기에 올라가 움막을 치고 따로 살았다. 1990년대 중반까지만 해도 북한 사람들은 기름개구리에 대해 전혀 알지 못했다. 하지만 '고난의 행군'이 시작되면서 팔 수 있는 것은 닥치는 대로 걷어 중국에 파는 과정에 기름개구리가 중국에서 비싸게 팔리고 있다는 것을 알게 됐다.

한국에선 멸종 위기종으로 포획이 금지된 기름개구리는 중국에서는 정력제로 유명해 식용으로 즐겨 사용되고, 신경쇠약과 불면증 해소에 효과가 높은 한약재로 알려져 있다. 특히 기름이라고 불리는 암컷 개구리의 뱃속에서 나오는 노란 수란관은 2000년대 초반 1kg에 2,000달러 정도 밀거래됐을 정도다.

이것이 알려지자 졸지에 북한의 기름개구리들은 씨가 마를 정도로 '대학살'을 당했다. 산 계곡마다 많은 이들이 개구리를 잡았다.

나중에 개구리가 멸종되다시피 하자 이번엔 양식업이 성행했다. 힘이 있는 사람들이 허가증을 받아 깊은 골짜기 하나씩 인공적으로 개구리를 키우기 시작했다. 진우의 부친 역시 이런 사업을 나선 거였다.

북에서 온 이웃

한국과의 통화

새로 장만한 진우의 집은 시내에서 조금 떨어진 마을에 있었다. 아직은 가난을 면치 못해 학교가 끝나면 여름과 가을엔 약초를 채취하러 갔고, 겨울엔 나무를 해 장마당에 팔았다. 이런 가난한 와중에 진우는 공부를 열심히 해 학교를 대표하는 '소년단위원장'을 했다.

아버지가 중국에 기름개구리를 몰래 팔면서 진우네 집에는 중국 휴대전화도 생겼다. 물론 이것이 들키면 감옥에 가야 하지만, 기름개구리를 팔려면 어쩔 수 없는 선택이었다.

어느 날 동네 사람이 찾아와 "휴대전화를 좀 빌려 달라"고 했다. 알고 보니 그는 한국에 간 가족과 통화를 했다. 그렇게 얼떨결에 한국과 북한을 연결시켜 줬는데, 갑자기 한국 가족이 북에 돈을 보내줄 테니 좀 전달해달라고 부탁해 왔다.

아버지가 거래하는 중국 대방에게 알아보니 돈을 전달받는 방법을 알려 주었다. 그렇게 진우는 13세에 한국 돈을 받아주는 브로커가 됐다.

한국에 사는 탈북민이 중국에 돈을 부치면, 중국에서 돈을 받은 사람이 다시 북한 내 화교에게 연결해 돈을 주도록 하는 방식이다. 진우는 한국에 사는 탈북민과 북한 가족을 전화로 연결해주고, 중국에서 돈을 받을 사람의 전화번호를 알려준 뒤 돈이 송금되면 화교네 집에서 그 돈을 찾아 가족에게 가져다주는 일을 맡았다. 물론 북한 가족이 돈을 받으면 한국 탈북민에게 정확히 받았다고 '애프터서비스'까지 해주는 게 기본이었다.

이런 일을 하는 동안 누구도 13세 진우를 의심하지 않았다. 늘 약초 채취와 나무하러 갔기에 그가 산에 오르내리는 것도 자연스러웠다. 점차 돈을 벌면서 진우는 중국 휴대전화를 다섯 대나 장만해 산에 올라가 한국과 전화를 했다.

어려움도 있었다.

"조그마한 학생이 찾아와 한국에 간 가족이 찾는다고 말하면 사람들은 다 의심했어요. 아니 황당해 했죠. 같이 전화하러 산에 가자고 하면 선뜻 나서지 않았어요. 보위부 스파이가 아닌지 의심도 참 많이 받았고요."

그러나 진우는 물러서지 않았다. 의심이 풀릴 때까지 열 번, 스무 번을 찾아가길 망설이지 않았다. 6살에 닥친 아버지의 체포와 지독한 가난이 그를 '어른'으로 만든 것이다.

15세 탈북 브로커

한국 돈을 받아주던 진우는 2년 뒤인 2008년 우연한 기회에 한 가족의 탈북을 돕게 됐다. 부탁을 받고 찾아갔더니 며칠을 굶은 부부가 일어날 힘없이 누워있었다. 그 옆에는 8살 된 딸도 누워있었다.

"죽어도 좋으니 자기들을 중국에 좀 데려다 달라고 하더군요. 그 딸을 보는 순간 구해줘야겠다는 생각이 들었어요. 저도 그만한 나이에 아버지가 잡혀가 죽을 뻔했으니까요."

그는 그 가족을 데리고 밤중에 산을 넘고 넘어 두만강까지 왔다. 중국에 연계하던 사람들에게 마중 나오라고 전화로 연락하고 밤에 강을 건너보냈다. 그게 시작이었다. 그의 도움으로 왔던 8살 딸은 지금 한국에 무사히 도착해 대학생이 됐다고 한다.

이후 그는 본격적으로 탈북 브로커의 길을 걷게 됐다. 15세 때였다.

2013년 탈북하기 전까지 5년 동안 그가 강을 넘겨준 탈북민은 50여 개 팀에 100명이 넘는다.

당시 북한에서는 탈북 시켜주는 사람은 무조건 '인신매매범'이라는 누명을 씌워 총살형에 처했다. 만약 누군가 북송돼 진우의 이름을 불었으면 그는 체포돼 죽을 수밖에 없었다. 그러나 다행히 그가 넘겨 보낸 사람은 단 한 명도 중국에서 체포되지 않고 한국까지 무사히 도착했다.

목숨을 담보로 탈북을 도와준 대가로 큰 돈을 만졌을 법도 한데 진우는 의외로 큰 돈은 벌지 못했다고 했다. 한 개 팀을 넘겨 보내주는 대가는 1만 5,000위안(약 250만 원)~2만 위안(약 338만 원)이었다. 주로 한국에 먼저 간 탈북민들이 가족의 탈북비용을 댔다.

북한에서 250만 원은 거액이지만, 진우가 모두 가질 수 있는 건 아니었다. 탈북시키는 일을 하면서 그는 점조직으로 움직이는 '비밀조직'을 운영했다. 타 지역에 가서 사람을 전문적으로 찾는 사람과 가족을 안전하게 국경까지 데리고 오는 사람을 따로 고용했다. 국경경비대 군관과 병사들에게는 금전 대가를 지불해야 했다. 심지어 보내준 사람이 북송돼 나올 경우 미리 알아야 대책을 세울 수 있기에 탈북민들이 중국에서 북송될 때 반드시 거쳐 가는 온성군 보위부 사람들까지 매수해야 했다. 돈은 물론 노트북 같은 비싼 물건을 주기도 했고, 명절 때면 닭과 꿩도 가져다주며 친분을 다졌다.

중학교를 졸업할 무렵인 16세에 진우는 이미 거미줄 같은 네트워크를 가진 탈북 조직을 거느리게 됐다. 그 무렵 아버지의 기름개구리 사업도 성공해 돈을 벌기 시작했다.

진우는 돈이 생겨 중학교를 졸업하고 입대하는 다른 친구들과 달리 뇌물을 써서 군에도 가지 않았다. 그는 현지 붉은청년근위대 무기고 관리원으로 배치됐다. 이곳에서 일하면 대체복무로 인정해주었다. 무기고를 늘 가서 지키지 않기 때문에 시간이 될 때마다 그는 사람들을 탈북시키는 일을 계속했다.

사람들을 넘겨 보내는 과정에 중국도 세 차례 몰래 가서 놀았다. 한국 드라마도 많이 봤지만 가족을 두고 한국으로 가겠다는 생각은 한 번도 한 적이 없었다.

국가수배령에 쫓긴 탈북

위기는 생각지 않은 곳에서 찾아왔다. 2013년 7월 말, 한 가족을 탈북 시키고 집에서 쉬고 있는데 갑자기 휴대전화로 도 소재지에 사는 삼촌이 보위부에 끌려갔다는 연락이 왔다.

느낌이 이상했다. 삼촌은 사람들을 탈북시키는 데 관여한 적이 없었다. 그러나 한 번 앞쪽에서 탈북자 가족을 데리고 오다가 삼촌 집에 들러 잤던 적은 있었다.

진우는 집에서 나와 숨은 뒤 동태를 살폈다. 멀리 도망가야 할 상황임을 직감했지만, 그럴 수는 없었다. 한국에 사는 한 탈북 여성과의 약속 때문이었다. 이 여성은 북에 사는 여동생과 조카딸을 탈북시켜달라고 부탁했다.

진우는 그때를 이렇게 회상했다.

"아버지도 돈을 버는 때라 순전히 돈 때문이라면 그 위험한 일을 계속 하지 않았을 겁니다. 그런데 사람들을 탈북시키다 보면 사명감 같은 게 생기더라고요. 시궁창에 사는 사람에게 새 삶을 선물하는 느낌도 들고, 더 중요하게는 영영 헤어질 뻔했던 가족을 다시 만나게 해준다는 보람도 있었어요. 제가 어렸을 때 너무 가난해 부모와 누나, 여동생과 뿔뿔이 흩어져 사는 고생을 했으니 더 그랬던 것 같아요."

보위부의 눈을 피해 숨어있는 와중에 그는 약속을 지켜 모녀를 한국에 보

북에서 온 이웃

내기 위해 두만강에 다시 나갔다. 작별인사를 건네고, 잘 살라며 보내주었다. 그때는 자신도 얼마 뒤 탈북할 수밖에 없는 몸이 되고, 그들과 두 달 뒤 태국에서 다시 만나게 될 줄은 꿈에도 몰랐다.

삼촌이 체포된 지 보름 뒤 어머니에게서 몰래 연락이 왔다. "보위부가 찾아왔으니 빨리 도망치라"는 거였다.

그는 그 길로 아버지가 양식업을 하는 산골짜기로 도망쳤다. 산에서 몇 시간 내려다보며 감시하는 사람이 없음을 확인한 뒤 밤에 몰래 아버지와 만났다.

이미 보위부에서 죽다가 살아난 아버지는 동생이 또 보위부에 끌려갔다는 말에 아들을 데리고 산으로 올랐다. 살기 위해선 도망치는 수밖에 없었다.

그때 이미 북한의 모든 초소에는 진우의 사진이 붙어있었다. 나중에 알게 된 일이지만 이미 보위부는 진우를 주시하고 있었다. 그러나 설마 저렇게 나이 어린 청년이 삼엄한 경비를 헤치고 수많은 사람들을 탈북시켰을까 확신을 갖지 못했다.

하지만 삼촌을 고문해 감시하고 있던 탈북민 가족이 탈북한 것이 진우의 소행임을 알아차렸다. 즉시 진우의 사진을 붙인 국가수배령이 하달됐다.

숱한 사람들을 탈북시킨 진우지만 정작 자기가 탈북할 통로는 없었다. 그가 살던 지역에선 도무지 움직일 수가 없었기 때문이다.

진우는 아버지와 함께 그나마 경비대가 적은 백두산 쪽으로 오르기 시작했다. 밤에 움직이고 낮에 숨으며 며칠이면 갈 길을 보름이나 걸어갔다.

마침내 백두산 천지가 코앞에 보이는 곳까지 도달했다. 더 갈 곳도 없었다. 그곳에도 경비대 잠복초소가 있었다. 부자는 잠복조가 교대하는 10분을 기다렸다 중국을 향해 냅다 달렸다.

중국에서는 이미 몇 년 동안 탈북민을 넘겨주며 손발을 맞춰왔던 사람들

북에서 온 이웃

의 도움을 받았다. 국가 수배령이 떨어져 왔다는 말에 그들은 즉시 한국으로 가는 길을 안내해주었다.

진우가 도망치는 것과 비슷한 시기에 누나도 다른 통로를 통해 탈북했다.

다만 엄마는 미처 도망치지 못해 보위부에 끌려갔다. 악명 높은 전거리교화소에 수감됐던 엄마는 결국 3년 뒤 하반신이 마비되어 움직일 수 없는 몸으로 풀려났다는 말을 전해 들었다. 보위부에 체포된 삼촌은 6개월 뒤 끝내 공개처형됐다.

트럭 지입 기사 시절인 2016년의 하진우 씨. 하진우 씨 제공.

23세 5톤 지입 기사

2013년 12월 진우는 아버지와 함께 한국 사회에 첫발을 내디뎠다. 만 20세 때였다.

또래와 함께 공부를 하고 싶었다. 북한에서 단위원장을 할 정도로 공부를 잘했기에 대학만 가면 얼마든지 따라갈 자신도 있었다.

2014년 4월 서울 소재의 한 대학에 입학했다. 그러나 그의 꿈은 며칠 못 갔다. 엄마가 교화소에 끌려갔다는 이야기를 전해 들었기 때문이다. 엄마를 살리려면 돈을 벌어야 했다.

그는 대학을 그만두고 아버지는 일용직 일자리를 찾아 헤맸다. 진우는 여러 아르바이트 자리를 전전하다 최종적으로 백화점에서 1년 정도 아르바이트를 했다. 그가 돈을 벌 수 있는 유일한 길이었다. 1년 동안 아끼고 아끼며 3,000만 원 정도를 모았다. 그 돈을 밑천으로 2016년 5톤 트럭을 할부로 구입해 충남 서산에서 지입 기사 자리를 얻었다.

23세밖에 안 된, 더구나 나이보다 더 앳돼 보이는 어린 청년이 5톤 대형 트럭을 몰고 다니자 주변에서 모두 이상한 눈으로 바라봤다.

그러나 진우 씨는 힘든 줄을 몰랐다.

"어떤 날에는 하루에 100만 원 가까이 벌기도 했어요. '한국에 오니 노력하는 것만큼 돈을 벌 수 있구나' 하는 생각에 그때는 정말 너무 기뻤죠. 정말 잠을 자지 않고 일했습니다. 밤을 꼬박 새우거나 두 시간 자고 차를 몰고 다녔어요. 어머니를 살려야 한다고 생각하니 힘든 줄을 몰랐습니다."

그는 차에 붙어살았다. 그러나 그의 기쁨도 오래가지 못했다.

하루 종일 차에 앉아 무리하게 힘을 쓰며 일하다 보니 2년쯤 지난 어느 날부터 허리가 아파왔다. 참다 참다 병원에 가면 이상이 없다고 했다. 쉬면 좀 나아질까 싶어 일을 줄여 봐도 소용이 없었다.

여러 병원을 다니다 한 대학병원에서 강직성척추염이라는 진단을 받았다. 강직성척추염은 평생 달고 살아야 하는 희귀난치질환이다. 어린 나이에 너무나 무리해 일하다 보니 면역체계가 파괴되며 병에 걸린 것이다. 매일 시간 맞춰 약을 꼬박꼬박 먹어야 할 뿐만 아니라 운전을 계속 하는 것도 더 이상 무리였다.

결국 그는 차를 팔 수밖에 없었다.

2018년 봄 트랙터를 몰고 양식장 주변을 정리하는 하진우 씨. 그가 아버지와 함께 새로 만든 기름개구리 양식장. 하진우 씨 제공.

다시 찾은 희망

평생의 병을 얻었고, 좌절을 겪었지만 진우 씨는 여전히 씩씩하다.

한국 사회에서 6년을 살다 보니 이제 어떻게 살아야 할지 감이 온다고 했다. 일용직을 전전할 수밖에 없었던 그의 아버지는 북에서 기름개구리 양식장을 운영했던 경험을 살려보려 했다. 중국에서 정력에 좋다고 소문난 기름개구리가 한국에는 잘 알려져 있지 않다. 곳곳에 기름개구리 서식에 적합한 골짜기도 수없이 많지만, 전국적으로 기름개구리를 양식하는 가구는 3~4개 농가밖에 되지 않는다고 한다.

진우와 아버지는 여기에서 기회를 봤다. 중국산이 아닌, 한국산 기름개구리를 양식해 판매를 한다는 계획을 세웠다. 양식지, 판매 등이 다 걸려있지만, 어떻게든 헤쳐 나갈 생각이다.

본격적으로 기름개구리 양식을 시작하려고 전국을 헤매다 2018년 경상북도 외진 산골에 땅 3,000평을 샀다. 1년 반이나 걸려 마침내 양식 허가도 받아 '하나통일관광농원'이란 간판을 내걸고 본격적으로 기름개구리 양식을 시작했다.

"한국에 아직 기름개구리가 잘 알려지지 않았지만 앞으로 점차 알려질 겁니다. '동의보감'에도 기름개구리에서 나오는 합마유의 효능이 기록돼 있습니다. 그런데 정작 우리는 모르고 중국 사람들이 북한에서 비싸게 사올 정도로 더 좋아하거든요. 기름개구리는 튀겨도 먹지만, 가루를 내서 홍삼처럼 진액을 만들어 먹을 수도 있죠. 우리가 양식을 하게 되면 국산 합마유를 생산할 수 있습니다."

진우는 건강기능식품의 미래는 밝다는 믿음과 함께 개구리 양식업이 꼭 성공할 것이라고 믿고 있다. 아직은 합마유 추출 장비를 살 돈이 없어 올 가을부터 출하되는 기름개구리는 식용으로 먼저 판매할 계획이다. 한 포털 사이트 스마트 스토어에 판매자로 등록했고, 홍보를 위해 유튜브 채널도 운영하기 시작했다.

과연 진우 씨의 꿈은 무엇인지 궁금했다.

"저는 (현대 창업주) 정주영 회장처럼 큰 기업을 만들고 싶습니다. 아직 젊잖아요. 꼭 성공해서 한국은 누구나 노력하면 성공할 수 있는 세상이라는 것을 통일된 뒤 북한 사람들에게 꼭 보여주고 싶습니다."

최신아

최신아 예술단 단장

❝

저는 한국춤의 장점과 북한춤의 장점을 결합해
한반도 평화의 춤을 만들고 싶어요. 무용도 70
년 넘게 분단이 돼 남북의 차이가 너무 커졌어
요. 저는 북에서 27년을 무용만 했고 한국에 와
서도 5년째 무용을 하고 있습니다. 한국의 전통
춤은 속도가 느린 반면 북한 춤가락은 매우 빠르
거든요. 앞뒤에 북한처럼 빠르고 경쾌한 춤을 넣
고, 중간에 한국의 춤가락을 넣으면 이것이 최신
아만의 고유의 춤, 나아가 최승희 무용의 계보를
이으면서 남북의 장점을 결합한 새로운 무용 사
조가 될 수 있다고 봅니다.

❞

'최승희 계보 잇겠다'
북에서 온 무용 감독

자신이 창작한 장고춤을 무대에서 추고 있는 최신아 씨. 최신아 단장 제공.

2015년 9월 전북 남원에서 열린 '국민대통합 아리랑공연' 한복 패션쇼는 기존과 다른 연출을 선보였다. 한복을 입은 모델들이 워킹 중심의 기존 패션쇼와는 달리 민요의 흥겨운 선율에 맞춰 우아한 춤을 추며 등장한 것이다.

무대 뒤에서 한 중년 여성이 차례를 기다리는 모델들에게 몸짓을 해가며 열정적으로 뭔가를 설명하고 있었다.

"너는 무대 중심에서 세 걸음 더 나간 뒤 돌면서 손가락을 이렇게 쥐고 관객을 쳐다보며 퇴장해. 퇴장할 때 새로 들어오는 친구랑 눈을 맞추면서 무릎 살짝 굽히며 인사하고…."

설명을 들은 모델이 무대에 올라간 뒤 그는 다음 모델에게 "이 지점에서 둘이 헤어진 뒤 후렴 두 번째 박자에 모자를 벗어 옆구리에 대고 반쯤 돌아서"라는 식으로 설명을 했다.

그녀는 북에서 온 지 3년째 된 최신아 씨다. 이날 공연은 북한에서 함경북도예술단 무용감독을 지냈던 그가 한국에서 처음으로 안무를 선보인 자리였다.

"전날 저녁 갑자기 전화가 왔어요. 한복 패션쇼는 민요에 맞춰 했으면 좋겠는데, 나보고 안무를 맡아달라는 거예요. 너무 황당했죠. 당장 내일이 공연이고, 심지어 음악도 정해지지 않은 상태였어요. 이렇게 빠듯하게는 못한다고 하자 주최 측에서 '창작도 가능하다면서요? 즉흥적으로 한번 해 보세요'라고 하더군요."

최 씨는 오기가 발동했다.

'그래, 좋아. 북한에서 27년 동안 무용을 했던 자존심을 걸고 해보자.'

음악도 정해지지 않은 상태에서 모델 11명의 동선을 그렸다. 그런데 행사 당일 갑자기 모델이 16명으로 늘었다. 구도를 다시 만들어야 했다. 게다가 모델들은 대다수 민요를 전공한 20대 여성들로 무용과 구도의 개념이 없었다.

북에서 온 이웃

부채춤을 추고 있는 최신아예술단. 최신아 씨 제공.

그들을 데리고 한나절 사이에 동작을 가르치고, 개별적으로 무대에 오를 때, 두세 명씩 오를 때, 단체로 오를 때 해야 할 동작들을 가르쳤다. 시간이 급박해 공연 진행 중에도 그는 모델들에게 무대에 오르기 전에 동작을 다시 가르쳐야 했다. 그렇게 급히 진행한 패션쇼가 1,500명 관객의 열광적인 박수를 받으며 성황리에 막을 내렸을 때 그는 탈북 이후 처음으로 뿌듯함을 느꼈다.

주최를 맡았던 한 인사가 공연이 끝난 뒤 말했다.

"대단한 실력인데, 너무 아까워요. 예술단 하나 만들어보면 어때요. 밀어드릴게요."

그렇게 2015년 11월 최신아 예술단이 만들어졌다. 최 씨가 오디션에 온 80명의 후보 중 5명을 뽑아 만든 예술단이었다. 이는 북한에 이어 한국에서 무용 경력을 새롭게 쌓는 계기가 됐다.

12살 때 시작한 춤

최 씨는 1969년 평양에서 예술영화촬영소 간부의 딸로 태어났다. 6·25전쟁 때 나이를 두 살 숨기고 군에 입대한 부친은 정찰병으로 뽑혀 17살 때 부산까지 가 본 것을 자식들에게 두고두고 자랑했다.

최 씨가 춤을 시작한 계기는 우연이었다. 남들보다 머리 하나가 더 컸던 최 씨는 소학교(초등학교) 때부터 배구선수로 활동했다. 그런데 중학교에 진학한 1981년 그의 학급이 '2중 영예의 붉은기' 학급으로 지정돼 평양학생소년궁전 가야금 소조반으로 통째로 뽑혀가게 됐다. 학생소년궁전에서 가야금을 배우기 시작했지만 워낙 활동적이었던 그는 도무지 적응이 되지 않았다.

하루는 어디선가 들리는 장단소리에 끌려 저도 모르게 그쪽으로 가 몰래 들여다보니 자기보다 훨씬 큰 언니들이 무용을 하고 있었다. 너무 멋져 보였다. 그는 담임선생에게 가야금 대신 무용을 하게 해달라고 졸랐다.

무용선생은 아래위로 최 씨를 훑어보고 몇 가지 동작을 시켜보았다. 남달리 큰 키에 팔과 목까지 길고 유연성과 청각이 좋았던 최 씨는 그 자리에서 무용소조로 결정됐다. 그렇게 무용의 길에 접어들었다.

그러나 이듬해인 1982년 최 씨 가족은 함북 청진으로 추방됐다. 둘째 오빠가 패싸움에 여러 차례 가담하는 등 평양에서 물의를 일으켜 온 가족이 평

북에서 온 이웃

양에서 쫓겨난 것이다.

청진에 온 최 씨는 평양학생소년궁전 경력을 인정받아 청진예술전문학
교에 입학했다. 당시 이 학교의 무용선생인 김응범은 '전설의 무희' 최승희
의 제자였다. 그가 키운 학생들은 피바다예술단, 만수대예술단에서도 주인
공으로 활약했다.

훈련은 혹독했다. 하루에 8~10시간은 기본이었다. 매일 기초훈련을 두
시간 한 뒤 10분 쉬고 발레를 한 시간하고, 다시 조선무용을 한 시간 한 뒤
작품 훈련에 매진했다. 집단체조 강국을 자처하는 북한은 무용만큼은 어딜
가나 혹독하게 가르치는 것으로 악명이 높다.

자신이 창작한 무용을 선보이고 있는 최신아 씨. 최신아 씨 제공.

힘든 훈련을 이겨내며 기량을 인정받은 최 씨는 예술학교 전문부를 졸업하고 17세 때인 1986년 함경북도예술단 무용수로 임명됐다. 젊은 시절엔 평양을 수시로 오가며 김일성과 김정일 등이 참석하는 공연에 수시로 참가했다. 1989년 평양에서 열린 13차 세계청년학생축전 때는 유명 예술단원들과 함께 각국 입장 팻말을 들고 가는 요원으로도 뽑혔다.

"그랬다면 지금 다큐에서 제 얼굴을 찾아볼 수 있을 건데, 아쉽게 입장을 못했어요. 제가 상투메프린시페를 담당했는데, 온다고 했던 대표단이 안 왔거든요."

최 씨는 2008년 탈북할 때까지 예술단에서 22년 동안 무용을 했고, 예술단 무용 감독까지 맡았다. 26세 때 3급 예술인으로 승진해 '65호 국가 특별 공급대상'으로 인정받았다.

북한은 예술인들에게 6급에서 시작해 1급까지 급수 제도를 운영한다. 신인은 6급이고, 2급은 공훈예술인에게, 1급은 북한 예술인의 최고 영예라는 인민예술인 칭호를 받아야 부여한다. 3급부터는 따로 정한 공급소에 가서 쌀과 부식물, 계란, 기름, 당과류 등을 특별히 받게 된다. 그만큼 3급은 예술인들이 받기 어려운 급수였다.

남조선을 만나다

1990년대 중반 '고난의 행군'은 예술인들에게도 예외가 없었다. 어쩌면 뇌물을 받을 수 있는 권력이 전혀 없는 예술인이 제일 큰 피해자라 할 수 있다.

허기진 사람들에게 무용은 사치였다. 예술인들도 출근해 3시간만 훈련하고 오후에는 장마당에 나가 장사를 해야 살 수 있었다. 훈련 밖에 모르던 최

북에서 온 이웃

씨도 이때 장사에 눈을 떴다.

2006년 그는 처음 중국에 나왔다. 중국에 외삼촌이 살고 있어 합법적으로 여권을 받아 친척 방문으로 나올 수 있었다. 처음 와본 중국은 최 씨의 마음을 뒤흔들어놓았다. 2008년에 또 친척 방문을 구실로 여권을 떼어 중국에 왔는데, 이때는 아예 작정을 하고 6개월 동안 체류하며 돈을 벌기 위해 나왔다.

부모가 한국에 간 어느 조선족 집에서 어린 아들을 봐주는 가사도우미 자리를 얻었다. 이때 그는 처음 인터넷을 알게 됐다. 한국 무용이 궁금한 것은 당연지사.

"설운도, 태진아, 김세레나 같은 가수들의 공연을 보았는데 백댄스를 보고 충격을 받았어요. '어머나, 저렇게 추다가 목이 빠지겠다'고 생각했어요. 백댄서들이 치마저고리 입고 나와 무대 위를 뛰어다니는 걸 보고 '저건 웬 괴상한 춤이냐'고도 생각했죠. 그때 내가 한국에 가면 안무를 잘 할 수 있을 것 같다는 자신감이 들었어요."

어느 날 평양예술단 공연 영상도 보았다. 그 예술단은 탈북민들이 서울에서 만든 예술단이었다. 하지만 그런 사실을 몰랐던 최 씨는 '우리나라에서 서울에 저런 예술단도 보냈나' 하고 깜짝 놀랐다고 했다.

최 씨의 마음에 점점 '한국에 가서 북한 무용을 알리고 싶다'는 생각이 커졌다. 그러나 그에게 한국의 이미지는 북한에서 교육받은 대로 '썩고 병들고, 화염병이 난무하고, 예쁜 여성들이 길거리에서 총에 맞는 곳이고, 저녁에 안 보이면 죽었다고 간주하는 곳'이었다. 한국에 가면 신변안전이 절대 보장받지 못할 것이라 믿었다.

"북에서 예전에 직장마다 '선동원' 제도를 만들 때 저는 우리 예술단의 최초 선동원으로 임명받았어요. 출근하자마자 200여 명의 동료들을 모아놓고 '당의 부름을 받고 시작하는 오늘 하루를 충성을 바치고 양심의 땀을 흘리자'고 선동하는 일이었죠. 썩고 병든 자본주의 날라리풍에 절대 물들면 안된다고 선전하는 일도 제 몫이었어요. 그러다 보니 어느새 제 머리 속에 남조선은 정말 무서운 지옥이란 개념이 있었던 것 같아요."

돌봐주던 아이의 부친은 한국에서 자주 전화를 해왔다. 그는 한국이 절대 그런 세상이 아니라고 계속 이야기했다. 하지만 최 씨는 '원래 자본주의 보도란 조작'이라며 믿지 않았다.

6개월만 돈을 벌고 북에 돌아간다던 계획은 어그러졌다. 중국이 마음에 들고, 일도 편하고 주변 사람들과 친해지면서 눌러앉은 기간이 길어지더니 어느새 3년을 넘겼다. 그때 위기가 찾아왔다.

탈북

2011년 9월 어느 날 새벽에 전화가 걸려왔다.

젊은 남자가 대뜸 반말로 "야, 너 조선여자인 거 모를 줄 알았나. 공안에 신고해 잡아가게 할 거야. 북에 가면 어떤 꼴이 날지 상상해봐"라며 협박을 했다.

"돌봐주던 아이의 사촌 누나와 사귀던 남자친구였어요. 그런데 둘이 헤어지고 여자아이가 잠적했죠. 그랬더니 남자친구가 계속 전화를 해 여자 간 곳을 불라는 거예요. '모른다'고 했더니 어느 날 신고하겠다고 협박을 한 거죠."

"난 여권 떼고 온 여자니 신고할 테면 해봐"라고 대답은 했지만 3년째 불법체류 중인 처지라 신고하면 북송돼 고초를 겪을 게 뻔했다. 서울에 있는 아이의 아버지에게 전화를 했더니 '한국 오는 브로커를 찾아줄 테니 지금 집을 나와 연길역으로 가라'고 해결책을 제시했다.

북에서 온 이웃

"아침 6시에 정말 몸만 빠져나와 역에 갔더니 정말 브로커가 마중 나와 있더군요. 그런데 북에서 막 건너온 젊은 친구 3명과 한 팀이 됐어요. 기차 타기 전까지 일행이 누군지 몰랐는데 역 앞에 나가보니 나무 밑에서 불안하게 두리번거리는 얼굴들이 표가 나서 3명이 누군지 보자마자 다 알아버렸죠."

기차에서 신분증을 검열할 때면 벙어리 시늉을 하며 위기를 넘겼다. 중국에서 동남아 국가로 넘어갈 때는 열대 숲을 헤치며 6시간 동안 줄곧 산을 오르기도 했다.

"같이 오던 어린 여자애가 더는 못 간다며 여기서 죽겠으니 버리고 가라는 거예요. '죽더라도 엄마한테 가서 죽어'라고 달래며 그 애를 업고 산에 올

한 지방공연 무대에 선 **최신아예술단**. 장고를 메고 무릎을 꿇은 이가 **최신아** 씨이다. **최신아** 씨 제공.

라갔죠. 제가 그렇게 힘들게 무용 훈련을 했지만, 땀이 이마에서 정말 비처럼 쏟아질 수 있구나 하는 것을 처음 알았어요."

당시는 탈북민이 한 해에 3,000명 가까이 한국에 오던 시절이었다. 태국 감옥은 사람들로 넘쳐났다. 모든 것이 가장 열악한 때였다. 그 모든 것을 견디고 2011년 11월 한국에 입국했고, 2014년 4월 한국 사회에 나왔다.

사회에 나왔지만 딱히 할 일은 없었다. 낮에는 식당에 나가 아르바이트를 하고, 저녁에는 십자수를 놓으며 3년을 보냈다. 무용에 관심이 있었지만 마흔 다섯이 된 자신이 어디서 무엇을 해야 할지 몰랐다.

그러던 2015년 8월 한 통의 전화를 받았다.

"국민대통합 아리랑 순회공연을 하면서 무용을 전공한 탈북민을 수소문했는데 북에서 무용 감독을 했다면서요?"

그렇게 그는 한국 무대에 서게 됐다. 북에서 온 무용수로 소개돼 독무를 시작했는데, 장고를 끼고 혼자 무대를 휘젓는 그를 보고 모두가 '대단하다'며 박수를 쳤다. 한 달이 되니 갑자기 하루 만에 남원 패션쇼 안무를 맡아보라는 제안까지 받았다. 그리고 자신의 무용단까지 만들게 됐다.

최승희의 계보

중국에 있을 때 최 씨는 TV에서 한국의 무용을 보다가 많이 놀랐다고 했다.

"저건 북한의 기초(기본) 동작으로 무대에 나와서 왜 연습하지 싶었는데, 나중에 알고 보니 그게 연습이 아니라 작품이라더군요. 그런데 북에선 그런 기초 동작을 완전히 익힌 다음에 작품을 하거든요."

1987년 북한은 '자모식 무용표기법'이란 것을 발표했다. 춤 동작과 구도

북에서 온 이웃

등 모든 형상 요소들을 일정한 기호로 악보와 함께 표기하는 방법이다. 무용 표기법만 있으면 세계 어느 나라에 있던지 똑같은 선율에 똑같은 춤동작을 할 수 있도록 만든 것이다. '백조의 호수'와 '마주르카' 같은 유명 무용도 표기가 가능하다. 현재 무용계에서 통용되는 '라반표기법'보다 정교하고 풍부한 무용 동작을 표기할 수 있다는 게 전문가들의 평가다. 그런데 왜 이 표기법은 알려지지 않았을까. 이에 대해 최 씨는 이렇게 말했다.

"그걸 활용하려면 엄청 많은 것들을 배워야 합니다. 각각의 무용뿐만 아니라 음악의 악보, 장단, 청음까지 기본으로 알아야 하는데, 여기는 그렇게까지 엄하게 훈련하지 않습니다. 한국에서 춤은 전통무용, 현대무용, 발레, 뮤지컬, K팝으로 나뉘죠. 그런데 전통무용은 발레를 좀 아는데 현대무용을 모르고, 현대무용은 발레를 아는데 전통무용을 모르고, 발레는 현대무용은 아는데 전통무용을 모르더군요. 북에선 무용과에 들어가면 전통무용, 현대무용, 발레를 동시에 1전공으로 가르칩니다. 거기에 음악의 청음, 장단, 악보까지 모두 전공으로 교육하죠.

북에서 집단 체조할 때 어린 학생들도 고난도의 동작을 일사불란하게 합니다. 일반 학생들도 그렇게 훈련시키는데, 전공과는 얼마나 훈련시키겠어요. 무용만큼은 북한이 훨씬 더 빡세게 배우는 셈입니다."

다만 북한의 무용은 획일적인 틀에서 벗어나지 못한다는 한계가 있다.

최 씨는 "한국의 전통무용은 유명인 중심의 여러 계파로 갈라져 지방마다 특색이 다 다른데, 북한 무용은 최승희 단일파라 할 정도로 철저히 최승희 무용의 영향권에 놓여있다"고 말했다. 최승희는 1969년 북한에서 숙청된 것으로 알려졌다. 그러나 1980년대부터 그의 춤은 다시 복권되기 시작했고, 그의 유해도 애국열사릉에 안치됐다. 2011년 11월 북한은 최승희 탄생 100주년을 맞아 그가 1956년에 창작한 무용극 '사도성의 이야기'를 리메이크해

무대에서 화려한 전통무용을 선보이고 있는 최신아 씨. 최신아 씨 제공.

무대에 올렸고, 노동신문에서 '조선무용예술의 1번수' '조선의 3대 여걸' 등
으로 극찬하기도 했다.

북에서 온 이웃

최신아 예술단

자기 이름을 내건 예술단을 만든 뒤 최 씨는 열정적으로 단원들에게 자기만의 무용을 전수했다. 얼마 안 돼 업계에는 "최신아 예술단에 들어가면 너무 빡세다"는 소문이 났다.

처음에는 단원들과의 의사소통이 되지 않아 고생했다. 북한에서 쓰는 무용 용어가 여기선 거의 통용되지 않았기 때문이다.

최 씨가 한참을 열심히 설명하고 해보라 하면 단원들이 자기들끼리 얼굴을 쳐다보며 "뭐래?"라고 속삭였다. 처음에는 자기를 무시해서 그러는 줄 알았는데 나중에 보니 정말 이해하지 못해 그런 거였다. 최 씨는 집에 들어가면 한국 용어를 공부했다. 그런데 지금도 지시를 할 때 불쑥불쑥 북한 용어가 튀어나와 고생이라고 털어놓았다.

무용단을 데리고 공연을 다녔더니 이번엔 그의 단체가 탈북예술단체라고 소문이 났다. 단원들은 어딜 가나 자기들을 탈북자로 취급한다며 불만이 컸다.

그래서 공연 때마다 최 씨가 무대에 나가 일일이 해명해야 했다.

"저희 무용단은 저만 북에서 왔지 단원들은 한국에서 무용을 전공한 경력자들을 오디션을 뽑아 만든 전문적인 무용단입니다."

방송에 출연하고, 국가 차원의 공연도 참가하면서 3년쯤 지나자 관객들이 아래에서 자기들끼리 "탈북예술단이라니까" "아니야, 단장만 탈북했잖아" 이러면서 싸우는 수준까지 인지도가 높아졌다.

초기 최 씨는 한국 사회에 너무 무지했다. 후원자는 단원 월급은 지급했지만 최 씨의 월급은 주지 않았다. 공연 수익 전액을 가져갔다. 최 씨는 처음 2년 동안 한 푼도 벌지 못했다고 회상했다. 이름만 자기 예술단이지, 수익은 남의 것이 됐던 것이다.

결국 그는 2018년 독립을 선언했다. 고맙게도 단원들이 따라와 주었다.

지난해 최 씨는 자기 이름을 딴 무용연구소도 만들었다. 이제는 일본, 중국 등에서 그에게 무용을 배우겠다고 찾아오는 제자도 생겼다.

최신아의 꿈

무용으로 한국 사회에서 승부를 본 지 5년차에 접어들었다. 이제는 최신아란 이름이 한국 무용계에도 알려지고, 단원들도 최신아 예술단에서 무용을 배웠다면 경력으로 인정받게 됐다. 여기저기서 함께 공연하자는 제안도 들어온다.

그러나 올해 터진 코로나바이러스감염증(COVID-19) 사태는 최 씨의 예술단에게도 타격을 줬다. 예약됐던 공연들이 줄줄이 취소됐다. 새로운 작품을 만들 수도 없었다.

지난해엔 해외에서도 초청받아 러시아와 인도에서 공연했는데, 올해는 예술단의 활동 범위를 해외로 넓히려는 시도마저 좌절됐다. 요즘 최 씨는 무용연구소 중심으로 제자들을 키워내는 데 포커스를 맞추고 있다. 이 연구소에 가면 북한처럼 학생들에게 장단과 악보를 가르치고 기초 동작을 익히는 데 중점을 둔다.

"저는 한국춤의 장점과 북한춤의 장점을 결합해 한반도 평화의 춤을 만들고 싶어요. 무용도 70년 넘게 분단이 돼 남북의 차이가 너무 커졌어요. 저는 북에서 27년을 무용만 했고 한국에 와서도 5년째 무용을 하고 있습니다. 한국의 전통춤은 속도가 느린 반면 북한 춤가락은 매우 빠르거든요. 앞뒤에

북에서 온 이웃

북한처럼 빠르고 경쾌한 춤을 넣고, 중간에 한국의 춤가락을 넣으면 이것이 최신아만의 고유의 춤, 나아가 최승희 무용의 계보를 이으면서 남북의 장점을 결합한 새로운 무용 사조가 될 수 있다고 봅니다."

이미 최 씨는 최승희의 '무희춤'을 계승한 '쟁강춤', '평양장고춤' 등 여러 작품을 자신만의 특색을 입혀 창작했다.

그의 정착과 더불어 6년 전 북에서 데리고 온 딸도 잘 적응했다. 처음엔 대학에 가도 친구가 없다며 북한으로 다시 가겠다고 떼를 썼지만 이제는 유튜브와 인스타그램 등에서 수십만 구독자와 팔로워를 거느린 인플루언서가 돼 하루하루 바쁘게 살고 있다.

최 씨는 요즘이 너무 행복하다고 했다.

"한국에 온 게 정말 잘한 것 같아요. 무용만 하면 저는 행복해져요. 여기선 죽을 때까지 무용을 할 수 있을 것 같아요."

그의 얼굴은 진심으로 행복해 보였다. 한국에서 무용을 다시 시작한 지 5년 만에 저렇게 행복한 표정이니, 그의 얼굴이 10년, 20년 뒤에는 어떻게 바뀔지 궁금해졌다.

74년 전 전통 무용과 현대 무용의 융합을 시도해 신무용을 창시한 천재 무용가 최승희는 남에서 북으로 올라가 숱한 제자들을 키워냈다. 반세기가 넘게 지난 뒤 북에서 남으로 내려온 무용 감독 최신아는 한국 무용계에 어떤 족적을 남길까. 단절된 남북의 무용을 다시 합치겠다는 최 씨의 꿈은 서울에서 이뤄질까.

김인철

지원인쇄출판사 사장

그가 한국에 막 정착한 탈북민에게 해주는 말은 크게 4가지다.
첫째는 한국에서 적성부터 빨리 찾으라는 것이다. 적성에 맞는 일을 잡아야 오래 할 수 있고 성공할 수 있다는 뜻이다. 둘째는 사업을 하려면 꼭 밑천으로 먼저 몇 천만 원을 모아놓고 시작하라는 것이다. 단돈 100만 원으로 시작해 너무 힘들었던 자신의 경험이 우러나오는 조언이다. 셋째는 노력이다. 힘든 만큼 노력이 돌아올 수 있는 사회가 이곳이기 때문에 실패해도 좌절하지 말고 일어나라고 말해준다. 넷째는 정직함이다.

명동에서 밀차 끌던 혜산 남자,
5년 뒤 25억 매출 사장님

김인철 지원인쇄출판사 사장. 김인철 씨 제공.

접이식 밀차에 책을 가득 싣고 나자, 사장이 말했다.

"자, 이제는 이걸 택배 기사에게 끌고 가라."

"네?"

42세 늦깎이 신입사원 김인철 씨는 당황했다. 택배 기사가 물건을 받아가는 대로변 약속 장소까지 가려면 번화가인 서울 명동거리를 가로질러 가야 했다. 북한에서 무역일꾼도 했고, 학생들도 가르쳐봤던 그는 허름한 작업복 차림에 밀차를 끌고 인파 가득한 명동거리를 다닌다는 게 부끄러웠다. 그러나 달리 방법이 없었다.

삼복더위에 온몸은 땀으로 젖었다. 거리를 가득 메운 외국인 관광객들이 자기만 바라보는 것 같았다. 머리를 푹 숙인 채 한 걸음씩 내디딜 때마다 '이렇게 살려고 한국에 왔나'는 자괴감이 계속 들었다. 그때마다 그는 다시 이를 꽉 깨물었다.

'이젠 더 물러설 곳도, 도망갈 곳도 없다. 창피함을 버려야 돈을 번다.'

2014년 여름 그는 그렇게 명동거리를 수없이 오갔다. 6년 뒤인 2020년 김 씨는 매출액 25억 원을 기록한 인쇄업체 사장으로 거듭났다.

탈북

김 씨는 1972년 양강도 혜산에서 태어났다. 그의 집에서 압록강까지는 불과 50m 정도 거리였다. 어린 시절 그는 압록강에 나가 수영을 했고, 팬티 바람으로 맞은편 중국 창바이(長白) 현 시장에 가서 돌아다녔다. 그 시절에는 국경경비대도 없었다. 1987년에야 군인들이 혜산에 들어왔지만, 압록강에서 노는 것을 막지는 않았다.

겨울엔 중국 아이들과 압록강 얼음판에서 만나 북한 물품과 중국 물품을 교환했다. 북한에 많은 명태 20마리를 주면 중국제 포커카드 한 세트와 바꿀 수 있었다. 비누, 다리미, 가위까지 압록강 위에서 온갖 물품이 오갔다.

혜산식료공장 지배인을 부친으로 둔 김 씨는 수재학교인 혜산외국어학원을 졸업했다. 이후 1994년 김정숙사범대학 영어과도 졸업한 뒤 실습교사로 학생들을 가르쳐보니 교사는 적성에 맞지 않았다. 그는 뇌물을 주고 교사 임용을 거부하고 혜산시 보안서(경찰) 소속 수출과 부원으로 옮겨갔다. 사실상 밀무역을 담당하는 자리였다.

밀무역은 잘할 자신이 있었다. 집 바로 앞에 있는, 어려서부터 뛰어놀았던 압록강 지형은 눈에 훤해 밀수에 적임자였다. 보안서 소속 신분증을 갖고 다니니 체포될 염려도 없었다.

통나무, 몰리브덴 등 닥치는 대로 중국에 넘기고 식량과 바꿨다. 10년 넘게 밀무역을 했지만 한 번도 문제가 생긴 적이 없었다. 돈도 많이 벌었다.

그러나 중국을 오가며 머릿속에선 욕심이 생겨났다.

'우리는 왜 자유가 이렇게 없는 것일까. 죽기 전에 세계를 돌아볼 수 있을까. 나는 장사가 적성에 맞는데, 북에선 자기 회사를 가질 수 없으니 억울하다.'

한국에 가고 싶은 마음이 커졌지만 탈북하다 잡히면 북에서 이룬 모든 것을 빼앗길 수 있다는 불안 때문에 선뜻 나설 수 없었다.

기회는 우연히 찾아왔다. 먼저 한국에 간 동네 친한 여인에게 전화를 했더니 "왜 아직도 거기서 그렇게 사느냐. 브로커를 소개해 줄 테니 빨리 떠나라"고 했다. 하도 독촉을 하는 바람에 그는 '한번 가보자'며 길을 나섰다.

브로커의 안내를 받아 2010년 6월 11일 압록강을 넘어 동남아를 거쳐 7월 16일 한국에 입국했다. 그야말로 초스피드 탈북이었다.

김 씨는 북에서 잘 사는 집에서 태어나 좋은 교육을 받았다. 특별한 탈북

한국에 처음 왔을 때인 2012년의 김인철 씨. 김인철 씨 제공.

계기나 시련을 겪은 것도 아니었다. 탈북민들이 대체로 갖고 있는 눈물나는 탈북 스토리도 없다. 그냥 자유롭게 살고 싶고, 세계를 구경하고 싶고, 사업을 해보고 싶어 탈북한 거였다.

한국에 대한 첫인상도 좋았다. 그는 "인천국제공항에 들어서자마자 오길 참 잘했다는 생각이 들었다"고 했다. "한국에 거지가 득실거린다는 선전이 거짓말인 건 알았지만 직접 오자마자 첫인상이 너무 깨끗하고 질서정연해 놀라웠다."

방황

2011년 1월 그는 하나원을 나와 한국 사회에 첫 발을 내디뎠다. 어디 가서 뭘 하면 좋을지 알 수가 없었다.

북에서 온 이웃

처음 시작한 일은 친구들과 함께 지방의 대기업 건설장에서 천정공사를 하는 것이었다. 김 씨는 "첫 일당이 14만 원이었는데, 내 힘으로 돈을 벌었다는 게 너무 기뻤다"고 말했다. 일당직은 일감이 없을 때도 많다. 그때면 그는 짬짬이 한국의 이곳저곳을 열심히 구경 다녔다. 그렇게 2년을 살았다.

그러나 현장 공사일은 사십 평생 육체노동을 해보지 않았던 그에게는 너무 힘들었다. 일을 못한다는 핀잔을 받았다. '저 친구는 일을 못하니 내일 데려오지 말라'는 면박까지 받으면서 술로 밤을 새는 날이 늘어났다.

마침 그때 탈북민 사회에서 외국으로 나가는 바람이 불었다. 그의 가슴에도 꿈이 꿈틀대기 시작했다.

'2년 동안 한국은 충분히 봤으니 선진국이란 곳에도 한번 가보자. 미국과 유럽은 어떤 세상일까. 한국에선 노가다밖에 할 일이 없는데 영어도 배운 내가 외국에 나가면 괜찮은 일자리를 잡을 수 있지 않을까.'

2013년 12월 그는 독일로 향했다. 그의 첫 해외여행이었다.

독일에 정착하려던 꿈은 프랑크푸르트공항에 내리자마자 흔들리기 시작했다. 그에게 한국의 첫 기억은 깨끗한 인천공항이었다. 선진국은 훨씬 더 발전됐을 것이란 예상과 달리 그곳은 너무 낡고 더러웠다.

이민국에 찾아가 난민 신청을 냈더니 아프리카와 동유럽에서 온 사람들과 한 방에서 기다리게 했다. 음식도 맞지 않고, 물 한 잔 얻어먹기도 힘들었다. 그래도 어렵게 외국에 왔으니 유럽은 확실히 구경해보기로 결심하고 이웃 네덜란드, 벨기에 등을 돌아다녔다.

"한국 있을 때는 몰랐는데, 정작 유럽을 돌아다녀 보니 한국이 최고라고 느꼈어요. 말이 통하는 내 나라이고, 깨끗하고, 인정 많고…."

그의 일탈은 중요한 전환점이 됐다. 결국 그는 4개월 뒤에 돌아왔다. 죽으나 사나 한국에 뿌리내려야겠다는 굳은 각오와 함께 2014년 3월 인천공항에 다시 발을 내디뎠다.

취업

한국에 돌아온 그는 공부를 해야겠다고 마음먹었다. 나름 북에서 대학 졸업생이지만, 한국에 와서 쓸만한 지식이 없다는 것을 새삼 깨달았기 때문이다. 북한대학원대 석사 과정에 입학한 뒤 그는 탈북민정착 지원 기관인 '남북하나재단'에 찾아가 일자리를 찾아봐 달라고 부탁했다. 그곳에는 탈북민을 받겠다는 구인광고가 종종 들어온다.

마침내 전화가 왔다. 서울 충무로에서 인쇄업을 하는 실향민 2세인 나이든 사장이었다. 그는 충무로 인쇄골목에 처음 갔을 때 인상을 잊지 못했다.

"충무로는 사람들이 뛰어다니고 있었어요. 일하는 곳이 아니라 전쟁터라는 인상을 강렬하게 받았습니다. 사람들이 얼마나 열심히 일하는지 그때 새삼 느꼈습니다. 한편으론 대한민국이 이런 힘으로 일어났구나. 이 사람들이 뛰어다닐 때 나는 날아다녀야 앞으로 나아갈 수 있겠구나 생각했습니다."

그의 첫 월급은 110만 원이었다. 한국에서 만나 결혼하고 아이까지 낳은 아내에게 100만 원을 주고, 10만 원을 한 달 용돈으로 버텼다. 저녁에는 대학원도 꼬박꼬박 갔다.

"대학원을 다니면서 사람들에게 밥 한 번 산 적이 없어요. 돈이 하나도 없었거든요. 그때 밥을 사준 사람들을 지금도 잊지 못해요. 이제부터 열심히 밥을 사야죠."

어려웠던 지난날을 회상하며 김 씨는 눈시울이 붉어졌다.

인쇄소 사장은 '바닥부터 기어봐야 악이 생기고, 악이 생겨야 일어난다'며 그를 혹독하게 대했다. 명동거리를 일부러 매일 밀차를 끌고 다니게 했다.

이 과정에 김 씨는 체면을 버리고, 새롭게 태어났다.

고된 일 와중에 김 씨는 인쇄업을 하나하나 배워나갔다. 그가 충무로 인쇄골목에서 버틴 이유는 110만 원 월급에 만족하기 위해서가 아니었다. 그의 머릿속에는 오직 '창업해 성공하겠다'는 생각만 가득했다.

밀차를 끌고 명동거리로 나가라고 했을 때 머뭇거렸던 그는 1년 넘게 바닥을 기는 법을 배운 뒤엔 머리를 떳떳이 들고 명동거리를 밀차를 끌고 다녔다.

2015년 12월 그는 마침내 '지원인쇄출판사'를 세웠다. 수중에는 단돈 100만 원뿐이었다. 그 돈으로 충무로 인쇄골목에 5평짜리 방을 얻었고, 폐기 직전의 중고 컴퓨터 2대를 샀다.

일감과의 전쟁

천신만고 끝에 인쇄업체를 만들었지만 일감을 따오는 것은 더 어려웠다. 인맥도, 돈도, 경력도 없는 그에게 일감을 주려는 곳은 없었다. 그렇다고 실망하진 않았다. 이미 각오한 일이기 때문이었다.

자신이 다니는 대학원에서 논문 인쇄를 첫 일감으로 얻어왔다. 두꺼운 표지의 논문을 처음 찍어냈을 때 그는 감격했다. 탈북해서 이뤄낸 첫 결과물이었다.

'그래, 이제부터 시작하면 되지. 이렇게 일감을 따오면 돼.'

그가 처음 가서 매달린 곳은 남북하나재단이었다.

"저는 혈연, 학연 아무 것도 없습니다. 그나마 아는 곳이 이곳입니다. 아버지처럼 생각하고 한 번만 도와주십시오."

직원들이 출근하기 전 정문 입구에 섰다가 명함과 판촉물을 돌리고, 다음 날 또 찾아가기를 수십 번 반복했다. 그랬더니 마침내 600만 원짜리 자료집을 출판해달라는 요청이 왔다.

'드디어 해냈구나. 수십 번 끈질기게 매달리는 게 내가 사는 유일한 방법이구나.'

두 번째로 목표로 한 거주지 구청에도 같은 방법으로 수없이 다녔다. 아쉽게도 그곳에선 지금까지도 일감을 따내진 못했다.

그러나 1년 내내 그렇게 다니니 조금씩 인쇄를 부탁하는 곳이 생겼다. 인쇄뿐만 아니라, 판촉물, 현수막 등 닥치는 대로 출판했다. 그렇게 경력이 쌓였고 마침내 이듬해인 2016년 말에 '통일형 예비 사회적기업'으로 선정돼 3,000만 원의 사업지원비를 받았다. 그 돈으로 그는 디지털 인쇄기를 중고로 구입했다. 그게 있어야 '직접생산 확인증명서'를 발급받을 수 있고, 그 증명서가 있어야 조달청 입찰을 할 수 있었다.

2017년부터 그는 조달청 입찰에 수없이 뛰어들었다. 그러나 그해 그는 단 한 곳에서도 성공하지 못했다.

"입찰에 들어가면 경쟁업체들과 함께 심사위원들 앞에서 사업계획서 발표를 해야 합니다. 실적도 없는 데다 북한 말투까지 듣고 나면 아예 연락이 없습니다."

칠전팔기란 말은 그에게 사치였다. 희망이 무너지기를 수십 차례 반복했다. 그래도 그는 포기하지 않았다.

이듬해인 2018년 마침내 2억 5,000만 원짜리 소식지 발행 입찰을 따냈다. 실적도 많지 않은 그를 믿고 첫 일감을 준 곳은 남북하나재단이었다. 심사위원들도 '탈북민 1호 출판인쇄기업'이 나오는 데 힘을 실어주겠다며 후한 점수를 주었다.

북에서 온 이웃

그날 저녁 그는 직원들과 함께 밤새 술을 마셨다. "이제 살았다"며 환호하며 주먹을 불끈 쥐었다가 또 울다가를 반복했다.

지금도 그는 입찰에 들어갈 때마다 사활을 건다. 이번에 떨어지면 고난을 함께 한 직원들을 내보내야 한다는 절박함이 온갖 모멸감과 수모를 이겨내게 해주었다.

"'탈북민이 뭘 잘하겠어'라는 편견을 깨기 위해 살았던 것 같아요. 탈락이 이어지면서 나는 정말 이방인인가 싶어 포기하고 싶을 때도 있지만, 결국 '어차피 우린 애초에 여기서 태어난 사람이 아닌 정착하는 사람이니까 몇 배 더 힘들어도 감내하자'고 결론내고 다음날 또 일감을 찾아다닙니다."

기자와 만난 날에도 김 씨는 며칠 전 들어갔던 공공기관 입찰에서 떨어졌다고 스스로 자책하고 있었다. 승산이 있었는데, 갑자기 없던 마이크 울렁증 증세가 나타나는 바람에 말을 더듬어 떨어졌다는 것이다.

"사장은 일감 따오는 자리입니다. 매일 잠들기 전 '내일은 어디 가서, 누구를 만나 일감을 따오나' 하는 생각뿐입니다. 제 얼굴은 항상 근심이 가득 차

회사에서 동료들과 사업 토론을 하고 있는 김인철 사장(왼쪽). 3년 전 사진이다. 김인철 씨 제공.

있죠. 그러다 일감을 따오면 며칠 동안 싱글벙글 얼굴이 환하게 다닙니다."

감사한 마음

김 씨에게 가장 행복한 순간은 인쇄된 첫 제품의 냄새를 맡고, 감촉을 느낄 때다. 회사 이름이 박힌 제품은 그에게 성취감을 안겨준다.

"북에 있을 때 제가 한국에 와서 실력있는 디자이너들과 함께 이렇게 예쁜 책을 만들 거라고 상상이나 해봤겠습니까. 그런데 해보니 정말 제게 맞는 일이라고 생각합니다. 여전히 힘들지만, 그래도 재미있으니 버티는 것 아니겠습니까."

열심히 사는 사람의 노력은 반드시 누군가의 눈에 띄기 마련이다. 김 씨에게는 오늘날에 이르기까지 믿고 도와준 감사한 사람들이 적지 않다.

그중 특히 감사한 사람은 그를 충무로 인쇄골목으로 데려온 사장이었다. 김 씨는 그를 '스승님'이라고 부른다. 바닥을 기는 법과 기술을 가르쳐주었기 때문이다.

"제가 독립하겠다고 하자 스승님이 '잘 생각했다. 북한 인쇄의 질이 너무 떨어져 있는데 통일이 되면 고향에 돌아가 한국의 인쇄 기술을 전수해라. 3년 동안 뒤를 봐주겠다'고 하시더군요."

뒤를 봐준다는 말은 기술적 문제 등을 해결해주겠다는 의미다. 실제로 그 사장은 모르는 게 있어 찾아갈 때마다 가르쳐 주었다. 2년 동안 배우고 나니 물어보러 더 찾아갈 일이 없어졌다. 대신 김 씨는 명절마다 스승님의 집을 찾아가 인사를 드린다고 했다.

스승님의 영향으로 그는 꿈이 생겼다. 통일된 뒤 북한에 돌아가 만화책도 제대로 보지 못하고 자라나는 아이들에게 멋진 책들을 만들어 주는 것이다. 그것이 탈북민 1호 인쇄업자가 당연하게 해야 할 일이라고 생각한다.

그가 다니던 김포의 한 교회 목사도 감사한 사람이다.

"인쇄업을 처음 시작했을 때 얼마나 미숙했겠습니까. 지금 제가 봐도 줄 간격이나 오자 등이 훤히 보였죠. 하지만 목사님은 늘 교회에서 '우리 김인

김인철 사장이 회사 공장에서 새 인쇄물 제작 작업을 하고 있다. 김인철 씨 제공.

철 사장이 최고다'고 칭찬하면서 꼭 성공할 거라고 자신감을 심어줬죠."

맨 주먹으로 시작한 그에게 뭐 하나라도 일감을 맡겨 주려고 애를 써준 남북하나재단 직원들도 너무나 감사한 사람들이다. 아무 인맥도 없는 한국 사회에서 첫 발을 내딛기까지 그들의 도움은 큰 힘이 됐다. 첫 입찰 심사를 통과했을 때 자기 일처럼 기뻐해준 사람들이다.

그런 격려에 힘입어 한 발 한 발 걸어온 결과 김 씨의 '지원인쇄출판사'는 매년 성장했다. 직원도 9명으로 늘었다. 이중 4명이 탈북민이다.

지난해 매출 10억 원을 달성했고, 올해는 25억 원을 달성했다. 코로나바이러스감염증(COVID-19) 사태로 대다수 기관들이 인쇄 예산을 방역 예산으로 바꿔 인쇄업이 크게 위축된 상황에서 거둔 성과다.

"코로나 사태로 비대면 서비스가 확장돼 배달이 늘고, 박스 수요가 많아졌습니다. 우리도 요즘 박스 생산 쪽으로 많이 공략하고 있죠."

'한국은 살만한 세상'

김 씨의 인쇄소에는 정직원 말고도 하나원을 갓 졸업한 탈북민 10여 명이 찾아와 인턴을 한다. 그들은 그의 성공 비결을 들려달라고 요청하곤 한다. 그때마다 김 씨는 "한국은 정말 살만한 세상이며 자유를 누리려면 노력을 해야 한다"고 강조한다.

그가 한국에 막 정착한 탈북민에게 해주는 말은 크게 4가지다.

첫째는 한국에서 적성부터 빨리 찾으라는 것이다. 적성에 맞는 일을 잡아야 오래 할 수 있고 성공할 수 있다는 뜻이다. 둘째는 사업을 하려면 꼭 밑천으로 먼저 몇 천만 원을 모아놓고 시작하라는 것이다. 단돈 100만 원으로 시

북에서 온 이웃

작해 너무 힘들었던 자신의 경험이 우러나오는 조언이다. 셋째는 노력이다. 힘든 만큼 노력이 돌아올 수 있는 사회가 이곳이기 때문에 실패해도 좌절하지 말고 일어나라고 말해준다. 넷째는 정직함이다. 김 씨는 "정직함은 얼굴에 만들어낼 수 없다. 그것은 자기가 스스로 만드는 것"이라고 했다.

아직 김 씨는 자신이 성공했다고 보지 않는다. 지금도 한국에 뿌리를 내리는 중이라고 생각한다. 인쇄소 매출을 100억 정도 올리면 좋겠지만, 그건 꿈일 뿐이다. 당면한 목표는 몇 년 전부터 계속 노력하지만 아직까지 이루지 못한 대기업 사옥에 복사점 내는 일을 올해 안에 성공시키고 싶다.

김 씨를 한국으로 이끌어온 꿈–세계 여행은 아직 그의 머릿속에 자리 잡을 틈이 없다.

그는 지금도 김포의 임대아파트에서 살고 있다. 지금까지 번 돈을 계속 설비에 투자했기 때문이다. 하남지식산업센터에 100평짜리 인쇄 시설도 갖추고 각종 기계도 갖췄지만, 아내에게 아직 반지 하나 사주지 못했다.

김 씨는 아침마다 김포 집을 나와 올림픽대로를 따라 1시간 30분~2시간을 운전해 하남 공장으로 간다. 출근시간대에 꽉 막혀있는 올림픽대로 어느 차 안에는 때론 근심 가득한 표정을, 때론 환한 표정을 하고 앉아있는 양강도 혜산에서 온 이 남자도 끼어있다. 압록강에서 뛰어놀며 성장한 그는 이제 한강을 오르내리며 뿌리를 내리고 있다.

황상혁

전 김원균명칭음악종합대학 교수

> **❝**
>
> 남쪽에 오니 클래식 우물을 깊게 파던가, 아니면
> 유행곡을 만들든가 두 가지 선택의 기로에 섰어
> 요. 그러나 제가 잘할 수 있는 일은 기존 음악의
> 재해석입니다. 이건 한국이 아직 많이 발전됐다
> 고 볼 수 없는 분야인 것 같아요
>
> **❞**

평양음악대학 교수의
한국 정착기

황상혁 전 김원균명칭음악종합대학 교수가 기자와 만나 북한 음악에 대해 설명하고 있다. 사진 = 주성하 기자.

서울에서 북한 음악에 대해 궁금하다면 그를 찾아가면 된다. 한국에 온 탈북자 중 그만큼 북한의 음악 교육의 최정점에 있었던 사람은 없었다.

황상혁 교수(46)는 북한 최고의 음악대학인 '김원균명칭음악종합대학'에서 20년 동안 피아노 교수로 재직하다 6년 전 탈북해 한국에 왔다. 북에 남겨둔 가족들 때문에 조용한 은둔을 해왔지만 지난해부터 언론에 자신의 존재를 드러내기 시작했다. 그의 '커밍아웃' 덕분에 아직도 잘 알려지지 않은 북한 음악은 가려졌던 베일을 한 꺼풀 또 벗게 됐다.

황 교수는 북한에서 '금수저'의 자식으로 태어나 최고의 엘리트 영재 교육을 받으며 고생을 모르고 살아왔지만 서울에서 새롭게 태어나기 위해 자신과의 힘겨운 싸움을 하고 있다.

서울에 온 ⊠ 장관의 아들

북한 외교관들의 망명 소식이 전해질 때마다 한국 언론은 그의 부친은 누구고, 장인은 누구인지를 캐내 보도한다. 하지만 장관의 아들인 황 교수는 2014년 언론의 주목을 받지 않고 조용히 서울에 들어왔다.

북한에서 그의 삶은 탄탄대로였다. 1974년 평양의 김일성 저택에서 태어났다. 중구역 성문동 만수대의사당 뒤편에 있는 북에서 5호 초대소라고 불리는 관저. 그가 그곳에서 태어난 이유는 그의 할아버지가 호위사령부 부부장으로 관저에 입주해 살고 있었기 때문이다.

황 교수의 부친은 1993년 만들어진 국토환경보호위원회 초대 위원장(장관급)을 지냈다. 국토환경보호위원회는 현재 국토환경보호성으로 명칭이 바뀌었다. 모친도 평양 외국인 병원에서 오랫동안 의사로 일했다. 외국인 병

북에서 온 이웃

원은 각종 약이 풍부하게 제공되기 때문에 북한 의사들이 가장 일하기 원하는 병원이기도 하다.

황 교수의 형제들도 형이 조평통 간부를 지내는 등 북한의 요직에서 근무했다. 황 교수의 장인은 외무성에서 태영호 전 주영 북한대사관 공사와 같은 부서에서 근무했고 주 스웨덴 북한 대사관 참사를 지냈다.

이런 끗발 있고, 유복한 가정에서 태어난 황 교수가 음악을 시작한 건 인민학교 3학년 때인 9살부터였다. 어머니가 내성적이었던 그를 음악인으로 키우겠다며 평양학생소년궁전으로 데려간 게 시작이었다. 황 교수는 그곳에서 피아노를 배웠다. 이후 평양예술전문학교에 진학했고, 14세 때인 1988년엔 당시 평양음악무용대학 전문부에 편입했다. 전국에서 10명만 선발된 학생들과 함께 피아노를 쳤다.

대학 졸업 후 만 20세 때 그는 평양음악무용대학 기악학부 피아노 강좌 교원으로 임명됐다. 이곳에서 2년 정도 학생을 가르치던 그는 지휘자가 되고 싶어 다시 전국에서 극소수만 선발돼 다니는 지휘 박사원을 3년 동안 다니며 지휘자 자격증을 받았다. 박사원은 한국의 대학원을 의미한다. 2018년 한국에 파견된 북한 예술단 공연을 지휘했던 윤범주가 대학 1년 후배다.

한국에선 예술 인재들을 양성하는 북한 최고의 학교가 금성학원이라고 알고 있는 사람들이 많다. 김정은의 아내 이설주가 이 학교 출신으로 알려지면서 금성학원에 대한 신비감이 더욱 커졌다.

그러나 북한에서 정통 예술인들을 양성하는 곳은 김원균명칭음악종합대학이다. 그 차이에 대해 황 교수는 이렇게 설명했다.

"금성학원은 김일성사회주의청년동맹(청년동맹) 소속이고, 음악대학은 문화성 소속입니다. 금성은 원래 김일성을 위해 설맞이 공연할 학생들을 키우기 위해 만들어진 곳인데, 보천보전자악단이 뜨면서 '마이크 가수'와 전자

악기 연주가를 키우는 데 초점을 맞추고 있죠. 북한 예술계의 정통 성악 가수와 '기악쟁이'들은 다 음악대학에서 키운다고 보면 됩니다." 그의 설명을 듣고 나니 금성학원은 북한판 아이돌 양성소라고 보면 되겠다는 생각이 들었다.

북에서 촉망받는 음악인 코스를 걷던 그는 2003년 중국에 파견된다. 북한의 답답한 울타리에 갇혀 있던 황 교수는 더 넓은 세상을 보고 싶었다.

당시 북한은 동북 3성에 대한 영향력을 키우기 위해 20명의 예술교육전문가 대표단을 파견했다. 음악대학과 만수대, 피바다, 국립민속예술단 등에서 뽑힌 사람들이 중국 현지에 체류하며 학생들을 가르쳤다. 이들은 선양, 장춘, 옌지 등에 음악학원을 차려놓고 음악에 자질 있는 중국 학생들을 교육했다. 이렇게 배운 중국인들이 북한에 들어가 '4월의 봄 예술축전' 등에 참가해 공연하면, 김 씨 일가를 흠모하는 외국인들로 둔갑하게 된다. 이런 정치적 의도와 더불어 학생들을 가르치며 외화벌이도 같이 하게 됐다.

의도치 않았던 탈북

3년의 파견 기간이 끝나 2006년 북에 돌아간 황 교수는 김원균명칭음악대학에서 피아노를 가르치다 2011년 중국에 다시 파견돼 나왔다. 그리고 파견 기간이 끝나기 직전인 2014년 탈북하게 됐다.

그가 탈북한 계기는 더 넓은 세상에서 음악을 배우자는 식의 거창한 이유가 아니었다. 중국에 체류할 동안 한국인을 몰래 만났는데, 귀국 무렵이 되자 보위원이 주변 사람들에게 자신의 행적을 캐고 다닌다는 이야기를 전해 들었다. 해외에 파견됐다가 한국인들과 만났다는 이유로 쟁쟁한 음악 인생이 끝나 감옥에 끌려가고 가정이 파탄 난 선배들의 사연이 떠올랐다.

북에서 온 이웃

보위원이 지금은 모르는 척하지만 어디까지 캐냈는지 알 수 없었다. 북에 갔다 한국인을 만난 증거를 제시하면 꼼짝없이 감옥에 끌려갈 것이란 공포심이 그를 괴롭혔다. 그가 만났던 한국인은 미국에 데려다 주겠다고 했지만 정작 길을 떠난 뒤 말이 바뀌었다. 동남아의 한 나라 미국 대사관까지 찾아갔지만, 미국 정부가 받아주기로 했다는 말은 거짓말이었다. 그가 떠난 뒤 한국 언론에는 '평양음악대학 교수가 탈북했다'는 뉴스가 떴다. 돌아갈 수도 없는 몸이 됐다. 그는 미국을 포기하고 한국을 최종 목적지로 정했다.

기초생활수급자가 된 대학교수

서울로 온 뒤 그는 새롭게 인생을 개척해야 했다. 피아노에만 파묻혀 있어도 살아가는 데 걱정이 없던 북한에서의 삶과는 전혀 달랐다. 한국에 온 뒤 임대아파트에 사는 기초생활수급자가 됐다. 31년 동안 피아노만 연주해 왔던 북한 피아노 영재는 서울 어디에서 어떻게 시작해야 할지 몰랐다. 정글에 떨어진 기분이었다.

한국 피아노계는 클래식과 실용음악으로 양분돼 있다. 그가 북에서 배웠던 음악과는 결이 확연하게 달랐다.

"북에서 음악대학 작곡학부 지휘자 양성반 피아노 연주자를 몇 년 했던 적이 있어요. 지휘자 훈련을 위해 관현악단을 대신해 피아노를 연주하는 사람인 거죠. 여기서 연주하면 세계 관현악곡은 거의 연주하게 됩니다. 그걸 하고 싶어 제가 자원했었습니다. 북한도 베토벤, 체르니 등의 고전 클래식을 연주하긴 하지만, 미국 음악 같은 것은 전혀 배울 수 없습니다. 한국에 오니 이곳 클래식 피아니스트들은 한 거장의 음악을 끝까지 파고들더군요. 그게

2018년 12월 서울대 음악대학 대학원 석사과정 졸업 연주회에 나선 황상혁 교수. 황상혁 교수 제공.

북한과 다른 점이었죠."

그렇다고 북한 피아노계가 완전히 폐쇄적인 것은 아니라고 황 교수는 설명했다.

"북한도 피아노곡은 정말 많습니다. 대중가요, 동요 등을 재해석한 곡들은 양적으로도 어마어마하죠. 북한 피아노의 장점은 클래식에 민족적 색깔을 가미해 변형한 것이라 할 수 있습니다."

클래식과 실용음악의 중간쯤에 머물렀던 황 교수는 남쪽에서 음악을 새롭게 배워야겠다고 결심하고 서울대 음악대학원 석사 과정에 들어갔다. 하지만 여기서도 난관이 생겼다. 연주는 자신이 있었지만, 석사 학위를 따려니 영어 점수가 있어야 했다. 북에선 음악인들이 외국어를 잘할 필요가 없었다. 기자와 만났을 때 그는 두터운 영어책을 펴놓고 문장을 중얼중얼 외우고 있었다. 1년째 그렇게 공부하고 있다고 했다. 서울에 와서 만난 가장 힘든 난관이고, 넘어가야 할 벽이었다.

북에서 온 이웃

북한 전문직들의 미래는?

황 교수는 통일이 된다면 북한 예술계, 의학계 등에 종사했던 전문직들이 어떻게 한국 사회와 성공적으로 융합될 수 있는지를 보여주는 사례라 할 수 있다.

분단 75년 동안 북한은 자기 나름의 예술 세계를 파고 들어왔다. 세계 예술계의 관점에서 보면 '예술의 갈라파고스' 같은 곳이 북한이다.

황 교수는 그곳에서 피아노만 치다가 새로운 세상에 왔다. 지금까지 37년 동안 갈고 닦은 그의 연주 실력은 북한 최상위급이고, 여기에 북한에서 작곡과 편곡, 지휘 능력까지 갖춘 인재로 양성됐다.

하지만 불시착한 한국에서 그는 '외래종'같은 존재가 됐다. 황 교수는 한국 음악과 북한 음악의 '이종교배'가 가능할지를 판단하는 시금석이 될 것으로 보인다.

황 교수 같은 음악인들이 한국 사회에 정착하지 못하면 통일된 뒤 북한에 존재하는 수많은 '인민예술가' '공훈예술가'들은 실업자가 될 수밖에 없다. 김정은의 총애를 받는 북한 최고의 실력자라 할 수 있는 윤범주 은하수관현악단 지휘자도 한국에 오게 되면 예능프로그램에 나가 입담을 자랑하는 것 외엔 할 일이 없어질지도 모른다.

먼저 온 황 교수는 그 새로운 길을 개척하고 있다. 그는 우리 민족의 전통 민요나 한국의 동요 등을 새롭게 편곡하고 싶은 욕심을 갖고 있다.

"남쪽에 오니 클래식 우물을 깊게 파던가, 아니면 유행곡을 만들든가 두 가지 선택의 기로에 섰어요. 그러나 제가 잘할 수 있는 일은 기존 음악의 재해석입니다. 이건 한국이 아직 많이 발전됐다고 볼 수 없는 분야인 것 같아요."

그런 문제의식 속에 그는 '아리랑' '어메이징 그레이스' 등 여러 곡을 새롭게 편곡해 발표했다. 황 교수를 인정하고 격려해주는 사람도 생겨나기 시작했다. 아쉽게도 올해는 코로나바이러스감염증(COVID-19)이 확산되면서 그역시 공연할 기회를 잡지 못하고 있다. 북한 최고의 음악대학 피아노 교수에서 한국 음악대학 대학원생이 된 그는 언젠가 낡은 허물을 벗고 새롭게 태어나 날갯짓 할 날을 손꼽아 기다리고 있다.

북에서 온 이웃

정명운

전 북한군 스키여단 참모장

정 씨는 지금 한국 공기업 직원으로 살고 있다.
지금까지 언론을 멀리하고 살았지만 이젠 은퇴
할 때가 되니 굳이 숨기고 살 필요가 있을까 싶
은 생각이 들었다고 한다.

딸 찾아 수천 리 행군해 탈북한
북한군 스키여단 참모장

전 북한군 스키여단 참모장(대좌)이었던 정명운 씨. 사진을 거의 찍지 않는 그가 모처럼 카메라 앞에 앉았다. 사진 =
주성하 기자.

18세 딸이 사라졌다.

모 대학 음악과에 다니던 딸이 갑자기 없어졌다. 집에 숨겨두었던 1,200달러도 없어졌다. 2006년 3월 2일에 일어난 일이다.

일주일 남짓 지나자 보위부에서 찾아와 그를 끌고 갔다. "딸을 어디다 빼돌렸냐"며 한 달 내내 조사와 고문이 이어졌다. 4월 11일 그는 병보석으로 석방됐다. 그 사이 딸이 중국으로 넘어갔다는 것을 알아냈다. 딸이 탈북한 동선을 추적해 중국의 지인을 동원했지만 딸을 찾지 못했다는 대답이 왔다.

김일성 생일인 4월 15일 새벽 정명운 씨(58)는 딸을 찾겠다고 두만강을 넘었다. 당시 마흔넷인 그는 북한군 특수부대인 스키부대 여단참모장(대좌) 출신이었다. 막상 중국에 와보니 얼마 전까지 옌지(延吉)에 머무르던 딸이 또 사라졌다. 수소문하며 며칠 지체하는 사이 북에선 비상이 걸렸다. 중국 공안에 정 씨를 무조건 잡아 넘겨달라는 협조 공문이 전달됐다. 옌지에 가서 딸을 찾아 몰래 북에 돌아가려던 계획이 틀어졌다. 어차피 이젠 돌아가 봐야 처벌을 피할 수 없게 됐다. 그는 한국으로 가지 않으면 자신이 살아나기 어렵다고 판단했다.

탈출

4월 19일 그는 옌지에서 공안에 체포됐다. 한족 택시기사가 신고해 공안차 7대가 와 차에서 내리는 그를 덮쳤다. 북한에선 빨리 넘기라고 독촉했다.

4월 22일 새벽 그는 북송길에 올랐다. 당시 공안은 외부 시선을 의식해 깊은 밤에 탈북자들을 북송했다. 승용차 앞에 2명이 타고, 뒷좌석에 그를 가운데 앉히고 양쪽에 공안이 앉았다. 그의 오른손과 공안의 왼손이 하나의 수

갑으로 묶여 있었다.

새벽이라 도로엔 차도 없었다. 승용차는 빠르게 투먼(圖們)으로 달렸다. 이제 끌려가면 죽을 수밖에 없다고 생각한 그는 결단을 내렸다. 승용차 문을 벼락같이 열고 수갑을 함께 찬 공안을 밀치며 뛰어내렸다. 둘 다 아스팔트에 쓸리며 깊은 상처를 입었다. 수갑은 좀처럼 풀리지 않았다. 멈춘 승용차에서 내린 공안들이 그를 포위했다. 정 씨는 몸에 품고 있던 칫솔을 꺼내 의식을 잃은 공안의 목을 겨누었다.

"수갑을 풀지 않으면 여기서 함께 죽겠다."

공안들은 이미 정 씨가 어떤 경력의 인물인지 알고 있었다. 공안은 한동안 고민하더니 대치 상태를 풀고 수갑을 풀어주었다. 그들도 부상 입은 동료를 빨리 병원으로 데려가야 했던 것이다. 정 씨는 그 길로 옌지 시내에 숨어 들어 지인의 집에 숨었다. 그곳에서 한 달 넘게 부상을 입은 몸을 치료했다.

그동안 한국행을 타진했다. 지인의 지인이 다롄(大連)까지 오면 한국행을 도와주겠다고 했다. 그러나 기차와 버스 등 교통수단은 이용할 수 없다. 그를 찾는 수배 전단이 사방에 뿌려졌기 때문이다.

그는 걸어가기로 결심했다. 지인이 조선족들이 보는 한글로 된 중국 지도를 서점에서 구해주었다. 익숙한 군용지도가 아니었다. 밖에 나가 북두칠성을 기준으로 그 지도 위에 걸어갈 노선을 그었다. 현지에 가서 도시와 마을을 확인할 수 있도록 각 지명 위에 중국어 발음을 적었다. 산맥을 지도에서 숙지했다. 여단 참모장 시절 늘 했던 지도 작업이었다.

6월 5일 밤 배낭에 옷가지와 운동화 세 컬레, 중국돈 2,000위안을 넣고 출발했다. 옌지에서 다롄까지는 직선거리로 850㎞ 정도 된다. 그러나 직선 코스 안엔 북한 땅이 들어 있어 선양(沈阳)을 1차 목표로 에돌아가면 1,000㎞ 넘게 늘어난다. 거의 3,000리를 행군해야 하는 것이다. 그것도 전 구간 내내 백두산 산맥을 타고 넘는 험준한 노선이었다.

행군

그는 북한군 특수부대 시절로 돌아가 강행군을 시작했다. 낮 11시~2시 사이에 좀 자고 나머지 시간에는 산을 타고 이동했다. 군에 있을 때 특수부대 행군 속도는 급속 행군시 시속 12㎞, 보통 행군시 시속 10㎞ 였다. 일반인들은 달려야 하는 속도를 경보병부대는 무기와 장구를 휴대하고 이동하게끔 훈련하는 것이다.

먹을 것을 구할 때는 새 옷을 갈아입고 마을에 나가 빵을 사서 배낭에 넣은 뒤 산에선 다시 낡은 옷으로 갈아입었다. 가끔 지나가는 화물 트럭에 몰래 매달려 타고 가기도 했는데, 도중에 차를 잘못 타서 엉뚱한 곳에 갔다. 먼 길을 돌아 나오느라 고생하는 바람에 함부로 탈 수도 없었다.

길을 걸으며 북에서 배웠던 혁명가요를 자기 식대로 개사하며 불렀다. 그렇게 걷고 또 걸어 7월 12일 마침내 다롄에 도착했다. 무려 37일이나 걸렸다.

다롄에 도착해서도 한국행이 순탄한 것은 아니었다. 7월 15일 가짜 여권을 만들어 공항에서 한국행 비행기를 타려다 들키는 바람에 또 체포의 순간 가까스로 탈출했다. 이번엔 단둥(丹东)에 옮겨와 한국으로 가는 여객선을 알아보았다.

신의주가 바라보이는 단둥의 압록강 옆에서 마침내 한국행 브로커와 접선했다. 마침내 7월 20일 인천항에 내렸다. 가짜 여권을 가지고 밖으로 나왔는데도 제지하는 사람은 없었다. 항을 지나가는 나이 든 경찰을 붙들고 "조선에서 왔다"고 하니 그가 깜짝 놀라 어딘가 전화를 걸었다.

상봉

그가 서울의 조사기관에서 조사받던 어느 날 창밖에서 그처럼 그리던 목소리가 들렸다. 내다보니 운동장에서 딸이 자기 또래들과 떠들며 농구를 하고 있는 것이 아닌가.

딸을 목청껏 불렀다. 딸도 창문을 올려다보고 굳어졌다.

"북한 집에 있어야 할 아버지가 어떻게 서울의 조사기관에 있는 거지?"

정 씨는 분노했다. "내 딸이 이 건물에서 조사를 받는 걸 알면서도 내게 알려주지 않았다"며 일주일 동안 조사를 거부했다. 그런 끝에 딸과 만날 수 있었다.

딸은 어려서부터 한국 드라마와 음악에 빠졌다. 대학에서 친한 화교 친구가 중국에 넘어가는 것을 도와주겠다고 했다. 마침 먼저 한국에 간 고모와도 연락이 됐다. 부모에게 말하면 못 가게 할 것이 뻔하니 집에 있는 돈 1,200달러를 가지고 도망쳤다. 50달러를 국경경비대 중대장에게 주고 무사히 두만강을 넘어 옌지로 갔다. 18세, 대학 2학년 때였다.

그가 옌지의 지인의 집에 숨어 있을 때 아버지가 보낸 사람들이 그 집을 찾아왔다.

딸은 "컴퓨터를 하는데 웬 남자 둘이 들어와 집안을 둘러보고 나갔다"고 했다. 그들은 정 씨에게 그 집엔 딸이 없다고 전했다. 정 씨가 딸의 인상착의를 설명하며 단발머리라고 알려주었는데 그새 딸은 중국에 도착해 가짜 긴 머리를 붙였던 것이다. 딸을 찾지 못하자 결국 정 씨가 두만강을 넘었다.

아버지가 두만강을 넘던 4월 15일 딸은 한국행 길에 올라 이미 미얀마까지 도착해 있었다. 그리고 7월 13일 한국에 입국했다. 아버지보다 일주일 먼저 도착한 것이다. 물론 아버지가 딸을 찾아 탈북했고, 37일을 행군해 다롄까지 왔다는 사실은 꿈에도 몰랐다.

토대

정 씨는 한국에 와서 독방에 갇혀 3개월을 조사받았다고 회상했다. 남들은 보통 1개월이면 끝나는 조사였다. 정 씨는 한국에 3개의 신분증을 가지고 왔다고 말했다.

최고사령부 작전지휘조 신임장, 예비역 군관 신분증, 영예군인증이었다.

그의 북한 경력은 특이했다. 정 씨는 자신의 토대가 혁명가 집안이었다고 말했다.

할아버지는 항일유격대 최현 부대에 원호물자를 운반하다가 악명 높은 이도선부대에 체포돼 처형됐다고 한다. 최현은 최룡해 북한 최고인민회의 상임위원장의 부친이다.

정 씨의 부친은 6·25전쟁 시기 최현 부대 정찰소대장을 지냈다. 그 정찰소대가 나중에 경보병부대를 비롯한 북한 특수부대의 전신이라고 한다. 전후 정 씨의 부친은 북한에서 모르는 사람이 없는 '잠바부대' 선전부장(상좌)을 지냈다. 일명 '농산대'라고 불린 여단급 잠바부대는 남조선에서 유격투쟁을 하기 위해 만든 당시 북한의 최정예 특수부대였다. 나중에 이 부대는 '신천복수대'란 이름으로도 명맥을 이어갔다. 그러나 부친은 훈련장에 찾아와 무리한 도하훈련 지시를 내려 7명을 익사하게 만든 김창봉 민족보위상에게 반발하다 회창의 북한군 노동연대로 끌려가 수감됐다고 한다. 이곳은 군 교도소라고 할 수 있다.

이곳에서 부친은 줄기차게 김일성에게 '신소편지'를 올려 김창봉 일당 숙

북에서 온 이웃

청에 명분을 만들어주었다고 한다. 석방된 부친은 군 생활에 미련을 두지 않고 제대돼 북한에서 유명한 식료공장 당비서로 옮겨가 은퇴 연령을 지나 수십 년을 일했다.

아동병기

이런 가정에서 태어난 정 씨는 1977년에 특수부대에 뽑혔다고 말했다. 중학교 5학년, 만 15세 때였다. 당시 북한은 남조선 혁명이란 명분으로 학교에서 어린 학생들을 뽑아 인간병기로 키웠다. 뽑혀 갈 때도 집에는 당일에 통보할 정도로 극비 부대였다.

이곳에서 정 씨는 전술, 사격, 단도조법, 육박전, 수영, 한국 무기 다루는 법 등 특수훈련을 받았다. 그의 말에 따르면 "땅에 있는 모든 것을 무기로 쓸 수 있게" 훈련받았다. 개천에 가선 기관차 모는 법을, 순천비행장에선 쌍발 비행기를 모는 법을, 정주에선 자동차 모는 법을 배웠다. 어린 소년들에게 담력을 키워주기 위해 시체를 파는 훈련, 15일 굶기 등이 강요됐다.

그러나 1980년 임무 수행 중 분계선 부근에서 대전차 지뢰가 터져 조원 3명이 즉사하고, 그는 발에 큰 부상을 입고 몇 달을 치료받았다. 부상으로 몸이 편치 않자 당국은 그해 10월 그를 강건군관학교에 보냈다. 1982년 학교를 졸업한 뒤엔 654군부대로 불리는 스키여단에 소대장으로 임명됐다.

최연소 여단 참모장

그때부터 그는 승승장구했다. 2년 뒤 중대장, 다시 2년 뒤 대대 참모장 등을 거쳐 91년 여단 참모장까지 올라갔다. 30세 여단 참모장은 북한군에서도 이례적인 것이다.

북한에서 특수부대는 한 급 높여 대우를 해준다. 가령 특수부대 대대장은 대좌인데, 이는 일반 보병부대 연대장 직급이다. 정 씨는 북한군에서 제일 나이가 어린 여단 참모장이 됐고, 1992년 김일성군사종합대학 김정일군사연구원반을 4년 다닌 뒤 1996년 졸업했다고 한다. 장령이 되려면 이 코스를 수련해야 한다. 1991년에 상좌가 됐고, 34세 때인 1996년에 대좌로 진급했다고 한다.

그의 여단은 전쟁 시 태백산맥을 타고 내려와 전라도를 공격하는 임무를 맡고 있었다고 한다. 훈련도 전라도 모형 축소판을 만들어 진행했다. 여단 참모장실 옆 기무과에는 콘크리트 50㎝ 두께의 문을 열고 들어가면 금고가 있는데 그 안에 전시 작전 명령을 담은 밀봉된 봉투가 있었다고 했다. 전쟁 시 여단 행동 방향을 지시한 봉투라고 들었지만 참모장 하는 기간 동안 뜯어 볼 수는 없었다고 한다.

스키 여단 구성은 독특하다. 120명 중대가 4개 소대, 2개 타격대로 구성돼 있고 전쟁 시 1타격대는 중대장이 인솔, 2타격대는 정치지도원 또는 군사 부중대장이 인솔한다. 2000년 초반 그의 여단은 자강도로 이동해 군수기지 방어 임무를 맡았다. 한국의 특전사가 침투할 경우 '반특공대' 역할을 수행한다는 것이다.

북에서 온 이웃

사고

승승장구하던 정 씨는 1997년 1월 뜻밖의 사고를 당했다. 스키여단은 동계, 하계 훈련을 한 달씩 한다. 여름훈련은 자전거를 메고 다니며 하고, 겨울은 스키를 타고 한다. 기동 속도를 높이기 위해 계절별로 스키부대와 자전거부대 역할을 하도록 훈련하는 것.

훈련은 보통 1,000리(400㎞)를 이동하며 하는데 산악 70%, 평지 30%를 도보로 행군한다. 여름엔 주로 함남 맹산에 있는 종합훈련장에서 하고, 겨울은 백두산에 옮겨가 한다. 그해 겨울 그의 여단도 백두산 깊은 눈 속에 들어가 이동했다. 어느 날 스키를 타고 뒤를 따르던 무전수가 넘어지면서 24㎏짜리 무전기가 그의 뒤통수를 쳤다. 정신을 잃으며 쓰러지는 순간 뒤따르던 병사의 스키 날이 왼손을 타고 넘었다.

정 씨에 따르면 스키부대 훈련은 워낙 격렬해 각 중대별로 1년에 1명 정도는 사고로 죽는다고 했다.

정 씨가 사고를 당한 백두산 리명수 근처 산림은 헬기도 들어갈 수 없는 곳이었다. 병사들이 며칠 동안 깊은 눈길을 헤치며 걸어 나와 삼지연비행장까지 그를 이송했다. 그는 특권층만 갈 수 있는 평양의 봉화진료소에 옮겨가 치료를 받았다고 회상했다.

그러나 눈길을 헤쳐 나오는 동안 손의 상처가 썩어 특발성 괴저가 시작됐다. 병원에서 끝내 엄지손가락만 남기고 왼손가락들을 모두 절단해야 했다. 하반신 마비도 풀리지 않아 1999년까지 병상에 누워 있었다. 손가락이 없어진 이상 군에 더 있을 수가 없었다.

북한군 최연소 여단 참모장은 37세인 1999년 제대됐다. 1977년 아동병기로 발탁돼 떠났던 두만강 옆 고향 땅에 22년 만에 돌아왔다. 처음엔 해당 지

역의 당 간부로 임명됐지만 적성에 맞지 않았다. 이듬해 그는 수하에 100여 명의 직원을 둔 작은 단위 책임자로 옮겨갔다.

정착

그와 딸이 한국에 온 뒤 북에 남은 부인은 강제노동수용소로 끌려갔다. 군에 입대해 좋은 부대에 있던 아들은 오지로 쫓겨났다.

정 씨와 딸은 가족을 데려오기 위해 노력했다. 2009년 부인을 한국에 데려왔고, 끝내 오기를 거부하던 아들도 마침내 2010년 한국에 왔다.

정 씨는 "처음 전화 통화를 할 때 아들이 군에서 어떻게나 세뇌됐는지 자기 앞길을 막은 고모와 여동생을 총으로 쏴 죽이겠다고 펄펄 뛰었다"고 말했

북에서 온 이웃

다. 아들을 포기하고 돈을 보내지 않았다. 돈이 가지 않자 6개월 만에 아들이 중국에 들어와 "나도 데려가 달라"고 전화를 해왔다. 그 아들은 연세대와 해외 유학을 거쳐 현재 유명 외국계 기업에서 인정받는 직원으로 일하고 있다.

정 씨는 지금 한국 공기업 직원으로 살고 있다. 지금까지 언론을 멀리하고 살았지만 이젠 은퇴할 때가 되니 굳이 숨기고 살 필요가 있을까 싶은 생각이 들었다고 한다. 인터뷰를 마치며 그가 여전히 숨기고 있는 비밀들이 많을 것 같다는 생각이 들었다.

최태선

사회안전부 소속 인민경비대 6국(공병국 소속 소좌(소령)) 출신

66

예멘의 고속도로가 1970년대 남조선 사람들이
와서 건설한 것이라고 들었습니다. 1주일에 한
번 동료들과 함께 홍해로 해수욕을 하러 가면서
고속도로를 타면 '와, 우리가 건설한 김일성 전
용도로보다 이게 100배 더 좋다'라고 생각하며
달렸죠. 그때부터 남조선에 대한 동경이 생겼던
것 같습니다.

99

김일성대 아래 '비밀' 광장…
"지하 김일성광장은 나만 가봤죠"

"지하 김일성광장은 나만 가봤죠."

평양엔 김일성광장이 두 개 있다. 하나는 평양 중심부의 광장이고, 다른 하나는 지하 약 200m에 있는 '비밀의 광장'이다. 위치는 김일성·김정일 시신이 안치된 금수산태양궁전 바로 옆, 평양 대성구역 김일성종합대학 옛 운동장 바로 아래다.

김일성대를 만 6년 다닌 기자도, 그리고 동창 누구도 우리가 매일 오갔던 운동장 바로 아래에 김일성광장이 있다는 사실을 알지 못했다.

경기도 평택에 살고 있는 최태선 씨(68)는 한국에서 비밀의 김일성광장을 가본 유일한 사람이다. 그는 북한에서 김일성 지시를 받고 각종 지하구조물을 건설했던 사회안전부 소속 인민경비대 6국, 일명 공병국 소속 소좌(소령) 출신의 탈북자다.

특히 그는 평양의 지하에 김일성, 김정일을 위해 만들어놓은 각종 지하 시설물의 공사에 참가한 경력을 갖고 있다. 각종 설로만 돌던 김 씨 일가 도주로의 실체 역시 그는 잘 알고 있다. 28일 그를 만나 평양시 지하 시설 건설의 역사를 들었다. 설은 대부분 사실이었다.

지하철보다 먼저 건설한 김일성 땅굴

1952년 자강도 송원군에서 태어난 최 씨는 만 17세 때 공병국에 입대했다. 연·아연을 생산하는 화풍광산에서 갱장까지 지낸 그의 아버지는 북한에서 뛰어난 업적을 세운 광부들에게 주는 명예인 '공훈광부' 1호 수상자였다. 사망한 뒤엔 애국열사가 됐다. 그런 가족사 때문인지 그는 땅굴을 전문으로 파는 공병국에 배속됐다.

그가 입대한 1969년 '반항공지하구조물'로 불린 평양 땅굴 1계단 공사는 거의 완공단계였다. 그의 증언에 따르면 평양시 지하 땅굴 건설은 1961년에 시작됐다. 당시 김일성이 "전쟁이 다시 터져도 최고사령부는 평양에 두겠다"고 말하자, 사령부를 보호한다며 군에서 제대한 나이 든 병사들을 모아 비밀 건설 부대를 만들었다. 1계단 공사가 마무리될 때쯤 김일성의 지시가 다시 하달됐다.

"지금 남조선에서 고속도로를 만든다고 자랑하며, 우리 보고 거북이라고 비웃는데, 우리는 평양에 먼저 지하철을 건설해야 한다. 1계단 공사가 완공됐다는 것은 비밀로 하라."

1968년 평양에선 지하철 공사가 시작됐고, 1973년 천리마선이라고 불리는 봉화역에서 붉은별역을 잇는 노선이 마무리됐다. 서울에 지하철 1호선이 완공되기 1년 전 먼저 평양이 지하철을 개통한 것이다. 서울을 앞서려고 땅속 100m 깊이에서 속도전을 벌이다 숱한 군인들이 죽었다고 한다.

최 씨에 따르면 평양 천리마선은 '2단계' 공사였을 뿐이다. 1978년 건설된 혁신선은 '3단계'였다. 지하철 공사보다 먼저 전쟁에 대비한 1계단 공사가 이미 1960년대에 완공된 것이다. 평양 시민의 교통 편의보다 김일성을 위한 지하 시설 공사가 먼저였던 셈이다.

더 놀라운 건 2계단 지하철보다 1계단 땅굴이 훨씬 아래쪽에 있다는 점이다. 평양 지하철은 전쟁이 터지면 평양 시민 대피 공간이 된다. 그런데 김일성의 땅굴은 더 아래 있기 때문에 대피한 평양 시민들을 인질로 머리에 이고 있는 모양새가 된다.

"평양 지하철의 유일한 환승역인 전우역에 가면 에스컬레이터로 150m 정도 지하로 내려갑니다. 수직으로 보면 지하 100m 깊이에 지하철이 있는 셈이죠. 내려가서 다시 숨겨진 비밀 입구로 가면 거기서 다시 에스컬레이터로 150m 더 내려가 김일성 전용 땅굴이 나옵니다. 땅굴 너비는 당시 김일성이 타던 포드 승용차 한 대가 지나갈 정도의 폭이었죠."

지하 김일성광장의 비밀

기자는 평양에서 대학을 다닐 때 늘 궁금한 게 있었다. 김일성대 앞 삼흥역에서 다음 대성산 낙원역까지 가보면 중간에 무정차역 하나를 지난다. 금수산태양궁전에서 가장 가까운 광명역이다.

'17개밖에 안 되는 지하철역 중 한 곳은 항상 세우지 않고 통과하는 이유는 뭘까. 그럴 바엔 왜 지었지?'라는 의문이 생겼다.

최 씨는 그 비밀을 이렇게 설명했다.

"전쟁이 발발하면 김일성은 주석궁(현 금수산태양궁전)에서 바로 엘리베이터를 타고 지하로 내려옵니다. 광명역으로 오면 여러 갈래로 빠지는 지하통로가 있습니다. 우선 평양 외곽의 형제산구역 서포역까지 연결됐는데, 서포역은 김일성 전용 기차역입니다. 두 번째로 최고사령부 야전지휘소로 알려진 철봉산초대소(특각)로 갈 수 있습니다. 철봉산초대소는 6·25전쟁 때 김일성이 하루를 보낸 뒤 '모처럼 시원하게 잤는데, 좋은 기가 흐르는 곳 같다'고 말한 뒤 별장이 건설됐고 이후 야전지휘소로까지 확대됐죠. 평양 중앙당 청사까지 또 터널로 이어져 있습니다."

주석궁에서 왼쪽 룡남산으로 터널로 이동하면 넓은 지하 공간이 나온다. 이곳의 정식 명칭은 '김일성광장'이다. 룡남산과 김일성대 옛 운동장 아래에 위치해 폭격에 안전하다. 이곳을 폭격하면 교정을 폭격해 대학생들을 죽였다는 비난을 받을 수밖에 없다.

북에서 온 이웃

지하 김일성광장은 가로, 세로가 100m 이상이고 높이는 12m다. 전쟁 중이라도 당중앙위원회 전원회의를 소집할 수 있도록 건설됐다. 최 씨가 입대한 1969년엔 이미 거의 완공돼 마무리 공사를 벌일 때였다.

"천정 마무리 공사가 제일 어려웠습니다. 이때 김일성의 지시로 모스크바에서 터널을 전공한 박인빈이란 사람이 국장으로 투입돼 마무리했죠. 그는 북한에서 유일하게 터널국장으로 알려진 사람입니다."

지하 김일성광장 옆에는 샘물터도 있다. 김일성대 교내 안에 있는 룡남산 김일성동상 바로 밑쯤 된다고 한다. 최 씨는 "김일성광장 한쪽에 큰 암반이 있었는데, 이걸 들어낼지 여부를 김일성에게 물었더니 그냥 놔두고 위에 식탁을 놓으라 해서 만찬장처럼 만들었다"고 전했다.

남침 땅굴 공사는 무력부 몫

최 씨는 평양의 여러 지하 구조물의 위치를 설명했지만, 평양에 대한 정보가 많지 않다면 너무 자세한 설명은 혼란스러울 법도 하다. 결론적으로 평양에는 김 씨 일가만 이용하는 무수한 땅굴이 얼기설기 건설돼 있다. 대학교와 아파트, 병원 등과 연결돼 있어 폭격도 어렵다. 이 땅굴에는 지금도 군인들이 주둔해 물을 퍼내고, 관리하고 있다.

다만 최 씨는 평양 지하철이 유사시 시민 대피 공간으로 역할을 할지는 의문이라고 했다.

"전승, 전우 역을 건설하고 많은 사람들을 동원해 입구로 동시에 들어가는 테스트를 했습니다. 유사시 통과능력을 보기 위한 것인데 제가 봤을 때 폭격을 받으며 정신없이 밀려들어가다간 모두 깔려 질식사할 것 같았습니다."

최 씨에게 1970년대 발견된 남침용 지하땅굴 공사에도 참여했는지를 물었더니 "그건 무력부 공병부대에서 했다"고 답했다. 그에 따르면 "무력부가 무식하게 뚫어 발각됐지, 훨씬 전문적인 역량을 가진 공병국이 했으면 결과가 달랐을 수도 있다"고 했다.

1970년대 평양-원산 고속도로를 만들면서 무력부가 일명 '10리굴'로 알려진 무지개동굴을 뚫었는데, 이때 수많은 군인이 죽었다. 공사 기일을 맞춘다고 군인들을 마구 밀어 넣었는데, 낙석이 떨어져 많이 죽었고, 발파 가스가 빠지기 전 군인들을 투입한 탓에 질식사한 이들이 더 많았다고 한다. 무력부가 환기구를 내야 한다는 상식도 모르고 터널공사에 숱한 인력을 밀어 넣었기 때문이다. 결국 사회안전부 소속인 박인빈 터널 국장이 직접 지휘를 했다.

연예인 아파트와 연결된 김정일 터널

공병국은 김일성의 지시를 직접 받아 중요 건설에 투입됐다. 지하 구조물뿐만 아니라 창광원, 빙상관, 청류관, 평양산원 등 평양에서 유명한 건물도 공병국이 지었다.

그런데 김일성의 권력을 점차 빼앗아오던 김정일도 자신만의 건설부대를 가질 욕심을 내다가 결국 공병국에서 한 개 여단을 따로 독립시켰다. 이곳이 바로 김정일 특각 전문 건설부대로 알려진 오늘날의 공병국 1여단이다. 공병국은 사회안전부 소속이었지만, 김정일은 자신이 장악한 1여단을 호위국에 소속시켰다.

1980년대 최 씨는 105층 유경호텔 인근의 공병국 운수중대에서도 근무했다. 그 부근인 지하철 황금벌역 뒤에 40층 아파트가 있는데, 이곳은 '예술

북에서 온 이웃

인아파트'라 불렸다. 인기 연예인들이 살았던 것이다. 때때로 호위국 군인들에 의해 운수중대 통행이 통제되는 날이 있었다. 최 씨가 지인들을 통해 알아보니 중앙당 청사에서 엘리베이터로 내려오면 예술인아파트와 연결된 지하통로가 있고, 김정일이 계속 예술인아파트를 찾는다고 한다. 이런 날엔 호위국이 '행사경호'라는 이름으로 아파트를 둘러싸고 교통을 통제한다.

최 씨는 "공병국에 오래 있어 웬만한 내용은 다 아는데, 평남 덕천에 건설된 지하구조물은 무엇인지 알 수 없다"고 말했다. 김 씨 일가 전용 터널을 건설한 뒤 많은 노병들이 덕천으로 갔는데 나중에 친구들을 만나 물어봐도 이 건설 내용만큼은 절대 말하지 않고 '무서운 굴'이라고만 하더라는 것이다. 평양 지하구조물 건설 때는 '비밀을 지킨다'는 손도장을 찍긴 하지만 같은 부대 동료들 사이엔 비밀은 없었다. 그런데 덕천 공사 내용만큼은 어떤 이유에서인지 입을 다물더라는 것이다.

덕천에 간 공병국 대원들은 최상의 대우를 받았다. 그 자녀들도 김일성대를 비롯한 최고의 대학에 갔는데 이 정도 대우면 분명 어마어마한 비밀이 숨어 있을 것이라는 것이 최 씨의 추측이다. 현재 덕천에는 '폭풍군단'으로 알려진 북한군 특수전사령부가 주둔하고 있다. 최 씨는 "아무리 특수부대라도 군부 시설이라면 친구들도 말 못 할 정도는 아닐 것"이라며 "분명 덕천 승리산 아래엔 어마어마한 비밀이 숨어있을 것"이라고 말했다.

성 쌓고 남은 돌의 행방

최 씨는 제대할 때까지 공병국에서 26년을 근무했다. 김일성이 살아있을 때만 해도 공병국 대우는 북한에서 최상급이었다.

"1980년대 양강도 삼지연군에 미사일 기지를 건설할 때 갔는데, 그곳 김 씨 일가 특각을 지키는 호위국 군인들이 지방 쌀에 옥수수까지 먹고 있어 놀 랐습니다. 우린 황해도 쌀만 먹고 각종 고기가 풍족했고, 명절엔 헬기로 남 방과일까지 먹을 정도였죠. 호위국 군인들이 '너희는 무슨 부대이길래 이리 잘 먹느냐'고 부러워할 정도로 공병국에 대한 대우는 좋았습니다."

최 씨는 군관으로 발탁된 뒤 공병국 내 제일 좋은 자리에만 있었다. 공병 국 병원 경리지도원을 시작으로 양식지도원을 지낸 뒤 공병국 휘발유와 맥

북에서 온 이웃

주 공급을 담당하는 실무자로 있었다. 쌀과 휘발유, 맥주, 육류 등 엄청난 물자를 주무르는 실세였다.

공병국은 '300호 행표'를 가지고 있었다. 300호 행표 소지자에겐 인원과 용도를 묻지 않고 물자를 공급하라는 김일성의 지시가 하달됐다. 대남연락소도 공병국과 동등한 300호 행표로 공급받았다.

그러나 1994년 김일성 사망 이후 공병국은 '성 쌓고 남은 돌' 신세가 돼 버림받았다는 게 최 씨의 얘기다. 김정일이 "나에겐 공병국 1여단만 필요하다"고 하는 바람에 김일성 지시를 받던 공병국은 '건설돌격대'로 명칭이 바뀔 처지에 놓였다. 졸지에 버림받은 부대가 되면서 제대하는 사람이 속출했다. 평양에 살던 최 씨도 1995년 제대를 선택해 17살 터울의 맏형이 함경남도당 선전부장으로 있는 함흥으로 내려갔다.

"충격이었죠. 장마당에 가니 사람들이 굶어죽어 시신들이 뒹굴었어요. 저는 1980년대 후반에 외국에 4년을 나갔다 왔고, 이후에도 공병국 휘발유, 맥주 담당 지도원을 하다 보니 사회를 몰랐어요. 배급을 왜 안 주냐고 물으니 형님이 '사회 물정을 이렇게 모르냐'고 한숨을 쉬더군요. 4년 동안 딱 한 번 옥수수 2kg과 쌀 1kg을 배급으로 받았어요."

함흥에서 살면서 최 씨는 '이 나라엔 더는 희망이 없다'는 결론을 내리고 러시아 벌목공으로 가기로 결심했다. 4년 뒤 그 꿈은 이뤄졌다. 열차가 떠나는 날 그는 창밖을 내다보며 결심했다. '다시는 돌아오지 않으리라.'

벌목장 탈출

1999년 12월, 그는 러시아 극동 아무르주 틴다에 도착했다. 북한의 러시아 벌목 파견 사업은 1955년 협정이 체결돼 1956년부터 시작됐다. 초기엔 아무도 가려 하지 않아 경제범들을 보냈다. 이때 벌목은 체그도민이란 도시에서 시작됐다. 벌목공 파견으로 벌어들이는 수입이 커지자 북한은 점점 파견 인원을 늘여나갔다. 나중에 체크도민 지역에 나무가 없어지자 틴다를 신지구로 삼고 이곳에 중점적으로 벌목공들을 파견했다.

틴다에 도착한 최 씨는 5개월 뒤 사업장을 나왔다.

"월급이 당시 40달러였는데, 도망칠 수 있다며 1년에 한 번 정산을 해줬어요. 제가 갔을 때는 그것마저 이것저것 떼어내니 남는 것도 없었어요."

2년 전 먼저 온 동료가 벌목장을 떠나 다른 곳에 나가 일하면 돈을 많이 받을 수 있다고 했다. 그는 보위원에게 말하고 기차를 타고 소개받은 동료를 찾아 떠났다.

러시아에는 벌목장을 이런 식으로 벗어난 북한 근로자들이 많다. 이들을 탈북자로 볼 순 없다. 벌목장에는 여름엔 러시아 다른 지역에 가서 건설이나 농사 등을 해주며 돈을 벌다가 눈이 오면 사업소로 돌아와 벌목을 하는 사람들이 많다.

아예 몇 년씩 사업소를 떠나 돈을 버는 사람들도 많았다. 사업소 간부들은 은근히 이런 사람이 많기를 바란다. 러시아 정부에서 주는 월급과 문화비는 인원 숫자에 맞춰 사업소에 나가는데, 외부로 나간 벌목공이 많으면 이들이 받아야 할 러시아 정부의 월급을 보위지도원이나 재정지도원, 부기장 등이 짜고 떼먹을 수 있기 때문이다. 그러니 사업소 밖에 나가겠다면 "종종 연락해주고 죽지 말고 살아 있다가 집에 갈 때 오면 된다"며 쉽게 승낙하는 것이다.

하지만 평양이 고향인 벌목공은 쉽게 나가기 어렵다. 자칫 오래 있다 돌아오면 평양에 있는 가족을 지방으로 추방시키기 때문이다. 북한이 벌목공

북에서 온 이웃

을 선발할 때 평양 사람들을 위주로 뽑는 이유이기도 하다. 러시아 말을 잘 모르거나 외부 연줄이 없으면 밖에 나가도 돈을 잘 벌지 못해 사업소에 그냥 남아 일하는 사람도 많다.

바이칼의 '까레이 첸'

최 씨가 사업소를 떠나 자리 잡은 곳은 바이칼 호수 옆 인구 5만 명의 도시였다. 먼저 나간 사람을 찾아갔는데 처음 한 일은 미장이었다. 3명이 2~3일 동안 일을 했더니 1인당 200달러가 나왔다. 사업소에선 5개월을 벌목해도 받기 어려운 돈이었다.

"우리가 미장을 하면 지나가던 사람들이 모두 서서 신기한 듯 바라봤어요. 러시아 사람들 눈에는 북한 사람들의 미장 솜씨가 곡예처럼 보였거든요." 마치 한국 사람들이 중국 요리사의 프라이팬 손놀림을 놀랍게 보듯 러시아 사람들 눈엔 미장이 그렇게 보인 듯하다.

까레이(조선인)들이 미장과 타일 시공, 용접, 온수난방 시설 수리 등에 뛰어나다는 소문이 나면서 일감은 계속 늘었다. 거기서 최 씨는 2016년까지 16년 동안 일했다.

"그 도시의 미장은 저랑 동료들이 다 한 거 같아요. 나중에 사업장을 떠나 그곳에 온 벌목공이 15명까지 늘었는데, 그 도시의 잡다한 일들을 우리가 다 했죠."

1년에 한 번 정도 사업소 담당 보위원들이 실태 조사를 한다며 오지만 그때마다 거나하게 접대하고 각자 100달러 정도 모아 찔러주면 "건강히 잘 지내라"고 격려까지 하고 떠난다고 한다. 한 도시에서 16년을 일하니 안 가본

집이 거의 없을 정도로 동네 주민이 됐다. 과거 공병국 소좌 최태선은 이 도시에서 '까레이 첸'으로 살았다.

"한국에 갈 생각을 안 했던 건 아니죠. 그런데 길을 몰랐어요. 자유아시아방송을 통해 여성들이 베트남, 캄보디아 등을 거쳐 한국에 간다는 내용을 들으면서도 '저 여자들은 공작원 훈련들 받았나. 어떻게 저기까지 갔지' 하며 혀만 찼죠. 우리에겐 먼 얘기 같았어요."

2016년에 한때 같은 도시에서 일하다 사라진 동료가 나타났다.

"'최 아바이 아직도 있소? 난 남조선에 가서 사오.' 이러면서 한국 여권, 비행기표, 스마트폰을 보여주는데 정말 가슴이 뛰었어요. 북한 벌목공들은 돈을 절대 숙소에 두지 않아요. 내일이 기약돼 있지 않으니 돈을 벌면 달러로 바꿔 팬티에 붙인 주머니에 차고 다니죠. 남조선(남한)에 가서 나도 국적을 가진 사람으로 떳떳하게 살고 싶다는 생각에 그가 알려주는 대로 움직여서 한국에 왔죠." 그때가 2017년이었다.

7세 소년의 꿈

최 씨는 공병국에 있던 1989년~1993년 예멘에 파견돼 병원을 건설해 준 적이 있다. 북부 예멘 대통령이 평양산원을 구경하고 부러워하자 김일성이 공병대를 파견하라고 해 약 200명이 남강사업소라는 명칭을 달고 나간 것이다. 이 부대에서 최 씨는 후방지도원으로 물자를 담당했다.

"예멘의 고속도로가 1970년대 남조선 사람들이 와서 건설한 것이라고 들었습니다. 1주일에 한 번 동료들과 함께 홍해로 해수욕을 하러 가면서 고속도로를 타면 '와, 우리가 건설한 김일성 전용도로보다 이게 100배 더 좋다'라

북에서 온 이웃

고 생각하며 달렸죠. 그때부터 남조선에 대한 동경이 생겼던 것 같습니다."

해외에 나와 김 씨 일가의 호화생활에 대해서도 생각해보게 됐다.

"예멘의 북한 대사관 사람들의 임무 중 하나는 그곳의 명물 당나귀를 김정일에게 보내는 것이었습니다. 당나귀가 피가 맛있고, 밸(창자)이 두꺼워 순대를 만들면 씹을수록 고소하다고 해서 김정일이 곰 순대와 더불어 가장 좋아하는 음식 중 하나라는 겁니다. 바이칼에 가니 또 그곳에만 사는 '오물(연어과 민물어종)'이란 물고기를 버드나무 연기로 훈제해 김정일에게 보내는 게 모스크바 대사관의 중요한 업무더라고요. 인민들은 굶어죽는데, 전 세계 대사관에선 김정일에게 보낼 상납용 식품 구입하느라 정신없으니 화가 안 나겠습니까."

한국에 온 최 씨는 아파트 경비원으로 일하고 있다. 서울과 달리 평택은 경비원 자리가 구하기 쉬웠다고 한다.

요즘 그는 바이올린을 연주하고 있다. 그가 7세였던 1959년 고향인 화풍 광산에 북한 바이올린의 전설 백고산이 왔다. 1958년 제1회 차이코프스키 콩쿠르에서 입상하고 명성을 떨친 다음 해 바람을 피웠다는 죄명으로 광산 노동자로 내려온 것이다. 광산 회관에서 백고산의 바이올린 연주를 들은 그는 집에 가서 바이올린을 사달라고 졸랐다. 강냉이밥도 귀하던 어려운 시절에 어머니는 허리띠를 조이고 조여 그에게 바이올린을 사주었다. 최 씨는 인민학교 같은 학급이 된 백고산의 딸을 졸라 연주를 배웠다. 안타깝게도 얼마 안 돼 백고산은 복권됐는지 딸과 함께 마을에서 사라졌다. 이후 예멘과 러시아에서 바이올린을 가끔 연주해보긴 했지만 그때는 하루하루 바빠 연주할 여유가 없었다.

요즘 인생에서 가장 풍요로운 시간을 맞았다는 그는 경비원으로 일해 조금씩 모은 '거금' 50만 원을 주고 바이올린을 새로 샀다. 북한과 예멘, 러시아를 돌고 돌아 인생의 산전수전을 다 겪은 그는 바이올린에서 그동안 잊었던 7세 동심의 떨림을 다시 느끼고 있다.

북에서 온 이웃

이철은

황해남도 청단군 보위부 2과(정보과) 상위 출신

"

저는 다른 연예인에겐 관심이 없었어요. 그런데 김종국은 남자다워서 너무 멋있었죠. 김종국 보려고 런닝맨을 꼬박꼬박 챙겨봤을 정도죠. 한국에 와서도 김종국 외에 다른 연예인은 관심이 없어요.

"

김종국에게 빠져 탈북한
보위부 상위

"집에서 북한 간부들과 주민들을 향해 '통일에 동참해 달라'는 박근혜 대통령의 광복절 축사를 TV로 봤습니다. 그걸 보고 용기를 얻어 탈북을 결심했죠. 그런데 막상 목숨 걸고 와 보니 박 대통령이 탄핵돼 황당하더군요. 대통령도 쫓아내는 나라라니, 무서운 생각도 들었고, 오라는 사람이 없어지니 잘못 왔나 싶은 생각마저 들었죠."

북한에서 보위부 상위(한국의 중위와 대위 사이 계급)로 있다가 2016년 9월 바다를 헤엄쳐 20시간 가까운 사투 끝에 남쪽에 온 이철은 씨(33)의 얘기다.

결심

2016년 8월 15일 황해남도 청단군 보위부 2과(정보과) 상위였던 이 씨는 쉬는 날 집에서 한국 TV를 보다가 박 대통령의 축사를 접하고 갑자기 한국에 가고 싶다는 생각이 들었다. 그때부터 그는 지도를 펴놓고 탈북 루트를 연구하기 시작했다.

그가 소지한 보위부 '특별 긴급 수사원증'으로 북중 국경인 양강도 혜산까지 가는 데는 문제가 없었다. 남들이 다 하는 방식으로 압록강을 건너 한국으로 가야겠다고 마음먹었다.

이 씨가 근무한 청단군은 강화도에서 건너 보이는 황해도 연안군과 붙어 있는 지역이다. 그는 당시 '불순녹화물' 단속을 위해 특별히 만들어진 '109상무'라는 조직에 소속돼 한국 영상 시청자들을 적발하는 임무를 맡고 있었다.

그러나 이 씨는 이미 1990년대부터 한국 TV를 열심히 봤다. 그는 황해도 연안군에서 부친과 삼촌 세 명이 모두 보위부 간부인 집안에서 태어났다. 보위부 간부 집에는 단속이 오지 않았다. 밤에 한국 TV를 시청하다 밖으로 나

북에서 온 이웃

오면 한강 하구 건너에서 한국 불빛이 유혹하듯 반짝거렸다. 한국의 생활상을 누구보다 잘 알고 있었기에 한국 영상을 시청하는 사람을 잡아내는 일이 괴로웠다.

이 씨는 그럼에도 출근해선 아무 일도 없던 듯 한국 영상 단속 임무를 수행해야 했다. 그러던 어느 날 거물급에 대한 신고가 들어왔다. 청단군 군당위원장의 딸이 한국 드라마를 보다 걸린 것이다. 군당위원장은 청단에서 제일 높은 간부다.

군 보위부에는 당위원장의 비리를 감싸줄 측근들이 많았다. 이 씨는 군당위원장 딸의 적발 사실을 상급 기관에 직보했다.

그러자 군 보위부 정치부장이 그를 불렀다.

"야, 임마, 너 죽고 싶어. 절차 없이 그런 보고를 왜 단독으로 하는 거야."

"부장 동지가 묻을 게 아닙니까. 힘없는 백성의 자식은 한국 드라마 봤다고 감옥에 가고, 당 간부 자식은 한국 드라마 마음대로 봐도 되는 겁니까."

"너, 이 자식. 책대로 하겠단 말이지. 두고 보자."

부하가 대들자 정치부장은 펄펄 뛰었다. 북한 공화국 창건일인 9월 9일 청단군 보위부 건물에선 이렇게 둘의 말싸움이 몇 시간 동안 이어졌다. 즉시 그는 109상무에서 제외됐다. 정치부장에게 찍힌 이상 앞으로도 시련이 계속될 상황이었다.

'이제 더는 못 참겠다. 한국으로 갈 거야.'

이 씨는 학교 동창 민철(가명)을 찾아갔다. 어렸을 때부터 친했던 민철은 그즈음 장사를 하다 망해 빚에 쪼들리고 있었다.

"민철아. 나 한국에 가려 한다."

"나도 같이 가자."

둘은 의기투합하기로 했다. 그런데 보위부 증명서가 있는 이 씨와는 달리 민철까지 데리고 국경으로 가기란 매우 어려운 일이었다.

둘은 머리를 맞대고 고심한 끝에 한강을 헤엄쳐 가기로 결정했다. 며칠 동안 준비를 하고, 탈북 루트로 정한 연안군 해안 정찰까지 마친 뒤 마침내 둘은 배낭을 메고 탈북 길에 올랐다.

사투

9월 18일 저녁 두 남자가 연안의 해안가에 나타났다. 이 씨는 이곳에서 나서 자라 물때와 지형에 매우 밝았다. 게다가 철은의 부친은 함박도 맞은편인 연안군 화양리에서 해안 담당 보위원을 오랫동안 지냈다. 이곳에는 연안 해안에 들어왔다가 강화도 쪽으로 흘러가는 물길이 있었다. 150~200m 간격으로 있는 북한군 잠복초소엔 8시부터 군인들이 잠복을 나온다.

둘은 8시 직전 잠복초소를 통과해 헤엄을 치기 시작했다. 약 200m쯤 헤엄

북에서 온 이웃

쳤을까. 뒤쪽에서 잠복을 나오는 군인들이 비춰대는 손전등 불빛이 비쳤다.

헤엄치는 속도보다 물이 빠져 나가는 속도는 더 빨랐다. 30분 정도 지나니 둘은 물이 빠진 갯벌에 엎드린 상태가 됐다. 조용히 기어가기 시작했다. 갯벌을 보복으로 전진하기란 여간 어려운 일이 아니었다. 이렇게 이동하다 날이 밝아 발각되면 총에 맞을 판이었다.

그날은 보름달이 훤히 밝았다. 점점 지쳐가고 있을 때 구름이 달을 가렸다. 하늘이 도운 것이다.

둘은 자리에서 일어나 뛰기 시작했다. 한 시간 정도 갯벌을 달리니 그제야 바닷물이 다시 보였다. 이 물은 더 이상 나가지 않는다는 것을 둘은 이미 알고 있었다.

배낭에서 미리 준비했던 자동차 튜브와 펌프를 꺼냈다. 그런데 갯벌에서 펌프질이 잘 되질 않았다. 겨우 바람을 좀 넣었지만 배낭을 얹으니 사람이 매달릴 정도까지 되지 못했다. 그 상태에서 둘은 바다에 뛰어들었다.

맞은편 해병대 건물 불빛이 목표였다. 수영에는 자신이 있었지만 점점 지

쳐갔다. 몇 시간 뒤엔 튜브에 매달리기 위해 식량이 든 배낭도, 신발도 버려
야만 했다.

8시간 넘게 사투를 벌인 끝에 새벽 4시가 가까워왔을 때 민철이 말했다.

"나 이젠 더 힘이 없어. 날 버려두고 너 혼자 가."

이 씨는 친구를 포기할 수 없었다. 민철을 끌고 계속 헤엄쳤다. 그러나 불
빛은 좀처럼 가까워지지 않았다.

바로 그때 앞쪽에서 전조등을 비추는 배 한 척이 나타났다. 한국 경비정
인지 북한 단속정인지 가늠이 되지 않았다. 북한 쪽에 걸리면 끝장나는 상황
이었다.

전조등이 나타나자 민철의 눈빛이 달라졌다. 방금까지 모든 걸 포기한 듯
했던 그가 약 100m 거리에 보이는 무인도로 헤엄쳐가기 시작했다. 작은 이
무인도는 원래 목적지가 아니었지만 배를 피하기 위해선 어쩔 수 없었다.

무인도에 겨우 도착하니 새벽 4시가 지났다. 둘은 전조등을 피해 무인도에
서 숨을 곳을 찾아 정신없이 헤맸다. 맨발과 맨손으로 따개비 껍질이 따닥따
닥 붙어 있는 바위 위로 뛰어다니다 보니 온몸이 피투성이가 됐다. 마침내 둘
은 무인도 기슭에 쌓인 쓰레기 더미에 몸을 숨겼다. 몸에선 피비린내가 났다.

구조

몸을 숨기고 나니 지독한 추위가 몰려왔다. 둘은 온기를 유지하기 위해
서로를 꼭 안았다. 그러다 잠시 잠이 들었다. 얼마쯤 지났을까. 날이 밝았다.
이 씨는 조심스럽게 무인도 꼭대기로 이동했다. 이곳이 북한 땅인지 한국 땅
인지 알 수가 없었기 때문이다. 무인도 꼭대기엔 불을 피운 흔적과 사람 발

북에서 온 이웃

자국 흔적이 남아있었다.

500~600m 앞에 태극기가 휘날리는 해병대 막사가 보였다. 뒤를 보니 2㎞쯤 거리에 북한군 초소가 보였다.

멀리 200~300톤 급 회색 경비정이 눈에 들어왔다. 태극기가 붙어있길 간절히 바랬지만, 아무런 표식도 없었다. 북한 보위부도 중국에서 경비정을 수입해 운영하는데, 똑같은 회색이다. 어떻게 할지 고민하던 중 갑자기 경비정이 어디론가 사라졌다.

이 씨는 무인도 남쪽 기슭을 헤매며 쓸만한 것을 찾기 시작했다. 마침 지게차로 물건을 나를 때 쓰는 깔판인 나무 파레트가 보였다. 거기에 페트병, 스티로폼 등 뜰 수 있는 것은 닥치는 대로 찾아 밧줄로 묶었다. 힘이 빠진 민철을 위해 뗏목을 만든 것이다. 민철이 어디서 포장이 뜯기지 않은 한국산 햇반을 주어왔다. 허기진 둘은 그걸 함께 손으로 퍼먹었다. 남쪽의 밥은 꿀맛이었다.

뗏목을 완성한 건 오후 2시. 이제는 한국 쪽으로 밀려가는 물길에 몸을 맡기고 한국 쪽에 발견되길 기대하는 수밖에 없었다. 둘은 파레트 위에 올라앉아 둥둥 떠갔다. 둘의 무게를 견디지 못해 파레트는 물속에 서서히 잠겨갔다. 멀리서 보면 대낮에 해상분계선 한가운데서 남자 두 명이 앉은 채로 둥둥 떠내려가는 이상한 모습이었다. 남과 북이 그 모습을 다 지켜봤겠지만, 다행히 어느 쪽에서도 총알은 날아오지 않았다.

한두 시간 지나니 정체를 알 수 없는 경비정이 두 번 나타났다 사라졌다. 무인도와 해병대 막사 중간쯤 이르렀을 때 갑자기 돌고래 떼가 나타나 주변을 빙빙 돌았다. 뒤집히면 큰일이다 싶어 위협을 느끼고 있는데 쾌속정 한 척이 다가왔다.

한국군이었다. 총을 겨눈 군인들이 소리쳤다.

"귀순입니까."

"예. 귀순입니다."

"손드세요."

배에 탈 때까지 총을 겨눈 군인들이 "손들어"라고 외쳤다.

둘을 배 뒤편으로 끌고 간 뒤 목과 두 손목을 연결해 뒤로 포박했다. 눈도 가렸다. 군인들은 여전히 총을 겨누고 있었다. 몸수색을 하니 사복 안주머니에서 비닐에 꽁꽁 싼 보위부 상위 신분증과 만약의 경우 자결하려 준비한 손칼이 나왔다.

쾌속정은 그들을 함정으로 데리고 갔다.

보위부 신분증을 보더니 누군가 나타나 조사를 시작하겠다고 말했다.

"힘들어 죽을 지경이니 나중에 말합시다."

"배고픕니까?"

"예."

포박하고 눈을 가린 채로 군함 식당으로 갔다. 잠시 후 라면이 나왔다. 추위로 벌벌 떠는 두 사람에게 군인들이 모포를 씌워주었다.

라면을 먹고 따뜻한 온기가 도니 둘은 식탁에 머리를 박은 채 깊은 잠에 빠져 들었다. 얼마나 흘렀을까. 누군가 둘을 깨워 눈을 뜨니 군함은 인천항에 도착해 있었다.

나중에 알게 됐지만, 둘이 새벽에 헤엄쳐 오는 것을 해병대는 이미 알고 있었다고 한다. 두 명이 어둠 속에서 해양 분계선 남쪽으로 넘어왔다가 다시 북쪽으로 올라갔다를 몇 시간째 반복하며 허우적대는 것을 열상감시장비(TOD)로 지켜본 것이다.

경비정을 출동시켰더니 두 사람은 무인도로 급히 헤엄쳐 갔다. 자기 딴엔 숨었다고 생각했지만, 이쪽에선 감시 장비로 둘의 모습을 지켜보고 있었다.

두 명의 신분을 모르는 상태에서 무인도에 갑자기 상륙해 접근하면 어떤 돌발행동을 할지 몰라 지켜만 보다가 "우리가 무서워 못나온다"고 결론내고 잠시 철수했다. 둘이 다시 나타나 확실하게 한국 해역에 진입했을 때 한국군은 쾌속정을 출동시켰다.

동경

이 씨는 태어날 때부터 보위원이 될 운명이었다. 부친과 삼촌 3명이 모두 보위원이라는 건 그의 집안이 뼈 속까지 '새빨간' 집안이란 뜻이다. 북한에는 "보위원 자녀들은 대를 이어 나라의 안전을 지켜야 한다"는 김정은의 '말씀'이 존재한다.

이 씨 역시 2004년 학교를 졸업한 뒤 군대도 원산항 보위부 소속 병사로 갔다. 이곳에서 6년 군 복무를 한 뒤 노동당원이 돼 2010년 해주 김종태 제1사범대학에 입학했다. 2014년 대학을 졸업하고 동창들은 교원이 됐지만 이 씨는 보위부 군관으로 발탁돼 약 2년 반 일했다.

당국에서 보위부 군복을 입혀주었지만 어렸을 때부터 한국 TV를 보고 자란 이 씨의 마음속엔 남쪽에 대한 동경이 가득했다. 어렸을 때 아버지 사무실에 가면 남쪽에서 풍선으로 보낸 각종 라디오가 산더미처럼 수거돼 쌓여 있었다. 그는 몰래 좋은 라디오를 빼돌려 윤도현, 나훈아, 임재범 등 한국 가수들의 노래를 들었다.

그가 한국 사람을 처음 만난 건 2006년이었다. 당시 원산항에 적십자사에서 보낸 쌀 약 2만 톤을 실은 한국 선박이 들어왔다. 4박 5일 동안 북한 노동자들이 선창에 들어가 작업하는 동안 이 씨는 권총을 차고 이들을 감시하며 배 위에 서있었다. 이 과정에 한국 선원들에게 담배도 얻어 피우고, 대화도 나눴다.

이 씨와 처음 이야기한 남성은 40대 중반으로 보이는 부선장이었다. 구멍 난 청바지를 입고 있어 "남조선에선 돈이 없어 꿰진 바지를 입냐"고 물었더니 부선장은 웃었다.

"유니폼이라고 한 것 같은데, 그땐 뭔 소리인지 몰랐어요. 한국에 와서 알았죠. 지금 제가 유니폼을 입고 다녀요."

부선장이 북에 대해 물으면 이 씨는 대답 대신 먼 산을 쳐다봤다. 이 씨는 2006년 원산항에 쌀을 싣고 들어온 선박에서 근무한, 권총을 찬 북한 병사와 대화를 했던 그 부선장을 한번 다시 만나보고 싶다고 했다.

2008년경 원산항에 다른 식량지원 한국 선박이 왔을 때는 이 씨가 먼저 다가가 그들과 많은 대화를 나눴다.

이 씨가 해주에서 대학을 다닐 땐 '런닝맨'이란 프로그램에 푹 빠졌다. 보위원이 돼서도 빠뜨리지 않고 봤다고 했다.

"저는 다른 연예인에겐 관심이 없었어요. 그런데 김종국은 남자다워서 너무 멋있었죠. 김종국 보려고 런닝맨을 꼬박꼬박 챙겨봤을 정도죠. 한국에 와서도 김종국 외에 다른 연예인은 관심이 없어요."

감시

이 씨는 보위부에서 주민동태 감시 및 외부 '불순영상' 시청 감시를 맡았다. 보위원 한 명이 700~1,200명의 주민을 담당했다. 보위원은 20~40명의 서약을 한 민간인 정보원을 둘 수 있다. 대략 주민 30명 중 한 명이 보위부

북에서 온 이웃

정보원인 셈이다. 정보원은 수시로 수상한 동향을 보고해야 하는 것과 동시에 매년 보고서를 내야 했다. 이에 대한 대가는 없었다. 나라에서 하라면 해야 하는 것뿐이었다.

보위원은 정보원과 함께 협조원도 둘 수 있다. 지장을 찍고 보위부 문서고에 서류가 보관되는 정보원과 달리 협조원 숫자는 보위원 능력대로 둘 수 있다. 노동당 기관을 제외한 모든 곳에 정보원이 있었다. 경찰격인 보안서에도 보위부 정보원이 있다.

이 씨는 22명의 정보원을 관리했다. 황해도 사람들은 거의 대부분이 몰래한국 TV를 본다. 대다수 가정이 국가에서 검열한 TV 외에 12인치 정도의 작은 중국산 TV를 몰래 갖추고 있고 배터리, 또는 태양열 패널로 전원을 해결한다. TV에는 USB를 꽂는 포트도 있었다. 리모컨으로 채널 자동검색을 하면 한국 TV가 나온다고 했다. 정전이 되면 TV를 시청하는 가정을 포착하는 보위부 감청차량이 있긴 하지만, 수량이 많지 않다. 그리고 휘발유가 없어저녁 8~12시경 중요 지역만 순찰한다.

"우린 사람을 잡아도 악착하게 하지 않았어요. 북쪽에선 탈북민들이 보위부에서 엄청 맞았다고 하는데, 우린 사람을 거의 때리지 않아요."

청단과 연안은 강화도 맞은편이라 한국 삐라가 많이 날아온다. 신고를 받고 출동해 수거하는 것도 이 씨의 일이었다.

"사람들이 남쪽에서 날아온 것 중 USB만 몰래 숨겨요. 비싸니까. 나머진쓰레기라 보면 돼요. 황해도 사람들이 한국 TV를 직접 보는데 삐라 정도로주민들에게 영향을 줄 것이라 생각하진 않아요."

이 씨는 바닷가를 돌며 한국에서 떠내려 온 물건들을 수집하는 일도 했다. 이를 맡은 부서를 '84상무'라고 한다.

북에 보낸다며 페트병에 쌀을 담아 한강 하구에 던지는 사람들도 있다.

그걸 주은 적이 있냐고 물었다.

"한 번도 보지 못했어요. 오지도 않아요. 그리고 바닷가 갯벌에 주민들이 접근하지 못하는데 어떻게 주워요. 북한 사정 모르는 건지, 다른 의도가 있는 건지 모르겠네요."

희망

이 씨는 2017년 2월 말 탈북민 정착 기관인 하나원을 나와 경기도 화성에 임대주택을 받았다. 함께 온 민철은 울산으로 배정됐다. 당시 북한 간부와 주민에게 탈북해 오라고 했던 대통령은 헌법재판소 심판을 앞두고 있었고 나라는 온통 시끄러웠다. 이 씨의 마음은 심란했다. 그런 한국 사회가 이해가 되지 않았다.

한국 사회에 나온 이 씨는 처음엔 탈북민 출신 경찰 1호가 되고 싶었다. 하지만 남쪽에서 나서 자라 교육받은 20대 젊은이들도 취직이 안돼 고생하는 것을 보고 생각을 바꿨다. 그해 4월 플라스틱 샴푸병을 만드는 회사에 들어갔다. 올해 1월엔 집을 양주로 옮기고 서울에서 석유공동구매 사업을 하는 협동조합에 취직해 일하고 있다.

"아직 비행기 못 타봤어요. 대다수 탈북민은 동남아에서 한국으로 오면서 첫 비행기를 탄다고 하던데 헤엄쳐 오다 보니 비행기를 못 타봤네요."

그는 외국은 물론 정말 가보고 싶은 제주도도 아직 못 가봤을 정도로 3년 반 동안 열심히 일했다.

탈북 과정에 겪은 20시간의 사투는 트라우마도 남겼다. 그는 학교 다닐 때 도에서 알아주는 배구선수였고, 원산항 보위부에 있을 때는 2km 바다 수

북에서 온 이웃

영 '군사경기'에서 두 번이나 1등을 했었다.

"이젠 물에 허벅지 이상 들어가지 못해요. 발이 안 닿으면 심장이 멎을 것 같아요."

이 씨에게 앞으로 뭐가 되고 싶은지 물었더니 "일을 배워 사업도 하고 싶고 대학원도 다니고 싶다"고 했다. 올해부터 '북한저격TV'라는 유튜브 채널을 만들어 북한 실상도 전하고 있는데 벌써 구독자가 1만 명이 넘었다.

"남쪽에 왔으니 꼭 이루고 싶은 소원이 있나요?"

그가 갑자기 수줍게 미소를 지었다.

"저의 소원은요. 김종국을 꼭 만나보고 싶습니다."